教师教育：
在探索中前行
（二）

王芳　郭英　◆　主编

JIAOSHI JIAOYU
Zai Tansuozhong Qianxing

中国社会科学出版社

图书在版编目（CIP）数据

教师教育：在探索中前行．二／王芳，郭英主编．—北京：中国社会科学出版社，2019.6

ISBN 978-7-5203-4276-6

Ⅰ.①教… Ⅱ.①王…②郭… Ⅲ.①教师教育—研究—中国 Ⅳ.①G659.2

中国版本图书馆 CIP 数据核字（2019）第 068442 号

出 版 人	赵剑英
责任编辑	周晓慧
责任校对	无　介
责任印制	戴　宽

出　　版	中国社会科学出版社
社　　址	北京鼓楼西大街甲 158 号
邮　　编	100720
网　　址	http://www.csspw.cn
发 行 部	010-84083685
门 市 部	010-84029450
经　　销	新华书店及其他书店

印　　刷	北京明恒达印务有限公司
装　　订	廊坊市广阳区广增装订厂
版　　次	2019 年 6 月第 1 版
印　　次	2019 年 6 月第 1 次印刷

开　　本	710×1000　1/16
印　　张	19.25
插　　页	2
字　　数	268 千字
定　　价	86.00 元

凡购买中国社会科学出版社图书，如有质量问题请与本社营销中心联系调换
电话：010-84083683

版权所有　侵权必究

序　言

百年大计，教育为本；教育大计，教师为本。新一轮科技和工业革命正在孕育，中国经济快速发展，中国特色社会主义迈向新时代的背景下，国家把教师教育提升到了前所未有的高度，我国的教师教育也面临着新的机遇和挑战。一方面，国家加大教育投入，"扶贫先扶智"的思想理念得到了社会的充分认可，教师教育在国家教育精准扶贫攻坚战役中发挥着至关重要的作用。另一方面，随着全球化的到来，互联网的兴起，传统的教师教育模式受到巨大的冲击，教师教育的发展亟须探寻新的方向。在《国家中长期教育改革和发展规划纲要》（2010—2020）最后收尾的决战之年，为了适应新形势对教师教育所提出的新要求，每一位教育工作者都应该直面问题，努力探寻教师教育发展新方向。

在这样的背景下，四川省教师教育研究中心联合四川师范大学师范生教学能力综合训练中心、四川师范大学教师教学发展中心与省内关心教师教育发展的各位同仁围绕"'互联网+'背景下的教师教育变革""教育精准扶贫"等热点，积极探讨教师教育发展的新思路与新方向，产生了一批有价值的学术研究成果。四川省教师教育研究中心从这批成果中遴选出29篇论文，以"教师教育：在探索中前行（二）"为题编辑出版此书，希望以此书为契机和平台，与关心教师教育发展的同仁们交流与探讨。

本书共分两个部分。第一部分"教师教育理论探析"，涉及对

序 言

"互联网+"背景下的教师教育变革、中外教师教育比较研究、幼儿教师素养提升、教师职前培养与职后发展等教师教育热点与难点问题的思考;第二部分"教师教育实践探索",涉及对"互联网+"背景下的课堂教学实践,教育精准扶贫背景下的人才培养、教师能力评估、幼儿教师素养提升等问题的调研与分析。

本书具有如下三大特点:第一,范围广。涉及教师教育领域的多个方面,充分做到了理论与实践相结合,高等教育与基础教育相结合。第二,内容新。本书中的一些文章对"互联网+"背景下的教师教育发展、教育精准扶贫等教育热点问题提出了独到的见解与建设性意见。第三,立足准。本书立足于四川省教师教育的特殊情况,分别就农村地区教师专业发展、幼儿教师队伍建设等问题进行了分析与探讨,这些思考体现了鲜明的地域特点。我们希望本书的成果不但能为四川省教师教育政策的制定提供一定的理论参考与实践支撑,而且能对我国的教师教育研究和教师队伍建设起到一定的参考和借鉴作用。

积沙成塔,汇腋成裘,集小流终成江海。本书凝聚了各位教师教育研究者们潜心研究的点滴心血,反映了四川教师教育工作者们求索、奋进、创新的风采;汇聚了各位同仁长期以来对教师教育研究的思索与心得,既有高屋建瓴的理论指导,也有来自教学一线的真实体验和感悟。相信此书的出版发行定能对教师教育的发展起到良好的推动作用!

诚挚感谢踊跃投稿的各位专家、同仁,感谢您们的辛勤付出!诚挚感谢四川省社会科学联合会、四川省教育厅科技处、四川师范大学及四川师范大学科研处、教务处等相关职能部门长期以来对四川省教师教育研究中心工作以及在本书编辑、出版过程中所给予的指导与支持!由于时间匆忙及编者水平的限制,书中的疏漏和不当之处,恳请各位专家批评指正。

四川省教师教育研究中心
2018年7月

目 录

第一部分 教师教育理论探析

论"互联网+"背景下的教育演进及教师教育
　　变革 ………………………………………… 陈理宣　刘炎欣（3）
"互联网+"时代：高等学校教师的认知、理念
　　与培养 …………………………… 贾天理　柴容倩　粟其峰（16）
新媒体下大学英语教师面临的机遇与挑战 ……………… 卿　倩（29）
辉煌与消逝：新时期中等师范教育发展的回溯与
　　反思 ………………………………………………… 刘秀峰（35）
地方高师院校师范生实践能力培养的困境与超越 ……… 罗明礼（51）
从学生的视角改善教师的教学
　　——英国 CPTL 等项目给我们的启示 …………… 薛巧巧（61）
美国临床实践型职前教师教育实习模式对全科教师
　　培养的启示 ………………………………… 李丹丹　王　芳（76）
义务教育均衡视角下中日教师流动比较及启示 ………… 向海荣（87）
幼儿教师职业声望影响因素的社会学审思 ……………… 刘黔敏（95）
ESP 理论下学前英语教育师资培养路径研究
　　 ……………………………………………… 张艳梅　袁松山（105）
农村教师补充政策演变及优化路径 ……………………… 林　琳（112）

幼儿教师专业发展的问题分析与应对策略 … 冯　静　牟洪贵（123）
浅谈幼儿教师失范行为及干预对策 …………………… 余传丽（128）
关于校长文化领导力的文献综述 …………… 陈劲宇　王　芳（136）
浅析"双因素理论"在教师管理中的应用 …… 周　晨　王　芳（146）
艺术院校英语教师复合型知识结构的优化构建 ……… 仪　雪（154）

第二部分　教师教育实践探索

"互联网＋"背景下德育教育与专业教育融合探讨
　　——以校园贷安全教育为例 ……………………… 李弘知（161）
"互联网＋"背景下"小学科学课程与教学"课堂教学
　　实践探索 ……………………………………………… 昝　彪（167）
教育精准扶贫背景下高校体育教育专业人才培养模式研究
　　——以四川师范大学体育学院培养体育教育专业
　　　人才为例 …………………………… 邢崇智　刘　琴（175）
追求更加有效的教师教育
　　——基于师范生对教师专业能力的自我评估 …… 侯小兵（183）
师范生微格教学课堂导入技能研究
　　——基于试讲试教微课视频案例分析 …………… 代　丽（202）
农村小学全科教师培养的问题及对策研究 … 罗小芳　王　芳（210）
专科层次农村小学体育教师培养模式的实践
　　研究 ………………………………………… 南天涯　杨　凤（224）
中职教师教学能力评估指标建构的研究报告
　　………………………………………… 夏晓辉　罗天豪（234）
学前教育专业学生故事表演能力存在的问题及
　　提升路径 …………………………………………… 全晓燕（248）
基于教学资源整合和课堂改革的幼专生音乐素养
　　提升研究
　　——以川南幼专为例 ……………………………… 李　洁（260）

好幼儿教师的基本特质及实现路径
　　——关于幼儿教师素质的质性研究 …… 王　建　余传丽（267）
以问题为中心促进中小学干部自主生成 …… 戴长志　罗本志（277）
基于"外促+内生"校本研修课程的教师专业
　　发展实践探索 ………………………… 阳　波　吴云莹（288）

四川省教师教育研究中心简介 ……………………………（297）

第一部分

教师教育理论探析

论"互联网+"背景下的教育
演进及教师教育变革

陈理宣 刘炎欣[*]

在国家互联网战略的推动下，互联网与教育的深度融合已成为必然趋势，这将对传统的教师教育培养理念、培养模式、组织方式、教学时空等产生深刻影响。"互联网+"思维对教育质量的提升和教育公共服务水平的进一步完善提出了新的考量，对教师教育的培养目标、课程设置、学习方式、评价策略等产生了较大影响，因此，探讨"互联网+"的技术理念对教育的深刻影响，思考教师教育的改进策略具有一定的理论价值和实践意义。

一 "互联网+"的学术内涵与技术特征

以互联网、3D打印、分布式新能源为代表的信息社会被称为第三次工业革命，它所引发的经济社会的变革速度是前所未有的。互联网是信息社会的主要文化特征，也是生产力发展的标志之一——生产工具的高度智能化和数字化。它能充分发挥网络在生产要素配置中集成、迅捷和优化的特点，发达的社交网络、大数据、云计算、智慧地

---

[*] 陈理宣：内江师范学院教授，研究方向：教师教育。刘炎欣：内江师范学院，教授，研究方向：教师教育。

球等新技术的应用使经济社会环境发生了重大变革，手机、电脑、网络等信息交流工具改变了人们的生活方式，尤其在云计算、大数据、物联网等新生代信息技术的推动下，网络成为融信息、资源、技术、交流和管理为一体的文化载体，"其演进方向是形成更广泛的以互联网为基础设施和实现工具的经济社会发展新形态"。人类的生产方式和生活方式将迎来重大变革。在新的历史时期，随着以互联网为主的信息技术（包括移动互联网、云计算、大数据技术、物联网等）在经济社会和生产生活领域的广泛应用，以大数据和人工智能为核心的信息技术催生了新一代互联网革命——随着以平台化和用户生产内容为核心的互联网技术的出现，互联网进入了新一代技术革命时期——"互联网＋"时代。

"互联网＋"理念的提出，是基于对信息技术文化与经济社会的渗透与融合的重新审视，人类的生产和生活将形成以网络技术化为生产工具的社会结构新形态。2015年，李克强总理在《政府工作报告》中首次提出了"互联网＋"行动计划，将其作为一项国家战略在经济社会领域全面推进；2015年7月，国务院印发了《关于积极推进"互联网＋"行动的指导意见》，明确提出了"把互联网的创新成果与经济社会各领域深度融合，推进技术进步、效率提升和组织变革，提升客体经济创新力和生产力，形成更广泛的以互联网为基础设施和创新要素的经济社会发展新形态"。"互联网＋"的生产工具意义和社会经济发展价值受到各行各业的重视；2015年12月，国家主席习近平在浙江乌镇第二届世界互联网大会上向世界宣布："十三五"时期，中国将大力实施网络强国战略、国家大数据战略、"互联网＋"行动计划，发展积极向上的网络文化，拓展网络经济空间，促进互联网和经济社会的融合发展。"互联网＋"成为经济社会生产力发展的重要力量，其创新价值成为时代发展的主要力量之一。目前，抢抓"互联网＋"的时代机遇，大力推动行业领域的创新发展已成为社会共识。

"互联网＋"不仅是一种技术进步，而且是一种创新变革的路径。以互联网为基础平台和创新因素推动管理模式、组织模式、服务模式、结构模式的变革与创新，形成数字化时代的社会生态系统。习近平主席2015年12月在第二届世界互联网大会上指出，以互联网为代表的信息化技术日新月异，引领了社会生产的新变革，创造了人类生活新空间，拓展了国家治理新领域，极大地提高了人类认识世界、改造世界的能力。随着"互联网＋"背景下的社会行业融合，新兴产业和新兴行业不断勃兴，深刻地改变了经济社会的各个领域，推动着各行业优化、增长、创新。"互联网＋"正成为经济社会创新发展的新引擎。

"互联网＋"以协作、开放、跨界融合的新思维对传统行业进行重构，推动传统行业的创新发展，形成新的发展业态。"'互联网＋'的本质是关系及其智能连接方式。"从信息传播的角度而言，"互联网＋"将"从一个传播的时代，转向智能感应的时代"。以移动互联网、云计算、大数据技术以及物联网技术在社会、经济、文化、生活等领域的推进和应用所形成的新的社会发展形态，将改变传统的生产生活方式，成为推动社会发展的新生力量。"'互联网＋'不仅是一个信息网络，更是一个物质、能量和信息相互交融的物联网。"国内学者研究认为，"互联网＋"具有四个核心特征：第一，形成新的技术产业。以云计算、大数据、移动互联、智能数字、物联网、3D打印等技术设施形成新产业。第二，新的生产要素。数据与信息资源成为核心资产，改变了生产、生活及科研模式。第三，出现新的社会空间。互联网重构了社会空间，促进行业领域的跨界融合，形成了互联互通的社会网络关系。第四，生成新的生态系统。社会的新体制、新机制和新分工正在形成。

二 "互联网＋教育"的演进逻辑与教育业态

互联网时代的大数据、云计算、移动互联等技术在教育领域的推进，使互联网与教育实现了有机融合，对教育领域产生着深刻影响，推动教育领域的革命性变革。这种变革改变了传统的学习形态，对教育资源、教育内容、组织方式、学习模式、教学方法以及评价策略等的重构，推动着教育的快速变革发展。以"云+网+端"的一体化数字信息为支撑，使学习时空无限拓展，打破了传统意义上以班级授课制为主的课堂教学组织形式，尤其是以大数据为基础的信息资源能充分满足学生的个性化需求，进一步解决大班额与因材施教之间的矛盾，使学生的个性化发展成为可能；协同通信网络、在线实时交流使学生的讨论交流、反馈评价进一步便捷化，学生不再是"独学而无友"的苦读者，而是随时可以得到网络回应与互动交流的信息资源终端客户，使合作学习、探究式学习成为可能；线上线下的交流互动能够实现师生、生生从课堂向生活领域的延伸，主体间性关系进一步体现，教育业态的逻辑演进呈现出如下特性。

（一）教育服务开放化

"互联网+教育"的核心理念是教育成为服务。一方面，"互联网+教育"重构了教育的存在业态，打破了传统意义上教育资源的供给机制，使教育更进一步公开、开放。"不同的主体之间、组织之间、层级之间、领域之间，形成一种动态关联，高效互黏、互相监督、共同发展的基本公共教育服务供给模式。"以开放、融合、互动、交流为主要形式的教育服务平台，使教育内容、课程资源、教育信息、实践实训等成为网络平台的共享共建资源。另一方面，教育的服务主体多元化。互联网打破了学校"独占"教育资源的局面，形成了社会组织、专业机构、公益组织、教育企业、科研院所等多极化的教育资源生成局面，提供越来越多的适合学生需求选择的教育服务，教育消费市场的竞争进一步加剧，将更好地推动教育服务理念的变革。同时，教育服务的开放化使教育资源的优质化选择成为可能，教育市场的优胜劣汰局面进一步明晰，教育质量成为学校生存的生命线，外延竞争不断推动着学校内涵质量的提升与改进。

（二）学习选择个性化

"互联网+教育"的融合发展为学生学习的个性化选择提供了可

能，智能化、数字化的网络资源和在线交流可以更好地实现因材施教。一方面，学校及教师可以依据学生的学习需求、兴趣爱好、知识结构、能力状况以及情感态度等提供个性化和精准化的教育资源，发挥学生学习的特长和优势，促进学生个性化发展；另一方面，学生可以根据他们的兴趣和爱好以及发展需求选择适合自身的教育资源，这种资源的供给市场既可以是学校层面，也可以是学校之外的教育机构和教育企业。学生的学习选择进一步个性化，教育需求多样化，教育选择市场化。

（三）学习交流实时化

"互联网+教育"形成线上线下融合的实时交流平台，打破了教育的时空局限性，使学校教育的时空得以拓展延伸，形成学习交流的无限广延和实时互动。"带来大量传统教育无法提供的新的形态和教育服务，例如自动批改（作业）、人工智能解题、社交化学习、学习成果动态即时反馈、在线辅导、在线答疑等。"知识的社会化程度越来越高，人们对知识信息的消费程度也越来越高，学校的知识聚合功能将以虚实结合的方式实现知识信息的网络化分布，实现知识消费的便捷化，信息交流的实时化。同时，学习交流的实时化要求教师由课堂的主导者向学生学习的服务者、帮助者转变，单向度的知识灌输向对话交流的主体间性关系转变。

（四）教育评价即时化

"互联网+教育"以"云+网+端"为主要技术特征，使泛在学习、互动学习成为可能，它所具有的技术优势，形成了超大量的交互性存储资源，随着知识消费者的不断发布和上传，实现了教育评价和信息反馈的即时化，形成了不断扩容的信息库，评价内容和评价信息成为在线共享的新资源。张岩认为，"互联网+教育评价"的优势在于两个方面：一是评价依据的丰富性，二是评价应用的便捷化。在"互联网+教育评价"中，"每个人都是评价的主体，也是评价的对象，社会各方面介入教育评价更为方便也更为深入"。教育评价资源的共享机制使教育改进的空间提高，促进了教育质量的提升。

三 "互联网+教师教育"的跨界融合与变革趋势

在新的历史时期，"'教师专业发展''教学专业化''提高教师质量'已成为全球范围教师培养及政策的中心议题"。教师教育的变革将以教师专业发展和教育质量的精准化提升为主旨。在信息技术时代，教师教育面临着新技术时代的挑战，教师教育进一步跨界融合。师范院校要审时度势，以开放包容的态势吸纳新技术时代的成果，重构教师教育的培育机制，促进教师教育业态的发展。

在"互联网+"时代，教师教育作为国家教育发展的支撑性力量，面临着变革性张力：基于对由"传统"向"互联"的理念、思维、技术及方法等发展的挑战回应，教师教育亟须走跨界融合之路。董奇认为，"互联网+"时代的教师教育面临着三大挑战：一是对教师的需求从数量到结构和质量的转变；二是对教师的学历要求从学历达标到素质提升转变；三是对教师素质的要求从单一技能向研究型、专家型转变。陈丽、林世元、郑勤华等人认为，"互联网+"时代，由于知识观与教学法需要适用知识生产、传播、进化和分享模式的变革，在互联网的影响下，知识价值取向相比传统知识中的普遍化知识、中立化知识、分科化知识以及累积性知识，现代知识观更重视境遇化知识、价值化知识、综合化知识和批判性知识。基于互联网技术时代知识的生成方式所发生的境遇性变革和知识加工与分享策略的变迁，传统上以知识传授为核心的教师教育必将被解构，教师教育的变革与发展是信息技术时代的必然逻辑，也是挑战与变革的必然结果。

（一）教师培养机制：由单一封闭向多元开放转变

"互联网+"时代的教师教育培养将从师范院校单一的培养机制

向由师范院校和综合性大学共同参与的多元培养格局发展,高水平的综合性院校的参与将打破师范院校一家独大的局面,有效利用综合性院校的师资资源和科研资源,能够促进教师教育专业的快速发展;同时,教师教育由高校封闭的培养模式向社会教育服务机构、专业机构、教育企业、科研院所等进一步开放,多元开放的局面和竞争发展的局面进一步形成。另外,由大学单独培养向大学和中小学融合培养的格局转变,大学聘请中小学优秀教师担任实践导师,参与实践性课程的授课和实践技能的培养。

(二)人才培养模式:由平面化向立体化转变

一方面,师范生的在校培养由单一的、平面化的理论学习和技能训练向厚基础、宽口径、多技能的综合化、立体化方向发展;另一方面,由一次性的大学职前培养向职前培养、就职培训、职后继续教育三位一体的培养体系转变,实现职前培养和职后培训的一体化完整模式。

(三)专业培养方式:由书本化向信息化转变

"互联网+"时代的教师教育更注重师范生教育实践技能和应用型技能的培养,尤其是对信息化教学技术、网络教学技术以及实践技能的要求会越来越高。无论职前教育还是职后培训,传统意义上以"读书—学习—思考"为主的专业培养方式将被以"学习—培训—研究"一体化的"学研训"模式和以"教学—培训—研究"一体化的"教研训"模式所代替。从书本走向互联,从知识走向实践,形成基于网络的以教师研修和教研实践为支撑的网络实时信息交流平台。

(四)课程与教学改革:由理论化向实践化转变

"互联网+"时代对师范生信息技术应用能力提出了更高的要求,师范院校课程的设置需因时而变,注重对学生信息技术实践能力的培养。袁强于2015年对教育部直属的6所重点师范大学"教师教育类课程模块"实施情况进行了对比分析,研究表明,在教师教育类课程设置方面，北京师范大学的教师教育类课程中除了开设"现代教育技术基础"课程外，还开设了"多媒体教学课件设计"课程，华东师范大学在"教学实践与技能类课程"中专门开设了"信息化教学设计与实践"课程，华中师范大学除了开设"现代教育技术"课程外，还专门开设了"现代教育技术应用"课程，西南大学开设了"教育技术应用能力训练"课程，陕西师范大学开设了"现代教育技术（网络教学）"课程。可以看出，师范院校适应"互联网+"时代的技术变革要求，加强对师范生信息技术实践应用能力的培养，着眼于实践操作训练和技术应用培养成为课程理念转变的重点。

在课堂教学方面，胡小勇认为，"互联网+"背景下的课堂教学有六大特点：一是教学生态开放融合；二是学习方式泛在化和移动化；三是尊重学生群体的需求；四是教学结构得以重塑；五是教学媒体化和技术智能化；六是师生关系趋于平等。因此，"互联网+"时代教师教育的教学观念由以"教"为中心向以"学"为中心转变，教学内容以专业教育为主向以专业教育和通识教育的有机融合转变，教学时空从以课堂为主向以课内课外结合为主，教学评价由终结性评价向形成性评价转变。

（五）教师知识素养：由单一知识向综合知识转变

传统意义上的教师专业活动知识主要以课本知识和教材内容为主，每学期的教学任务基本上处于一种稳定状态，多年承担一门课程，其内容变化不大，熟悉教材内容后甚至可以"一劳永逸"；但在"互联网+"时代，知识量的剧增、信息获取渠道便捷，学生认知水平和思维的活跃性增强，对教师教学活动的挑战性随之增加：教师的知识结构迅速老化，和学生之间的知识"代沟"不断增加，这就要求教师不断更新知识结构，不断提高自我，终身学习成为教师"生活世界"的必然态势，教师的知识结构由单一化向综合化发展，学科性知识、教育心理学知识、文化科学知识、教学实践技能等需要不断补充和完善，甚至知识的边界越来越模糊，知识的更新速度越来越快，教师成为真正意义上的"终身学习践行者",这样才能适应其教育生涯的变革需要。

(六)教师能力素养:由知识传授者向研究者转变

陈理宣认为,教师的能力结构主要由两部分构成:教学能力和教育科研能力。传统意义上的教师能力素养主要强调教学能力,体现在具有良好的教学设计能力、教学实施能力、教学辅导能力以及教学评价能力等方面,着眼于完成教学任务,以知识的传授为核心;但在"互联网+"时代,除对教师的知识更新能力和教学实施能力的提升外,对教师的研究能力提出了更具挑战性的要求:教师要成为研究者。教师需具备发现问题的能力、收集资料的能力、科研写作的能力,更主要的是教师要有研究学生、研究问题、研究教学策略、反思提升的能力,这将成为教师专业发展的本体性要求。

四 "互联网+教师教育"的融合路径与变革策略

"互联网+"时代的教师教育发展路径是一种跨界思维下的融合发展,以培育师范生的专业信念和专业精神为核心,将信息技术时代的新技术、新理念、新思维融入教师教育的培养体系中,形成集文化科学知识、学科专业基础知识、教育心理学知识和教育教学实践技能于一体的培养体系。

(一)培养目标

学校培养目标是学校办学的灵魂。"互联网+"时代的教师教育专业培养目标应注重以培养师范生的专业信念和专业精神为核心,培养学生良好的价值判断能力、创新思维能力、问题研究意识以及创造性地分析问题和解决问题的能力,提升教育智慧,奠定专业基础;将信息技术时代的教育技术素养作为教师教育专业的核心素养予以体现，以专业知识为基础，整合相关的教育心理学知识、教学法知识、教育技术及信息化应用知识，培养师范生具备互联网时代以大数据、云计算、社交媒体、智慧数字等网络技术的应用能力，更好地培养学生的专业技能、创新技能、数字化实践技能、数字资源应用技能；同时，将翻转课堂、慕课、微课等作为教师教育专业学生选修课程，培养师范生信息技术知识的专业素养，注重理论学习与实践应用相结合，形成师范生良好的技术创新精神和创造能力。

（二）课程设置

打破传统的教师教育专业以专业学科性知识、教育心理学知识、教学技术实践知识、教育研究能力等课程模块设置，改变重学科性理论知识和专业性知识、轻教育技术知识和实践技能知识的思维倾向，借助信息技术手段和网络资源平台，整合课程资源，形成集通识教育课程、专业教育课程和教师教育课程于一体的课程体系。通识教育课程以培养师范生的人文素养和科学素养为核心，奠定学生广博的文化知识；专业教育课程以专业基础课程和专业方向课程为支撑，培养师范生良好的专业基础知识和基本技能，促进学生专业兴趣和专业个性的发展；教师教育课程以培养师范生教育教学理论知识和教育教学实践技能为核心。

（三）学习主体

"互联网+"时代的教师教育要以培养师范生的专业自主性为核心理念，形成良好的专业建构能力和主体创造活力，以适应信息技术时代教师终身学习的专业发展需要。

新生代大学生的"生活世界"是以网络化、信息化、数字化为基本要素，由网络、电脑、移动互联等交流工具形成的，这使其养成了个性鲜明的思维模式、兴趣爱好、生活习惯以及学习方式等。就学习方式而言，他们的主体性更强，选择性更广泛，个性化学习更鲜明。对师范生而言，构建知识获取的方法远比知识本身更重要。因此，教师教育的模式从电脑、多媒体课堂转向互联网、物联网以及数字终端，这种变革态势需要教师重构学习模式，建立良好的价值判断标准，形成师范生良好的学习自主性；同时，师范院校要通过专题讲座、参观学习、教育调查、社团活动、技能竞赛、职业生涯规划教育以及形势与政策教育等多种形式，培养师范生专业信念和专业理想，形成热爱教育事业、乐于奉献、爱岗敬业的专业向心力。

（四）课堂教学

"互联网+"时代师生的课堂关系将发生显著位移：教师要成为学生学习的服务者、引导者、帮助者。"互联网+"时代的教师教育课堂教学要充分应用翻转课堂、慕课（MOOC）、微课堂、教学微视频、微课视频公开课等开放性教学资源。"一方面包括一系列的教材、教学设计、课程标准、考试题库等理论资源；另一方面也涵盖课堂教学实训、实践基地等实践资源，在依托丰富的理论与实践资源的同时，结合自身的情况及时更新本校教师教育人才培养方案，更好地适应社会发展的需求。"这样可以形成学生对新技术教学手段的接受思维和应用能力。同时，应用新技术手段，打破传统的班级授课制的组织形式，使课堂的学习时空向生活领域延伸，以网络探究学习、创客学习、学习分析、微信群讨论、教学评价等数字化和便捷化的模式改进，形成师范生"无处不在，无时不在"的学习态势。

在授课形式上，教师要着力打造微课堂，合理分配课堂时间，充分结合视频的文字、声音、图像、动画等效果，使教学内容趣味化，提高教学效果。积极建立师范生教学实践见习基地，为学生的专业实践提供平台。通过每学期的专业见习、课堂教学观摩、教学案例分析、名师交流以及专业实习，培养学生应用教学新技术的能力。

（五）教学评价

借助互联网的数字化优势，改变传统的以终结性评价为主的评价方式，逐步向数字化的形成性和过程性评价转变，如建立师范生专业成长的"电子档案袋""数字化成长台账""教学技能达标网络考核系统"等，将学生教学技能的成长历程以数字化的档案信息管理方式予以存储，形成有效跟踪记录，并将信息资源及时反馈给学生，促进学生的反思与提高。同时，在学生教育见习和专业实习阶段，通过视频点播，与指导教师进行分析研讨，形成课堂教学评价能力。

（六）职后跟踪

"互联网+"时代的网络信息交流为毕业生就业后的跟踪反馈提供了技术保障。师范院校建立健全毕业生就业后跟踪反馈制度，建立数据库，跟踪分析毕业生就业后的工作状况，及时调整、补充、完善培养方案和培养计划，形成良好的教师教育专业人才培养效果验证机制。第一，收集基层用人单位的反馈信息。听取基层学校的反馈意见，使高校的培养工作更贴近基层学校的用人需求，做好人才培养与就业岗位的良好对接。第二，听取毕业生本人就业后的反馈信息。了解毕业生"学为所用"的实际状况和需求反馈，及时改进培养方案，有针对性地"查漏补缺"，进一步合理分配师范生培养的时间比例和内容比重，使通识教育课程、专业教育课程、教师教育课程以及教学实践技能处于更合理的状态。第三，听取学生及其家长的反馈信息。了解毕业生的真实工作状况，并及时与毕业生进行交流反馈，促进其专业提升。通过对毕业生的全面了解和准确的信息反馈，客观分析评价教师教育专业的办学成效，不断改进和提升，更好地推动教师教育专业建设。

参考文献：

余胜泉、王阿习：《"互联网+教育"的变革路径》，《中国电话教育》2016年第10期。

陈丽、林世元、郑勤华：《"互联网+"时代中国远程教育的机遇和挑战》，《现代远程教育研究》2016年第1期。

项立刚：《"互联网+"是第七次信息革命》，《环球时报》2015年3月9日。

朱月翠、张文德:《"互联网+教育"基本模型探析》,《中国教育信息化》2015年第19期。

李奕:《基于"移动互联"的基本公共教育服务研究》,《中小学管理》2015年第1期。

张岩:《"互联网+教育"理念及模式探析》,《中国高教研究》2016年第2期。

杨捷、吴路珂:《国际视域下的教师培养政策及其发展走向》,《比较教育研究》2014年第10期。

董奇:《借力"互联网+"创新教师教育模式》,《中国教育报》2015年6月1日。

袁强:《教师教育类课程模块化设计与实施——基于卓越教师培养的视角》,《课程·教材·教法》2015年第6期。

冯智慧:《"互联网+"时代的教学创新——访华南师范大学胡小勇教授》,《中小学信息技术教育》2015年第10期。

陈理宣:《教育学原理——理论与实践》,武汉大学出版社2015年版。

顾沈静:《"互联网+"背景下我国高校教师教育人才培养模式改革》,《大学》(研究版)2016年第11期。

"互联网+"时代：高等学校教师的认知、理念与培养

贾天理 柴容倩 粟其峰[*]

由"互联网+"新技术支撑的新业态、新模式正在中国的各个领域蓬勃兴起。"互联网+"背景下对教师素质的要求也越来越高，特别是工科大学作为教师教育的主阵地，能否培养出合格的教育者，关系着人才培养的质量以及学院的转型发展。在"互联网+"时代，网络技术和信息平台为我们提供了更加有利的开展教师教育工作的条件。我们必须紧紧抓住这一有利条件，促进高校教师教育人才培养模式的变革，培养更多的优秀教师。

一 深度解读信息技术，拥抱"互联网+"时代

"互联网+"教育是当代教师发展无法绕过的主题，无论其作为理念还是作为技术，都必然会影响教师对教育世界的认知、体验和反应。"互联网+"教育的包容性很强，它集通信技术、计算机技术、移动技术、网络技术于一体，强调把线上和线下的活动聚合起来，为教育创建新的设计、开发、利用管理和评价形态。"互联网+"提供的实时协同通信网络、大规模的社会化协同，将推进信息技术深度融

---

[*] 贾天理：四川大学锦城学院、绵阳师范学院教授，研究方向：高等教育理论、应用统计、大数据分析。柴容倩：四川大学锦城学院讲师，研究方向：教育管理。粟其峰：四川大学锦城学院讲师，研究方向：运筹学。

入教学、管理、评价等领域，互联网将拓宽家长和社会人士参与学校教学、管理的渠道，学校、家庭、社会的协同育人体系将衔接得更为紧密。"互联网+"对于教师专业发展，更多的是教师线上成长渠道的再造和重组，"+"指在实践中与互联网等新技术相结合的教学创新。《大学》说：知止而后有定，定而后能静，静而后能安，安而后能虑，虑而后能得。这段话的含义是：知道应该达到的境界才能够使自己志向坚定。"互联网+"时代给我们带来了机遇，也带来方方面面的挑战。在挑战面前，我们需要知止，需要未雨绸缪、虑而后得，需要知道"互联网+"到底会对教育教学产生什么样的影响，需要知道在哪些方面会对教育产生影响。

（一）对教师认知的影响

"互联网+"是以互联网为主的移动互联、云计算、人工智能、大数据技术等一整套信息技术，实现经济、社会生活各部门的跨界融合并不断创造出新产品、新业务与新模式。"互联网+"的演进方向是形成更广泛的经济、社会发展新形态，形成一种动态关联、高效互黏、相互监督、共同发展的新局面。"互联网+"时代信息化教学将"从技术中学习"转变为"用技术学习"；技术将从教师教学的工具转变为学生学习的认知工具。"互联网+"教育将优化高校的业务流程与模式，重构教育的生产关系，教育服务供给的方式，改变教育服务的基本流程、基本的运作规则、基本的运作形态和教学范式，会从促进知识传递向促进学习者知识建构、知识连接转型，从以观察学习行为为主转变成对学习活动的干预，实现从知识传递到认知建构的转型，从而导致教学、管理与服务体制的变革，其变革意义极其深远。我们在适应信息环境的过程中自然地适应技术及其规则，获得一种"人与计算机"结合的基本思维方式。

（二）对教育体验的影响

"互联网+"教育所提供的虚实结合的生成空间，线上线下的融合形态，可以为高校师生提供多样化的教育服务。"互联网+"既可以实现传统教育所关注的规模，又可以实现优质教育所关注的个性化；既能实现每个学生都应该有的公平，又能实现与每个学生能力相匹配的高质量的服务。"互联网+"时代知识的讲解、传播、分享等，将实现线上线下融合的教育服务供给，带来全新的育人空间。教学将从重视讲解转变成重视活动设计，重视引导学生进行自主、探究、合作学习。

"互联网+"时代，教育课程将越来越移动化与泛在化。学科知识的扩散模型不再是教师通过教材作为中介的单点对多点的传播，而是群体之间、多点对多点的互动、改进和建构，更多地体现出知识建构、知识连接的特点。在线课程将成为常态，将从"传授知识为主"向"培养学习与应用能力为主"的转变，课程内容的组织、课程的实施逐步模块化、碎片化，动态重组成为课程设计的重要特征，课程表现形态、课程实施、课程评价等都将发生巨大的变化。过去的"一所学校，一位老师，一间教室"的教育服务形态，正在向现在的"一张网，一个移动终端，成千上万学生，任意挑选老师"的教育服务形态转变。"互联网+"时代学生的分布式认知方式，借助信息技术进行认知加工的思维方式，会改变课程的基础性目标结构。

（三）对学习方式的影响

"互联网+"教育可以帮助我们破解教育中规模和质量的矛盾，可以同时兼顾大规模与个性化的需求。"互联网+"教育提供云端一体化的基础设施，可以精确了解学生个性化的学习需求，使学习无处不在。

"互联网+"时代是让学生去适应固化的教学，还是选择合适的课程与学习方式去适应学生的发展？这是"互联网+"时代教育生产关系变革的一个关键点。在"互联网+"时代，学习方式将会有四方面的改变：一是通过无处不在的移动网络与智能终端，支持学习活动由课堂内向课堂外延伸，学习不仅发生在教室里，还发生在网络上、智能移动终端里，与学习和教育相关的许多活动都发生在学校围墙之外，课堂外的学习对学生全面发展将会越来越重要。二是学生可以根据学科的要求，结合自身的学习实际，选择最好的学习方式和学习路径。大数据分析将为学习者提供及时的个性化反馈，尊重个体特征的个性化学习将成为主要的发展方向。三是学生在海量的信息加工、分析、处理、表达等方面，其信息素养、处理信息的能力将成为学生学习能力的核心要素，将成为判断学生能否适应未来社会需要的关键点。四是学生拥有的信息"多""新""异"，这种条件的存在使得高校教师随时都可能遭遇新领域的问题。现在几乎所有的学术报告会、论坛、学术研讨都会同步上线，获悉相关资源非常简便，老师专注于他们的研究，而学生在新领域里广泛探索。在此情景下，学生感知到的新事物多于教师是很自然的事。许多时候，老师会经常在学生那里接触到陌生的概念、理论和思想。"互联网+"时代，老师的意义在于用他个人的经验对学生的选择予以判断、指导，而不在于教给学生知识。

（四）对教师发展的影响

"互联网+"时代教师专业发展出现了新特点、新动向：一是对于教师的能力素质提出了在不同发展阶段必须形成相应能力素质的新要求。二是教师需要改变他们的能力结构、专业发展方式和整个工作形态。教师发展遵循着"行—知—行"的路径。"互联网+"时代对教师专业发展提出了新要求：一是要从被动适应到主动参与，从个体工作向群体协作，从显性过程向隐性过程，从知识接受向知识建构转变。教师发展要走连续性与阶段性相结合的道路。新教师需要完成从"学生"到"教师"的角色转换，适应教育教学工作，树立教师的自我发展意识，增强教师自身职业发展的意识，强调职业发展要素的内在性和自觉性，做一个"敏捷的起跑者"；工作5年之后的教师要找准他们的"关键突破口"，用整体性发展观促进全面发展与和谐成长，在教学与科研的良性互动中递进发展。要将信息技术知识、学科内容知识、教学法知识很好地融合，并能在多变的教育情境中恰如其分地迁移运用。二是教师的信息技术知识、教学迁移能力、信息技术与学科整合能力、数字化交往能力、数字化教学评价能力、数字化协作能力、促进学生数字化发展的能力等需要尽快提高。三是使用信息检索工具、表达展示工具、实践反思工具、探究教学工具、教学评价工具、思维汇聚工具、网络教学工具、资源管理工具等的方法必须掌握好。"互联网+"时代下的教师专业发展，是一项充满了变数的马拉松长跑，它需要教师持续的热情，发自内心的渴望，以及和学生共同成长的成就感，是一个充满个性化创造的过程。

（五）对教育管理的影响

"互联网+"时代，教育将从单一的政府管理向利益相关者共同参与的现代学校治理转变。"互联网+"教育将实现教育业务关键流程的实时监控，动态监测与分析，管理人员能够随时诊断和发现教育运行中的异常状况，实现教育危机预警，进而提出更具针对性的改进措施。教育将从事后补救向事前洞察并干预、提升教育管理质量和效率、提升教育安全管理水平迈进。教育管理与服务产生的数据，将提高决策的科学性，将为学校管理人员和决策者提供及时、全面、精准的数据支持，将从经验决策模式转变到数据驱动决策模式。互联网提供的动态数据，将使教育领域实现面向过程的全方位、实时的远程监督与指导，教育督导与评价将从运动式、检查式评估转变为实时评估。

（六）对评价模式的影响

在"互联网+"时代，现代教育价值趋于多元，教育评价方式面临着全面转换的现实需要。教育领域里的每个人既是评价的主体，又是评价的对象，而社会各阶层也将更容易通过网络介入教育评价。"互联网+"可以实现因人而异的适应性评价。以大数据为基础的评价，可以反映真实的学生，可以洞察纷繁表象背后的教育问题之所在，可以摆脱经验主义的束缚。在"互联网+"时代，通过数据分析，可以改变我们看待分数的方式，可以探究学生分数背后的能力与素养。信息技术的发展，将能够测评学生认知结构、知识结构、情感结构、能力倾向和个性特征。在对学生的评价方式上，从总结性评价发展为过程性评价，从机械性评价学习结果转变成适应性评价学习结果，更加重视对学生的诊断、激励与改进，更加关注学生的个体差异，更加尊重每个学生的特点，促进学生个性化、全面发展。评价的工具可以是试题、试卷、口语题、作文题、论述题、计算题等。评价的内容不限于知识掌握，评价领域将从知识领域向技能领域、情感、态度与价值观扩展。学生家长、学校管理层都可以参与评价，使得评价更客观、更全面，各方面的积极性更高。

二　树立教育教学与"互联网+"方式有机融合的理念

在"互联网+"时代，由于随时可以通过互联网将教学的触角伸向任何一个领域的任何一个角落，甚至可以与远在千里之外的各行各业的名家能手进行即时视频聊天，因此，教师的课堂教学将变得更为自如，手段更为丰富。面对社会形态的变化，面对传统教育模式的转型，面对一个新的教育时代的到来，教育不可能永远关起门来，仍然固守知识搬运工理念，因循守旧，不做出变革，不适时创新思维，不创新技术手段。只要不改变，那么有朝一日，教师的地位和尊严都将会受到挑战。获得美国 2015 年"国家年度荣誉数字校长"称号的詹姆士·理查德森说得好，尽管技术不可能代替教师，但使用技术的教师很有可能会代替不使用技术的教师。

今天，关键的是"互联网+"改变了人们的思维方式。高校教师要有互联思维、跨界思维，要有开放思维，在教学中不能够只停留在传统的讲授、教给知识上，而要有多元化信息化思维，组织引导学生既进行传统学习，又进行网络化学习；不能只关注自己的学科，而要有跨学科思维、综合思维，要有会应用包括网络等一切资源的意识，把落脚点放在学生的成长与发展上。"互联网+"教学，就是要使用网络教学平台、网络教学系统、网络教学资源、网络教学软件、网络教学视频等诸多全新的工具，要树立先进的教学理念，改变课堂教学手段，不断提升教学能力。而且要让传统的教学组织形式适时地发生革命性的变化。同时，教学中的师生互动不再流于形式，要通过互联网，突破课堂上的时空限制，与学生随时随地进行沟通和交流。在互联网天地中，教师的主导作用将达到很高限度，教师不再居高临下，不再是知识灌输者，教师需要通过移动终端，实时地给予学生点拨指导。同时，更多地为学术提供资源的链接，给予兴趣的激发，进行思维的引领。

诚然，"互联网+"教育也代替不了传统教育的全部。师生之间面对面的交流依然是学校教育的重要环节，只有将已有的教学内容与新的教学方式有机融合才是有效的，才能做好"互联网+"时代的教育。

三　心中有目标，教师培养永远在路上

面对"互联网+"时代，我们都在时代的列车上，永远在路上，沿着历史的轨迹前行，心中有导航，教师生涯才不会迷航。高校教师应该把握这个时期教育可能发生的改变，积极主动地"+"而非"被+"，这是一种姿态，更是一种思维方式。当前，教育信息化在全球范围内都取得了长足的发展，对教育的"革命性影响"正日益显现。这场"教育革命"的最显著特征是学习方式和教学方式的"双重变革"，在此过程中起关键作用的是教师。面对"互联网+"带给我们的新的变革，怎样才能培养出符合"互联网+"时代要求的高校教师呢？

（一）春风化雨，营造环境，高校教师培养需要增添新举措

——从学校层面进一步加强教师信息素养的培训。面对信息化教

学和教师教育模式变革的双重诉求，我们必须利用"互联网＋"战略对教师教育方式进行"流程再造"，这样才能建设"处处能学，时时可学"的开放性教师研修环境。

——努力提高教师信息技术的应用性和实践性。教师信息素养培训的主要目的就是让教师能够在教学实践中熟练应用校园网技术、现代信息技术手段。因此在培训方式上，不能搞"报告"式培训，要着重强调教师动手动脑、亲身参与。通过体验式、案例研讨、任务型教学等形式，探索出教师教育信息化培训的新模式，力求取得培训实效。

——强化师范类院校的"智慧校园"建设，建构适应"数字教师"需求的职前教师培养模式。利用大数据等技术，对现有教育教学流程和方法进行重构，实现学校教学、管理、科研和服务的智能化。建设一批支持教师创新能力培养的智慧教室，构建能够满足"数字教师"培养需求的教学环境、教学方式、评价方式，让职前教师充分体验"智慧校园"所带来的"神奇"变化，从而让师范学生更加努力学习，开创美好未来。

——西南交通大学希望学院教师培养历程有三点经验启示：

第一，开学季培训新教师成为希望学院的一项重点工作。近年来，希望学院的轨道交通、机械、汽车、道桥、建筑等工科专业教师人数激增，每年春、秋开学季，对新员工进行入职培训已经成为学院开展的一项重点工作。学院党政领导亲自抓新教师培训工作。他们介绍学院的发展历程及办学宗旨，对新员工提出坚决执行教师职业操守的要求和殷切期望。从教师职业、课堂教学以及教书育人三方面，给工科专业教师提出务必具备丰富的专业知识、实践技能、技术操作和实习实训能力的要求，并结合学院转型发展的实际对新教师开展教学技能培训。

第二，以比赛促培养推动教师队伍建设。希望学院在教师培养方面，一直探索适合学院转型发展的新路径。自2014年以来，学院启动了教师说课比赛，对教师的培养发挥了极大的促进作用。不同于传统的教师培养模式，希望学院采用结果检验型培养模式，以赛促教，倒逼教师不断提高自身的教育教学水平。希望学院教师培养的创新举措包括：一是通过说课比赛调动广大教师不断提高教育教学水平的积极性。学院各系部层层选拔说课教师，通过层层考核进入半决赛、决赛，获得名次，并获得一定奖金。决赛获奖者被记入人事档案，在教师岗位评聘、职称评定、年终评优同等条件下有优先权。二是以培养高素质应用型人才为目标，提高教师的业务水平和能力。教师根据转型课程要求，重构课程标准、课程模式。结合学生实际，通过多种教学方法，增加课程教学的趣味性、实效性和针对性，课程教学内容与职业资格证书相衔接，并在课程中广泛运用真实案例进行教学，探索非标准答案考试，破除高分低能的积弊。三是将说课比赛搭建成为广大教师展示自身风采和交流成果的平台。由于学院政策的引导，涌现出了一批研究型的优秀教师，通过说课比赛平台将他们所取得的应用型课改成果与广大教师进行分享。

第三，以培养"双师双能型"教师为目标，提升教师的专业素质和教学水平。希望学院培养教师的做法，一是出台一系列的制度措施，为青年教师的成长构建良好的软硬件环境。二是出台鼓励青年教师学历提高的相关办法，对青年教师求学期间的相关待遇做出规定，积极鼓励青年教师提高自身学历。三是出台关于教师现场实习实践、参与项目开发、考取相关证书等相关规定和鼓励办法，选派优秀教师参与企业、地方应用型项目的研发工作，促进教师向"双师双能"型转变。四是以项目为依托，组建各类"工作坊"，联合学生参与各类项目的研发和竞赛活动，大幅提升"双师双能型"教师的比例。

（二）教师自我完善与养成需要再"＋"新方法

一要先读懂学生，再教好学生。在"互联网＋"时代，教师的观念或许已经落后于学生。今天的学生大多是伴随着新技术成长起来的一代。他们的生活和学习被计算机、游戏机、数码相机、手机等数字工具所包围，信息技术对他们的认知、态度及行为习惯影响巨大。长期处于数字化环境中的学生被称为"数字一族",他们具有多源头快速接收信息的能力,擅长多任务和平处理,喜欢图片、声音和影像,但也存在注意力不容易集中等诸多问题。面对这些学生,他们的学习需求发生了巨大的变化,教师与学生共同在教室里进行教学活动不再是唯一的途径。他们期盼更灵活的学习进度,更多的个体学习机会,更高频率地使用数字资源,甚至更多地利用各种移动终端、定位设备、传感器和实体性学习资源。互联网不但改变着教师的教学态度和技能,同样也改变了教师的学习态度和方法。教师不再以教师的权威俯视学生,而是真正蹲下身来与学生对话,成为学生的合作伙伴与他们共同进行探究式学习。

二要提高信息素质,做"互联网+"时代的学习者。目前,"互联网+"教育这种新工具的出现,它一定是在云、网、端这三个层面及其连接中发挥作用的。高校教师应该正视这样的现实,并积极研究"互联网+"教育中的各种新情况。高校教师的信息素质很难适应信息化社会发展的潮流,已经成为制约高校信息化发展的重要问题。教师作为传道授业解惑者,任何时候都不能放弃学习。在"互联网+"时代,海量信息随时会扑面而来,无论是北京大学的课程还是一线科研的成果,无论是视频教学还是线上答疑、讨论,无论是身处著名的大学城还是在偏远小镇,都能依靠互联互通的网络来学习,并在学习中促进自己信息素养的提升。一方面,教师要自觉培养平台化思维、大数据思维和碎片化思维。教研室就是一个平台,在互联网时代,通过教研室开设的BBS、QQ、微信圈等进行网络评课,发布或转发教育教学资讯,设计教师之间相互合作的活动,增加大家的团队合作意识。另一方面,教师要提高信息筛选能力。互联网是个资源大宝库,这个库里包含着各种各样零散、不系统的资料,高校教师在"互联网+"教育境域中,必须大规模涉猎人类的知识,将各种有价值的信息、技术、文化融合于自己的专业研究和教学之中。传统意义上的"隔行如隔山"话题,在互联网成为人类知识库的时代,"山"已经被逾越了,人们可以借助互联网越来越多地了解其他领域。

三要理性地看待新事物，做"互联网+"时代的拥抱者。今天的世界变化太快，不确定因素随时会出现，教师面临着太多的选择，新事物层出不穷，"互联网+"教育的加速出现是历史的大趋势，互联网与每一个个体都发生着关联，如何将自己的工作与之融合，是必须面对的问题，作为高校教师应该了解最新的技术、思潮和趋势，不追逐流行时尚，不随意认可和否决一个新的东西，要用智慧的头脑、敏锐的眼光、睿智的洞察力看待新事物，勇立时代潮头。

四要认清社会对教师需求的变化，做"互联网+"时代的共享者。随着教育改革的不断推进，社会对教师的需求也发生了根本性的变化，中国教师教育模式面临着多方面的挑战。这种挑战主要表现在三个方面：一是对教师的需求正在从数量向结构和质量转变；二是对教师的学历要求正在从学历达标向素质提升转变；三是对教师的素质要求正在从单一技能向研究型、专家型转变。社会对教师需求的变化，必然要求教师培养模式从单一走向多元，从封闭走向开放。这就需要我国的人才培养模式做出改变，而教师教育模式的创新变革显得尤为紧迫。

五要找准专业发展的重点，做"互联网+"时代的引领者。在"互联网+"时代，教师专业发展的重点在于掌握技术，学会如何实现技术与课程整合来辅助讲授，促进协作，帮助探究，创设技术型的学习环境。教师专业发展的重点在于把技术无缝地编织进教学，利用技术支持的教学过程所留下的动态生成性资源、过程性数据、学习痕迹等数据来实现教学优化。研究型教师要学会用数据支持的实证分析，给自己的教学实践和改革提供更加坚实的基础。我们相信，当在线资源建设往前发展的时候，就会有更多的力量来倒逼高校教师去改变自己，跟上时代。

六要当"五有"好教师，做"互联网+"时代的践行者。在新的历史发展阶段，教师的工作目标正逐步从满足教育规模扩张的需要，逐步转向培养知识技能复合、研究和实践能力俱佳的新型人才。在教育领域全面落实"互联网+"战略，创新我国高校转型发展模式成为当前人才培养的迫切要求。在以学生为主体的课堂上，教师应依据教学改革要求对原有的知识体系和知识结构进行扩充和完善，应不断更新、落实教育大纲和人才培养方案，不断激发学生学习的主动性和积极性，积极探索、尝试新的教学方法与手段，切实提高教育教学质量和学生的实践创新能力，成为"互联网+"时代"有理想信念""有道德情操""有信息技术知识""有扎实学识""有仁爱之心"的好老师。

四 结语

"互联网+"教育遵循着一个清晰的变化、变革路径，从技术服务已有教育业务，到新的技术环境下的教育业务创新、制度创新，是一个逐步渐进变革的过程，不是一蹴而就的。学校教育与互联网教育不是相互替代的关系，而是相互支持、优势互补的关系。"互联网+"教育虽然能够实现跨界融合，但不能代替传统教育的全部，不会改变整个学校的业务流程、运作与管理模式，互联网不可能替代学校，但可以改变学校的基本业务流程，改变学习运行运转的"基因"。在瞬息万变的技术环境下，教师培养机构面临着引进和使用数字化教学平台的调整和机遇。尤其是如何帮助教师教育工作者们愿意、自如地整合数字化教学平台，是当今最为严峻的考验。

创新教师教育模式，构建中国特色教师教育体系是高等院校实现转型发展目标的重要任务之一，不断探索教师教育职前—职后、培养—培训一体化的新体系，对于推进我国教师教育改革和发展都有着重要的理论和现实意义。我们所有的教师教育工作者，都要在已有成果的基础上，进一步探索与实践，不断总结经验，完善教师教育方案，创新教师培养模式，解决实践中出现的问题，进一步加强教师教育与"互联网+"的联系。要在高校转型发展与"互联网+"的共同促进下，通过不断改进来适应社会的需求，继续承担好知识生产、知识改造、知识传播的重任。为人师表者，皆应有定，须在浮躁与压力面前与时俱进，不忘初心，保持定力，恪守使命，为提升我国教师层次和专业化水平，为推进我国教师教育工作的创新做出新贡献。

参考文献：

《习近平在第二届世界互联网大会开幕式上的讲话》，http：//www.wic-wuzhen.cn/system/2015/12/15/020953822.shtml（2015－12－16）［2016－01－16］。

曹磊、陈灿：《互联网＋：跨界与融合》，机械工业出版社2015年版。

王晨、刘男：《互联网＋教育》，中国经济出版社2015年版。

何建武：《现代教育技术技能教程》，北京师范大学出版社2015年版。

江丰光、孙铭泽：《国内外学习空间的再设计与案例分析》，《中国电化教育》2016年第2期。

蒋平、张继华：《地方新建本科院校转型发展：理论、政策与实践》，《宜宾学院学报》2016年第3期。

杨现民、余胜泉：《论我国数字化教育的转型升级》，《教育研究》2014年第5期。

董奇：《借力"互联网＋"创新教师教育模式》，《中国教育报》2015年5月27日。

新媒体下大学英语教师面临的
机遇与挑战

卿 倩[*]

新媒体是相对于传统媒体而言的，是继报刊、广播、电视等传统媒体以后发展起来的新的媒体形态。而大学生正是新媒体的主要受众，在大学生的公共英语学习过程中，存在着各种各样的问题，如学习动机低下，课堂教学模式单一，教学内容枯燥，英语产出能力较弱等。同时，大学英语是一门理论知识与实践技能紧密结合的学科，学生英语的听、说、读、写、译技能的输出是新形势下大学英语教学的方向及重心。新媒体与大学英语教学的结合，既能有效解决学生的学习问题，提高学生的自主学习性，也能充分体现大学英语这一门学科的特点，补充教师的教学手段，从而提高教学效果。

一 新媒体的含义及特征

新媒体涵盖了所有数字化的媒体形式，包括所有数字化的传统媒体、网络媒体、移动端媒体、数字电视、数字报刊杂志等。新媒体是一个相对的概念，是在报刊、广播、电视等传统媒体以后发展起来的新的媒体形态；它同样是一个宽泛的概念，利用数字技术、网络技

---

[*] 卿倩：四川电影电视学院讲师，研究方向：学科教学论。

术，通过互联网、宽带局域网、无线通信网、卫星等渠道，以及电脑、手机、数字电视机等终端，向用户提供信息和娱乐服务的传播形态。严格地说，新媒体应该称为数字化新媒体。

新媒体具有多种特征，如交互性与即时性，海量性与共享性，个性化及社群化。首先，新媒体具有即时性与交互性特征。数字媒体较传统媒体，最大的特点在于受众接受信息的速度大大提高。热点新闻、会议精神、研究结果等，只要连上网络，就可以随时发布，随时传输，受众可以在第一时间里分享，不受制作周期、截稿时间等客观因素的制约。同时，新媒体与传统媒体相比具有很强的交互性。传统媒体是单向传播，不管是广播、电视还是报纸都是单向传送信息的。媒体决定受众接受什么样的信息，用户很难进行反馈。然而在新媒体环境下，信息的传输是双向的，甚至是多向的。每个用户都有信息交流的控制权，公众可以自由地选择接受什么样的信息，并且，受众还可以就某一内容发表看法和观点。新媒体让公众既可以是信息的接受者、传送者还可以是信息的制作者，最大限度地发挥出公众的参与性和主动性，满足了公众掌握话语权的需求，真正实现双向互动信息交流。想必我们在看完新媒体上的内容后，会浏览一下后面的评论区，不同的观点会从多个角度帮助我们理解内容。

其次，新媒体还具有海量性与共享性。海量性与共享性在于网络资源的丰富，或是跨时空的特点。回顾人类发展史，每一次媒体形态的变革都扩大了人类认识世界的范围。新媒体利用通信卫星和全球联通的网络进行数据传输，完全打破了有线网络的限制和国家等地理区域的限制。新媒体可以在地球上的任何角落和世界相连，让受众获取更多的信息。以传统媒体的纸质媒介为例，无论从经济成本还是环保效益来说，期刊社都会选取部分内容予以刊载，而舍弃一些编者认为次要的信息。然而仁者见仁，智者见智的个体，纸质媒体很难做到满足大众的不同喜好。而新媒体的出现正好解决了这一矛盾。其丰富的资源可供读者自由选择，不限时间，不限地域。

最后，新媒体还具备个性化及社群化。正是新媒体的交互性与海量性，让新媒体产生了新的特征，这便是个性化与社群化。在传统媒体时代，作为大众传媒的报刊、广播以及电视很难做到为某一单独个体制作、发行和播放。然而，随着新媒体的发展，针对大众需求的多样化和消费市场的细分化，新媒体可以根据用户需要有针对性地提供专业化、个性化的定制服务。用户可以根据自身的喜好、专业、需求来选择他们所需的信息资源。而正是新媒体的个性化特点，结合大数据分析，就可以很快地在网上形成不同的小社群，产生亚文化，这也正是新媒体社群化的表现。

二　新媒体为大学英语教师带来的机遇

源于新媒体的特有属性，将及时性、交互性、海量性、分享性、个性化和社群化应用于我们大学英语教师的教学、科研中，对其专业素养的提高有着不可替代的作用。

新媒体对大学英语教学的促进。首先，新媒体能迎合学生时间碎片化的需求。大学生由于课余时间增多，自主管理空间扩大，新媒体与大学英语教学相结合，能最大限度地满足学生自主学习的需求及其独立性的提高。并且新媒体能满足随时随地互动性表达的需要。将新媒体与大学英语教学结合，能最大限度地解决师生交流在时空上的限制，由于大学英语这门学科特有的特点——交互式，新媒体的这一特性能很好地满足此类教学法，能为学生在听说能力方面提供更便捷的平台，能促进学生对技能的训练，克服传统教学方法下枯燥的机械化训练。其次，新媒体内容的海量性也丰富了教学内容，为深入探讨某一话题提供了素材支持，从而进一步帮助学生对英语国家文化的理解。源于英语语言的特点，不少大学英语教学结合当下的时政热点新闻，作为口语素材或阅读材料，以提高学生学习的动力及实用性，而新媒体资源的丰富，网络媒体交流平台的便捷能有效地克服以前找新闻、买报刊、等邮寄的一系列弊端，它不仅让大学英语教师能更高效地找到符合学生水平及满足教学目标的新闻材料，也能方便学生更容易地接近外国报刊媒体，从而真正做到将原汁原味的英语素材与教材相结合。最后，新媒体资源能够实现个性化教学。各大高校通过借用新媒体平台所创设的各类精品课程建设，翻转课堂视频建设，校园网建设，能有效地扩大学生对学习内容的选择权，通过交互链接，可以给学生提供不同层次、不同内容、不同手段的教学资源，而学生便可以结合自身的水平及兴趣，选择适合自身的学习内容，从而做到因材施教，个性化教学。

新媒体对大学教师开展科研活动具有促进作用。大学教师在教学之余，承担着繁重的科研任务。新媒体的出现，为大学教师带来了更多的机遇。首先，凭借新媒体平台，各种科研项目的立项通知信息，可以一手地传递给高校教师，克服了以往课题立项通知传达的范围狭窄性，也减少了流程的复杂性，不用像以前那样课题项目的开展需要一级一级地传递下来。其次，借助新媒体平台，教师还可以更加便捷地进行该课题所需要的问卷调查环节，能更快更全面地获取数据及反馈。最后，新媒体内容的海量性，为大学教师快速获取文献资料提供了素材支撑。全面了解课题的国内外研究现状，有利于课题更科学的开展。各个高校的图书馆资源、各种领域的重要期刊、课题所需的数据，都可借助新媒体进行搜索和利用。

新媒体为大学英语教师的专业发展提供了技术支撑。近几年得益于网络技术和新媒体的发展，关于提高大学英语教师专业能力的微课、慕课大量出现。大学英语教师可以在新媒体平台上学习相关微课、慕课，不断提高自身的专业素养。同时，还有助于大学英语教师开展新媒体微课课程的研究应用。新媒体的微课课程是一种以多媒体方式进行的研究分析式的课程教学形式。它产生于20世纪60年代，对于微课课程产生最大影响的是美国的 Leroy Amergrew 教授，他强调60秒授课方式。而我国对微课的研究开始于2011年胡铁倡导使用微课网络课程，并且将其当作教学创新的一种方式，他强调使用教学视频的方式讲解知识重难点。这种新型课程形式，要求教师在教学观念上改变传统教学观，改变以教材为主的讲授型教学方式，需要大学英语教师与时俱进，借助科技的发展，新媒体的普及，开展创新的教学模式，提高教师的教育教学能力。新媒体的社群性也有利于教师借助新媒体平台举办线上交流活动和会议，让大学英语教师可以与专家同行分享经验及行业最新动态信息。这可以让大学英语教师减少舟车劳顿的辛苦，节约时间成本，提高自身的教学能力和专业素养。

三 新媒体给大学英语教师带来的挑战

教师在新媒体的冲击下，需要改变教学理念，将教学与新媒体手段相结合，不断探索新的教学模式、教学组织形式，在课堂活动设计中做到改革与创新；还需要不断提高自身的科研能力，为今后的教学打下更深的理论基础。同时，还需提高自身的专业素养和教学能力，如今大量学校利用新媒体开设网络课程，学生可以在这段时间里对比出教师的优劣。今后，优秀的大学英语教师会有更多的课，更多的学生，而落伍的英语教师则会面临无人选课的尴尬境地。

同时，由于新媒体的广泛应用，学生在英语教学中的角色会发生改变。学生不再是以前只在课堂上吸取知识的被动者，他们也是借助新媒体资源主动获取知识，扩大视野的主动者。针对教师讲解的内容，他们能快速地通过新媒体来获取。因此，这需要教师转变传统的单向讲授知识的方式，还需要教授学生如何搜索新媒体上与教学相关的内容。授人以鱼不如授人以渔，真正地提高学生搜索资料和处理信息的能力。

前面提到的新媒体可以为大学英语教师提供开发课程资源的平台，这也意味着对大学英语教师的计算机能力和掌握网络教学辅助系统应用及操作的能力提出了更高要求，带来了更大的技术挑战。如何制作微课、慕课，如何利用新媒体资源获取数据、分析数据，都对教师有着更高的技术要求。

由于新媒体内容的复杂性，有时会伴随着信息的失真性，因此，教师需要提高去除糟粕，取其精华和辨别真理与谬论的能力。同时，还需教会学生正确科学地识别新媒体内容，不被错误信息所误导。

四 结语

在信息时代及全球化的背景下，对大学生英语的产出能力及综合素质的要求越来越高，而大学英语教学也应该顺应这个时代背景，响应时代要求，抓住新媒体给我们带来的机遇，不断深化大学英语改革，培养出满足社会需求的实用型人才。现在高校面临的任务是有计划地培训教师学习和掌握网络教学辅助系统的应用及操作能力，并鼓励教师在利用新媒体教学与传统媒体教学的有机结合上做进一步的改革和研究。同时教师在新媒体的冲击下，应改变教学理念，将教学与新媒体手段结合起来，不断探索新的教学模式、教学组织形式，在课堂活动设计中做到改革与创新的结合。教师还需要正确引导学生使用网络媒体资源，让广大学生正确地使用新媒体资源，并发挥其作用，提高大学英语的教学效率与成果。

参考文献：

王文军：《新媒体时代大学英语自主学习的路径与困境——以高校英语教学实践为例》，《华东理工大学学报》2015年第2期。

李烨辉：《浅析新媒体语境下大学英语教学改革——以中国传媒大学外语部教学改革为例》，《中国传媒大学学报》2008年第2期。

国家教育委员会：《大学英语教学大纲》，上海外语教育出版社1997年版。

Hutchison & Waters, *English for Specific Purpose*: *A Learner-centered Approach*, Cambridge University Press, 1987.

徐锦芬等：《非英语专业大学生自主性英语学习能力调查与分析》，《外语教学与研究》2004年第1期。

辉煌与消逝：新时期中等师范教育发展的回溯与反思

刘秀峰*

中等师范教育即中师，在我国存在已有百年之久，于20世纪末21世纪初逐渐退出教育的舞台。中师的取消如同科举之废、书院改制一样，在消失了若干年后，人们又开始重新咀嚼回味中师教育。近些年来，一些赞扬中师教育又惋惜中师消逝的文章越来越多地出现在网络空间和报纸杂志上，如《过去的中师》《今天，我们为什么怀念中师》《一代中师生，你们还好吗》……亦有一些文章对中师生的命运波折进行述说，如《中师生，一个时代的悲剧》《一代中师生的梦想与忧伤》《一个群体的时代尴尬——20世纪80年代中师生命运独白》等，一些学者将这类怀念与惋惜过去中师的现象称为"中师现象"。其实，细细考究起来，人们所怀念与惋惜的中师主要是指20世纪八九十年代的中师，这一时期虽然距离我们的时间并不远，但是对这一时期中师的印象却较为模糊，因此，有必要对新时期我国中师的发展历程及其辉煌与消逝的原因与教训进行探析，以便更好地解释"中师现象"。

一 新时期我国中等师范教育发展的历程

在"文化大革命"中，受"左"的思想的影响，我国中等师范

---

* 刘秀峰：四川师范大学副教授，四川省教师教育研究中心研究人员，研究方向：教育史。

教育的办学秩序遭到了严重的破坏。"文化大革命"结束后，我国历史进入了新的发展时期，中师的发展也进入了新时期。结合中等师范教育发展的实际，本文将"文化大革命"结束后，我国中等师范教育的发展分为三个阶。

（一）中等师范恢复发展的启动期

第一，纠正为中学服务的办学方向，重新确立为小学服务的办学方向。

中等师范教育历来都是为培养小学教师服务的，但是在"文化大革命"期间，受"左"的思想的影响，中师的办学方向被盲目拔高。由于"文化大革命"中中学数量的盲目发展，大量中等师范学校的毕业生被分配做中学教师，这样多数中等师范学校的办学任务改为培养中学教师，这导致中等师范学校既没有为小学输送合格的教师，为中学输送的大部分教师又不合格，小学和中学的教育质量都受到了影响。为此，我国在20世纪80年代初期多次强调中等师范教育的办学方向问题，如1980年《教育部关于办好中等师范教育的意见》纠正了在"文化大革命"中被拔高的中等师范教育办学任务，重新确定中师的办学方向，即"为小学培养合格的师资"，要求"各级教育行政部门应坚持这个办学方向，努力办好中等师范学校，扎扎实实地为小学培养合格的师资。今后，未经省、市、自治区教育行政部门批准，中等师范学校的任务不得随意改变"。

第二，由招收高中毕业生到初中毕业生转变。

在"文化大革命"期间，由于高等师范学校培养教师的力量不足，中等师范学校实际上分担了部分中学教师培养的任务，因此，我国中等师范教育从高中毕业生中招生录取，在那个时代，这有着特定的历史背景，在"文化大革命"中，由于当时的高中生水平较低，中师的教学主要是给学生补初高中的课程。但是1977年我国恢复高考制度后，大多数中等师范学校依然从高考毕业生中招收录取学生，这就使中等师范教育出现了不少问题。据当时《河北省教育局师范教育处关于中等师范学校招收高、初中毕业生利弊比较的调查》，部分高中生进入中师后"身在中师，心向大学"，上着中师还在准备报考大学；有的在上学期间就到处投门子、找关系，为毕业后分配到中学任教打通关节；更有甚者，向学校和教育行政部门施加压力，要求改变培养目标。如赵庄师范二年级学生，1/3 以上还要报考大学，并为此准备功课。宣化师范招收的高中毕业生入学后，强烈反对培养小学教师，一些学生写了退学申请书，声言如不改变培养目标就要退学。另外，高中毕业生入中师后，还普遍厌弃和抵制学校所开设的服务于小学教育教学的文化课和教育专业课，看不起教小学所必需的基础知识和基本功，强烈要求开大专课程。学校不满足他们的要求，有的学生就闹，不认真上课。因此，重新确立中师的初中毕业生招生对象十分必要。面对种种问题，教育部于 1981 年 3 月 28 日发出《关于中等师范学校招生工作的通知》，明确了中等师范学校招收初中毕业生的制度。此后，全国中等师范学校开始从初中毕业生中招收、录取新生。可以说，从初中毕业生中录取新生，对于我国中等师范教育教学质量的提升具有决定性的作用。

（二）中等师范生源优质的"黄金期"

进入 20 世纪 80 年代后，随着国家将"普及小学教育"作为教育工作的重心来推进，中等师范教育的地位和作用更加受到重视。1980 年，中共中央、国务院颁布《关于普及小学教育若干问题的决定》，提出"在八十年代，全国应基本实现普及小学教育的历史任务"。要普及小学教育，就需要充实小学师资队伍，这就为我国中等师范教育迈入"黄金期"提供了长足的动力。除此之外，由于当时高考升学率较低，高中阶段教育尚没有现在这样普及，中等师范学校对于农村生源的学生来说，具有很大的优待政策和吸引力。

第一，毕业包当干部。当时的中小学教师属于干部身份，毕业即可有工作，成为拥有铁饭碗的国家工作人员，这对农村学生而言，具有很大的吸引力。

第二，可免去三年高中学习后考不上大学的风险。如果选择上高中，就只能以考大学为目标，而这三年是相当艰苦的，即使这样，仍然有人会考不上大学，而这种风险对于农村学生而言是相当大的，因此，很多人宁愿选择眼前的"铁饭碗"。

第三，年龄优势。初中毕业后，再经过三年的学习即可参加工作，赚钱养家糊口，这比经过三年高中学习后再经过三四年专本科学习才参加工作，能节省三四年的时间，而这种年龄优势可能会带来其他方面更多的优势。

因此，在国家1998年实施中师并轨招生之前，由于有免费入学，包当干部，年龄优势，无升学风险等有利条件的吸引，中等师范学校成为初中生追捧的"香饽饽"，中等师范进入发展的"黄金期"。

（三）中等师范转制升格的衰落期

中等师范教育在经历了十多年的黄金发展期后，到了90年代后期开始出现了生存危机，主要原因有以下几个方面。

第一，中师生优待政策的消失，导致中师吸引力下降。

进入20世纪90年代后，随着我国市场经济制度的建立，教育领域中受计划经济制度影响的大中专学生招生、就业制度逐渐被打破。1994年高等教育启动招生就业制度的"并轨"改革，缴费上学、自由择业逐渐在大中专学校中推开。1997年国家教委、国家计委提出《关于普通中等专业学校招生并轨改革的意见》，包括中师在内的中专学校的招生、就业制度的并轨改革启动。"改革招生制度，改变普通中等专业学校由政府包得过多的做法，实行学生缴费上学，并在国家方针政策指导下，大多数毕业生在一定范围内自主择业的就业制度，以促进普通中等专业教育的健康发展，培养更多适应我国社会主义市场经济建设需要的中等专业人才，更好地为社会主义现代化建设服务。"这样，从1998年开始中等师范教育逐步推行缴费上学与自由择业的政策，以往对于师范生的免费上学、包当干部的优待政策消失，中师的吸引力逐渐下降，中等师范学校出现了生源危机。

第二，国家对小学教师学历要求的提升，导致中师升格压力。

早在国家促进中师发展的同时就鼓励有条件的中师办专科教育。这在一定程度上意味着，只有办得好的中师才有可能办专科教育，在这种背景下，很多中师开始试办3+2专科师范教育。到了20世纪90年代中后期，由于国家对小学教师学历的要求提高，由以往的中师学历提高到师专学历，这就逼着中师转向专科教育，中师的升格压力加大，以招收初中毕业生为主的中等师范教育出现了生存危机。

第三，大学扩招，高中扩张，优秀初中生源流失。

随着国家高等教育的发展，尤其是20世纪90年代末期开始的大学扩招，导致高中升学率上升，高中对初中毕业生的吸引力加大，优秀初中生源流向高中，辉煌的中师发展黄金期也随着初中优秀生源的消失而就此结束。在1994年、1995年以前，中师的录取分数线曾高于一般高中，甚至高于重点高中，当时有"一类学生上中师，二类学生上高中"的说法。但从90年代中后期开始，中师生源质量却开始下降，以致出现招生困难。

二 中等师范教育的办学特色与原因分析

中等师范教育有着百年的发展历程，从20世纪80年代初到90年代中期大约15年的发展是百年中等师范教育发展中最为令人瞩目的，这一时期的中师积累了丰富的办学经验，形成了一些教育特色，值得当前的师范教育学习。

（一）中师办学的主要特色

第一，重视教学基本功训练

中等师范教育十分重视教学基本功的训练，试图把学生培养成能说一口流利的普通话，能写一手好字，能弹会唱，能写会画，多才多艺，全面发展的，有过硬基本功的合格小学教师。一些中等师范学校将教师应对小学教育的基本素养和能力凝练出来，除了对传统的师范技能"三字一话"进行训练外，还针对小学教育的特点，提出"十项基本功"。这十项基本功是读、写、听、说、算、书、弹、唱、画、舞。据一些中师生回忆，当时像体育课如何组织和指挥学生，如何喊口令等一些基本功都要训练。学校还通过有效的活动来促进学生教学基本功的训练，如举办各类比赛——演讲比赛、简笔画比赛等来促进学生教学基本功的训练。这样中师生除了具备某一学科或某一方面的一技之长外，还具备了小学各年级各学科任课的本领，可谓"一专多能""能歌善舞"。

第二，实施全科教育。

中等师范教育由于没有升学压力的束缚，同时也结合小学教育对多方面知识的需要，实施了真正的全科教育，在中师学校里没有主科与副科之分，每一科都是"主科"。要学习除英语外的很多科目，语文、数学、历史、地理、物理、化学、生物、音乐、美术、体育等。当时中师教育是"万金油"的标准，也就是把中师生教成一个什么都要懂一点的"全能"教师。学生在毕业之后，应该胜任小学中任何一门学科的教学工作：语文数学自不在话下，音乐美术体育也要能上课，当然，思想品德社会自然也要会教。这种注重全科教师培养的办学特色，因为更能适应小学教育，更能适应农村教育的需要，直到现在仍为一些高等师范院校所采纳和使用。

第三，尤重美育。

中等师范教育很重视音乐和美术课，音乐课和美术课的课时各占总课时的 6.45%。在中师生的一般观念中，音乐美术等科目的成绩比语数成绩还要受重视。中师校园里的"名人"不是现如今的"学霸"，而是音乐与美术的特长生。当然通过音乐、美术等美育类课程更能促进一个人知识、道德的提升，以美启智，以美润德。著名漫画大师丰子恺曾言："艺术就是最广泛的同情心。"这种"同情心"，不仅是对人，而且对物。因此，学过艺术的中师生，不仅能歌善舞，心灵手巧，还善于在生活中发现美、创造美，一个有过艺术训练的人比一个没有经受过艺术熏陶的人，在一般情况下要更加热爱生活，更有同情心，这也成为社会对这一群体的普遍印象。

表1　　　　　　　　三年制师范学校教学计划

科目	课时/学年	一	二	三	上课总时数（节）	各科占总时数的百分比（％）
政治		2	2	1	171	5.46
语文	文选和写作	5	5	4	614	19.61
	语文基础知识	2	2			
	小学语文教材教法			2	62	1.98
数学	数学	6	6		420	13.42
	小学数学教材教法			4	124	3.96
物理学		3	3	3	303	9.68
化学		3	3		210	6.71
生物学		4			144	4.60
生理卫生			2		68	2.17
历史				3	93	2.97
地理				3	93	2.97
心理学			2		68	2.17
教育学				4	124	3.96
体育及体育教学法		2	2	3	233	7.44
音乐及音乐教学法		2	2	2	202	6.45
美术及美术教学法		2	2	2	202	6.45
每周上课总时数		31	31	31	3131	100
每学年上课周数		36	34	31		
教育实习（周）			2	6		
生产劳动（周）		2	2			

（二）中师能够办出特色的原因分析

第一，服务小学，办学目标明确。

中等师范能够取得很大成绩，与其办学目标明确有着很大的关系。在中师教育中，围绕服务小学教育这一目标，在各科教学中均注重常识性和实践性知识的教学。如1980年《中等师范学校教学计划试行草案》对各科教学的说明如下："语文课：要根据小学语文教学

· 41 ·

的需要，进一步加强学生的听、说、读、写能力的训练，对普通话、汉语拼音、写字、批改作文、口头表达能力等各项基本功的训练要严格、扎实。另外，每周要安排一定的自习时间，指导学生习字。"

"生物学课：讲授生物学的基础知识和本地区的特殊生物知识。要结合小学教学的需要，重点讲授动、植物知识，并注意培养学生具有实验操作、制作标本和简易教具以及指导小学生课外科技活动的能力。"

"生理卫生课：讲授人体解剖学、生理学和卫生学的基础知识，并结合小学教学的需要，适当讲授一些儿童、少年时期的生理卫生知识、学校卫生知识和公共卫生知识。"正是由于这一特定办学方向，初衷不改，中等师范学校才着力培养师范生过硬的小学教育基本功。

第二，凸出师范性，方向明确。

中等师范学校在办学中突出师范性，将"学高为师，身正为范"的师范教育传统融入办学的过程中，坚持"两代师表"一起抓，既要培养好学生，又要搞好教师队伍的自身建设。对师范生，强调"明日教师今日做起"，铸师魂，练师功，学师能，苦练教学基本功，重视教育见习和实习，全面提高中师生的为师素质。

第三，从初中生源中招生，择优挑选面广。

在中师招生并轨以前，由于中师有着很强的吸引力，中等师范学校从初中毕业生中录取了一大批优秀生源，正如一些评论所述："那时，国家把最优秀的人才留给了基础教育。"从初中毕业生而不是高中毕业生中招生，反而能够录取到更优秀的生源，"高中毕业生为了应付大专院校招生按文、理科分别考试录取，高中学生学习的偏科现象严重。在社会上普遍存在的不愿当教师，特别是不愿当小学教师的习惯势力的影响下，高中毕业生又只乐于报考符合自己志向、学业所长的大专院校或文、理科中专的对口专业，而不愿报考要求全面发展的中师。因此，近几年来中师招收高中毕业生录取成绩一向低于各类中专学校，总是'拣大、中专录取的漏子'。"从初中生源中招生，择优挑选面广，则能够吸引到更多的优秀生源，这为20世纪八九十年代中等师范教育的辉煌奠定了基础。

第四，生源年轻，便于陶铸。

培养"一专多能""多才多艺"的小学教师，年龄小是很大优势，年龄小，好塑造。《河北省教育局师范教育处关于中等师范学校招收高、初中毕业生利弊比较的调查》一文就指出："教小学年龄小一点并没有害处，反而是他们工作后接触儿童、热爱儿童，能带领儿童生动活泼地得到发展的一个有利条件。过去初师毕业生也不过十六七岁，如今中师毕业生最少18周岁，教小学是不成问题的。""初中毕业生年龄小，志趣、爱好尚未定型，文化知识的学习一般不偏科，可塑性大。""适合于中师培养全面发展、多才多艺、热爱小学教育事业的合格小学师资"，后面的事实也印证了这一点。

第五，保障就业，无后顾之忧。

论语讲"三年学不至于谷，不易得也"，学生在学习的过程中能够不为前途、不为升学而忧虑，无忧无虑地读书学习是一种很难得的学习状态。而中师生由于没有升学压力，能够自由地在书海泛舟，一些师范生谈道："在师范学校，学习不再紧张，业余的时间，我在学校琴房里自学弹琴，参加各种体育活动和兴趣小组，真是潇洒极了！美术课上尽情挥洒笔墨，体育课上武术体操我是样样领先，天天快活无比。"

第六，布局中小城市，返乡从教的落差感小。

中师生能够给人留下踏实从教的印象，与中等师范教育的布局也有一定的关系。我国的中等师范学校多布局于中小城市，甚至县城，这就使得中等师范教育在区位上更加贴近农村，加之中等师范教育又比较注重对师范生进行面向农村、面向家乡等乡土意识的培养，因此，师范生毕业后回到农村任教，并无多大的落差，能够踏实从教，留得住，教得好。

第七，注重面试，保证质量。

中等师范教育在录取中有面试这一环节，进行面试有助于从身体和心理方面诊断学生从教的可能性。1981年《教育部关于中等师范学校招生工作的通知》指出："招生办法应体现师范教育的特点，保证新生的质量。""不论采取何种招生办法，均须坚持面试。""经过面试和体检。发现考生中有口吃、重听、高度近视、五官不正、身体畸形等生理缺陷的，不予录取。"

三 中师取消过程中的问题与反思

取消中等师范层次的教育虽然实现了师范教育办学层次的提升，但是中师取消的过程也饱受争议，在中师取消的过程中存在着一些值得反思的问题。

（一）深受唯学历化思想的影响，中师取消缺乏合理论证

一直以来，我们在对待教师专业化问题上，都存在着一定程度的唯学历化误区。1978年教育部《关于加强和发展师范教育的意见》就指出："从一定要极大地提高整个中华民族的科学文化水平的长远观点来看，即使将来小学教师一般已达到中师毕业程度，初中教师一般已达到师专毕业程度，师资水平还需要进一步提高，即小学教师将由师专毕业程度的担任，初中和高中教师将由师范学院或大学本科毕业程度的担任。因此，有计划地积极地加速发展师专和师范学院，不是临时的应急措施，而是长远的需要。今后，在中师毕业生基本满足小学教师的需要以后，应该逐步减少中师，增加和加强高师，以适应进一步提高师资质量的需要。"此后，随着普及小学教育和"普九"的逐渐实现，中等师范教育越来越面临着被取消的危机。到了20世纪末，在即将迎来新世纪曙光的时候，中等师范教育在这种唯学历化的论调中被宣告取消。

一代中师毕业生，由于学历不达标而不得不走上自考、函授的学历补偿道路，成为自学考试中的主力军，这也成为一代曾经辉煌的中师生在中年时唏嘘不已的事情。越来越多的学者开始反思中师取消过程中的唯学历化偏向问题，如2015年6月，顾明远先生在首都师范大学举办的"改革高层论坛"上发表演讲时说："我们的师范教育改

革走了弯路。比如说为了提高学历，就取消中等师范学校，而且把整个中师取消了。"

教师素质与质量虽然与学历有一定的关系，但是不能够唯学历论。教师的质量受多方面因素的影响，学历只是其中之一。在现实中，不少低学历的中师生反而比本科师范生用得更好，据报道："有不少农村的学生、家长、学校领导以及教育行政部门反映，昔日的中等师范毕业生甚至比如今的大专毕业生和本科毕业生还管用。"唯学历论背后是对教师专业化认识的理智取向，认为只要为教师提供学习和培训机会，教师学历提升后，教师的质量就会提高，这种简单化的线性思维现在仍实际影响着我国教师教育领域的实践，值得我们警醒。

（二）取消进程太快，遗留问题甚多

1998年教育部颁发的《面向21世纪教育振兴行动计划》提出要实施"跨世纪园丁工程"，要求"2010年前后，具备条件的地区力争使小学和初中专任教师的学历分别提升到专科和本科层次"。在这一精神的指导下，我国开始了中等师范学校的升格和转制运动，1999年3月16日，教育部颁行《关于师范院校布局结构调整的几点意见》，提出"到2010年左右，新补充的小学、初中教师分别基本达到专科和本科学历"，这意味着在2007年左右以培养中师学历教师的中等师范学校将无法适应国家对小学教师的学历需求，必须进行升格或转制。在文件中又提出学校布局调整目标：到2003年中等师范学校调整到500所左右。

我国中等师范学校数量的减少甚至快于这一预期，1998年，我国有中等师范学校875所，1999年下降到815所，2000年下降到683所，2001年调整到570所，2002年430所，2003年317所，2005年244所，2007年196所，2010年141所。到目前为止，虽然仍存在一定数量的中等师范学校，但是中等师范教育其实已经名存实亡，因为这些学校所办的多是3+2师范专科教育。如四川阆中师范学校，虽然未改校名，但从2000年开始招收五年制小教大专。再如有着百年办学历程的山东平度师范学校，自1999年暑假开始，学校停招中师生，改招五年一贯制大专班（生源为初中毕业生）和二年制大专班（生源为中师毕业生），培养大专层次的小学师资。2001年，中师最后一级（九八级）毕业，该校中师教育宣告结束。就全国来看，中等师范学校实际上在2005年之前已基本上完成了中等师范教育的使命，退出历史舞台，比教育部划定的2007年还要早些。

中师取消的过程与学术界的研究与期望大相径庭，如有学者指出："我国还处在中等师范教育向高等师范教育过渡的起步阶段，如果承认这一基本事实，那么就应当承认我国'由三级师范向两级师范过渡'还需要一个相当长的历史时期。"而在行政政策的过度干预下，我国仅用了不到5年的时间就实现了师范教育体系由三级向两级的过渡。由于中师取消的进程太快，显得有些唐突，产生了一些问题。

第一，中师取消中存在"中师资产"处置不当的问题。

中等师范学校多处在区级甚至县级城镇，对于中小城市甚至县城而言，中等师范教育在一定程度上就是当地的"高等教育"，是当地文化的渊薮，当中等师范学校取消后，部分转变为普通中学，部分升格为专科师范，当然仍然有相当数量的中等师范学校被直接取消掉了，这不但意味着当地一重量级的文化机构的消失，也无形中造成当地影响力的损失。甚至一些地方由于没有处理好包括教职工在内的"中师资产"，导致发生群体性事件。如2013年9月陕西省丹凤师范学校直接被取消后，将校产移交给丹凤县，本来承诺在校产移交后，将丹凤师范所有教职员工全部安置到商洛市直教育单位，但是由于教职工安置问题没有得到妥善解决，导致丹凤师范所有教职员工群情激愤，在商洛市政府门口集会。因此，如何妥善处置中师取消后所遗留下的资产，对当地政府是一个很大的考验。

第二，中师升格、转制过程中存在办学思路不明确的问题。

由于师范教育体系升级太快，导致部分中等师范学校在升格和转制过程中有茫然无从、手足无措的方向不明确问题。很多中等师范学校为了升格而不得不挂靠一些专科或本科师范院校，成为这些院校的分校。随着这些院校的升格和更名，原来的分校又不得不随之更名，导致原来的中师几易其名，造成学校命名存在很大的混乱。另外，分校的办学性质如何界定，分校的发展走向等也存在很大的模糊性，缺乏长远的规划。如山西省的大部分中等师范学校都挂靠高等（师范）院校而成立了分部。如汾阳师范学校、离石师范学校挂靠吕梁高专而成为吕梁高专汾阳师范分校和离石师范分校，后由于吕梁高专升格为吕梁学院，这两校又分别更名为吕梁学院汾阳师范分校和离石师范分校。朔州师范学校于2003年挂靠当时的雁北师范学院进行联合办学，故学校也曾名为雁北师范学院朔州分院，2006年雁北师范学院更名为山西大同大学后，朔州师范随之又成为山西大同大学朔州分院，一年后的2007年，又开始独立筹建朔州师范专科学校。这种案例在全国还有很多，不一而足。办学思路不明确也表现在这些"分校"的具体办学理念上，"一些学校为了生存和发展，不得不淡化小学教师培养目标"。"在平时教学活动中，则重理论轻实践，淡化师范教育特色"。"升格后的学校没有多大变化。课程虽然有所增加，但课程设置的核心理念没有改变，未能体现出小学教师教育的特色，不少中小学过去被社会认可的师德、技能'双好'的师范优势，已无法再现。"

第三，全面解决中等师范教育所存在的"一刀切"问题。

由于我国地域差异、城乡差异较大，对教师队伍层次的需求也有不同，在一些发达地区，取消中师，甚至直接取消师专，一步到位培养本科层次的师资队伍本无可厚非，但是在我国中西部很多落后地区，由于取消中师，使得更能够适应乡村教育环境的"中师生"不再有。如前文所述，中等师范教育由于其在招生、培养等方面的特殊性，其培养的学生更能够适应农村地区教育的需要，因此也一直受到地方的欢迎。中师取消在一定程度上造成农村教师引进困难、留住困难，甚至是教学困难问题。"在我看来，国家撤销中师，确实有些仓促。它并没有考虑到中国的国情,特别是东中西差别很大,城乡差别很多,同一个区域的不同教育形态也差距很大。现在,虽然实施了'特岗教师'制度,但实际上也很难弥补中师断层所带来的实际影响。"吊诡的是,在中师消失10年后的今天,我们不断呼吁"下得去、留得住、教得好"的乡村教师。

(三)师范优待政策多变,对师范教育的价值认识尚需明晰

中等师范教育的辉煌与其办学的成功,有很大部分原因是国家的"计划",并由此形成的对师范教育的"优待"。正是在计划经济体制下形成的定向培养、免缴学费、包分配等优待政策反而激励了当时的学生,使得中等师范学校能够招收到一批优秀的生源,成就了中师的辉煌。但是随着国家"计划"的取消,把师范教育抛给市场,由于教师职业在现实中的地位并不太高,使得包括中师在内的师范教育整体遭受了前所未有的生存压力。那么师范教育到底应不应该由国家"计划",进而得到"优待",这与国家对师范教育的价值认识密不可分。

从国家对师范教育免费的历程中,我们约略可以看到我国在这一问题认识上的不明晰性。1994年国家启动高校招生、就业制度并轨后,师范生依然享受着国家的优惠政策,如1996年12月,教育部《关于师范教育改革和发展的若干意见》规定:"推进高等、中等师范学校招生并轨改革,原则上师范专业学生免交学费,并享受专业奖(助)学金。"随后,教育部颁发《高等学校收费管理暂行规定》,确立"根据年生均教育培养成本的一定比例"收取学费的原则,但规定师范等享受国家专业奖学金的学生依然"免缴学费"。仅时隔一年,很多师范院校调整收费政策,从过去的全部免除学费,调整为收取一部分费用。2000年6月5日,教育部、国家计委和财政部联合下发《关于2000年高等学校招生收费工作的若干意见的通知》,指示对享受专业奖学金的高校学生也可收取学费,也即承认了对师范生收取学费的合法性,师范生的免费待遇被取消。在时隔几年后的2007年,国家又开始试行免费师范生政策，如今，很多省份开始推行免费师范生政策。

可以看出，在全国高校招生并轨后，师范生依然执行免费政策，但是没过多久，又默认取消师范生免费政策，而在2007年后，又重新推行师范生免费政策，10年间师范生免费政策经历了几番波折。值得思考的是：对师范生教育进行免费优待的依据到底是什么？师范教育到底应不应该受到优待？我想，这也是我们关于中师发展从黄金期走向衰落期所应该思考的。

如果本着教师队伍，尤其是义务教育阶段的教师队伍不能够完全被市场所调节，而必须由国家进行计划调节的思路，那么师范教育则必须受到一定的特殊优待，以便从国家的角度选择和调节教师。如果认为教师完全是市场中的主体，那么取消对师范教育的优待也就无可厚非。虽然世界上师范教育发展的趋势是由定向走向非定向，由免费走向收费，但是由于各国国情不同，尤其是考虑到我国地域辽阔、发展不均衡等现状，我们就应当采取灵活的方式来培养我们所需要的教师，从中等师范的衰落和消失里，我们可以看到国家政策对师范教育及其教师队伍建设的重要性，我们有必要认真审视国家的师范教育价值取向。

参考文献：

李友芝：《中国近现代师范教育史资料》（第3册），北京师范大学出版社1990年版。

国家教育委员会师范教育司：《师范教育文件选编（1980—1987）》，东北师范大学出版社1989年版。

何东昌：《中华人民共和国重要教育文献》（共三册），海南出版社1998年版。

山西省史志研究院：《山西通志》（第37卷教育志），中华书局1999年版。

李新玲：《顾明远呼吁重建师范教育体系》，《教师博览》2015年第11期。

向宇循：《昔日中师教育留给我们的启示》，《中国教育报》2010年3月3日第8版。

何东昌：《中华人民共和国重要教育文献（1998—2002）》，海南出版社1998年版。

别林业：《中师布局调整和师范教育制度的逐步开放——关于我国师范教育体制改革的政策建议》，《教育研究》2000年第7期。

王煜国：《谁来为"新师专"学校发展解困》，《中国教育报》2007年11月13日第4版。

方姝阳：《一代中师特别策划：师范精神何以弱化——访湖南师大教科院副院长、博士生导师刘铁芳》，http：//learning.sohu.com/20160910/n468156 525.shtml，2016—09—10。

李星云：《教育与经济论》，安徽人民出版社2008年版。

地方高师院校师范生实践能力培养的困境与超越

罗明礼[*]

《关于实施卓越教师培养计划的意见》以"卓越教师培养计划"为抓手,推进师范院校深化教师培养机制、课程、教学、师资、质量评价等方面的综合改革,培养一大批师德高尚、专业基础扎实、教育教学能力和自我发展能力突出的高素质专业化中小学教师。然而,教师培养面临着适应性和针对性不强,课程教学内容和教学方法相对陈旧,教育实践质量不高,教师教育师资队伍薄弱等突出问题。师范生就业多元化、高师院校"去师范化"与中小学《教师专业标准》和教师资格"国考"的严峻挑战,师范生的实践教学能力已经成为高师院校办学者、管理者和教师亟待思考和解决的问题。

一 师范生教师实践能力薄弱

(一) 高师院校培养的问题

教育实习长期困扰着高师院校管理者、指导者和师范生。教育实习作为岗位实践的唯一机会,因其教育教学支出成本高,组织管理难度大而在地方高校转型发展"综合化"道路上被不断弱化和边缘化。

---

[*] 罗明礼:乐山师范学院教授,研究方向:学科教学论。

高师院校招生规模不断扩大,教育实习基地不足,指导教师有限,安排难度越来越大,有些师范院校将集中实习变为自主实习。这将教师教育最本质和特征的过程形式化,造成师范生实践能力低下,创新意识淡漠,将导致师范生今后从师任教和社会就业竞争力的弱化。

教育实践能够检验高师院校教师教育办学人才培养质量。长期以来,高师院校存在理论知识和实践锻炼比例不协调,重理论知识的传授,轻实践技能的锻炼;实践能力方式单一,实习方式呆板,实习时间安排不合理;教育理论课程教学与中小学课堂实际脱离、教育实践能力考核评价流于形式等问题。师范生对教育实践能力的养成重视不够,缺乏主体意识,主动性不强,尤其是将教育理论转化为实践能力的意识淡薄,意志力与行动力不够。有学者认为,师范院校教师对师范生的实践教学指导潜心不够。有学者指出,高师院校教师专业实践能力培养存在着目标表面化、培养主体单一化、培养过程终结化的弊端。

(二) 师范生实习问题

师范生教学实践能力薄弱已经成为学界关心和关注的问题。这些问题突出表现在实习时间短、实习环节简化、实习内容简单、实习管理松散方面,致使教育实习成为"走过场、放羊式、蜻蜓点水式"的过程化流程。调查发现,实习生畏惧上课、不愿意上课的现象不在少数,在乡村学校,实习生上课多于城镇学校实习生上课,在城市学校,实习生获得的指导优于城镇和乡村学校。音乐、美术、体育等专业的实习生上课时数大大超过中文、外语、数学等基础教育主干课程实习生的授课量。

教育实习能够检测师范生教育理论、教学能力和教师素养。实习生在授课中普遍缺乏基础教育新课改理念、学科专业教学和跨学科教学方法和技巧。不少实习生课堂教学经验不足,专业知识面狭窄,有的在授课上出现常识性、知识性错误,实习生讲课时普遍存在声音小,缺乏教学激情和教学情境创设的现象。在教学中,要么无师生互动，要么课堂秩序混乱；板书及板书设计欠佳，语言表达不流畅。以教师为中心或把40分钟课上成"龙头蛇尾"的微型课或"说课"的实习生不在少数。

（三）实习基地学校的问题

高师院校教师教育缺乏中小学校的有力支持。一方面，师范生的教学实践能力不能满足中小学校现实的需要。另一方面，中小学校对师范生教育见习、教育实习缺乏动力和热情。高师院校组织学生到中小学听课观摩等教育见习活动或多或少会打乱教师的教学安排。中小学校集中性地为师范生上公开课、示范课或研讨课，常常带有"刻意""做秀""表演"的性质。师范生分散性地听课又存在组织、接待或干扰中小学校正常的教学秩序问题。实习学校指导教师不愿意实习生打乱他们的教学计划，学生及家长对实习生的教学能力持怀疑态度。实习生普遍存在说课多、上台少，备课多、上课少，听课多、评课少的现象，缺乏有效的教育实习反思、提炼、总结和升华的"螺旋式"的感悟和体验。事实上，我国师范生实践能力的培养，无论是"基于大学"（university／college-based）还是"基于中小学"（school-based）的校内模拟教学和基地学校的教育实习，在面对指导教师个性化的行为示范时，师范生很难"自动地"将已学的理论与实践密切联系起来，最终沦为简单的机械模仿。这些问题与现象长期以来没有得到有效的改变！

二 师范生实践教学能力研究

（一）学者研究述论

不同学者对实践能力有多种不同的述说。长期以来，人们将实践能力的研究集中于"实践智力"上，即"个体在适当时间与适当空间内，在行为上的适当能力表现"。而适当能力表现包括解决问题的能力与处理困境的能力等。师范生教育实践能力的培养是教师专业化的准备和前提，是衡量师范生是否具备良好素质和潜质的标志。因此，高师院校关注师范生实践能力的发展是教师职前培养阶段的关键。换句话说，教育实习既是师范生教师教育职前培养的岗位实践，又是他们走向教师职业的必由之路；既是培养师范生教学实践能力和教育创新意识的必经之路，又是实现教师教育人才培养目标的检验环节。中小学教师常常用"眼高手低""纸上谈兵"来评价师范院校的实习生，其实质是他们在课堂教学中的教学能力不佳。对在职教师而言，教学实践能力是指教学认知、教学设计、教学实施、教学反思、研究性学习能力。而对于师范生，实践能力主要包括语言表达能力、板书设计能力、实验能力、课堂组织与管理能力、与中学生交往能力、应用现代化教学手段能力、自学能力和创造性地运用知识的能力等。中小学校的师资需要已经从重"量"向重"质"转变，从本科毕业生向研究生学历提升；急需"零适应期""站得稳讲台"的毕业生，需要熟练掌握教育理论、教学方法、教学技能的师范生。高师院校重视师范生实践能力的培养，有助于他们更好地适应社会，有利于促进地方高师院校人才培养目标的实现。这也是国家对高师院校师范生培养的一贯主张和基本要求。

（二）相关文件规定

国家出台了一系列文件来阐明师范教育实践问题的关键。国家教委于1992年颁发了《高等师范学校学生的教师职业技能训练基本要求（试行稿）》，1994年3月颁发了《高等师范学校学生教师职业技能训练大纲》，要求全国高等师范学校贯彻执行。1999年6月30日《中共中央国务院关于深化教育改革全面推进素质教育的决定》指出，实施素质教育要"以培养学生的创新精神和实践能力为重点"。2007年，教育部发布《教育部关于大力推进师范生实习支教工作的意见》，要求师范生必须参加至少为期半年的实习支教，这是中国师范教育百年发展史上一次带有根本意义的重大改革，对推进国内教师教育的整体创新和科学发展具有重要意义。2012年，教育部颁布的《国家教育事业发展第十二个五年规划》进一步强调，要强化实践育人制度，制定高等学校实践育人办法，建立开放式、立体化的实践教学体系。《教育部关于全面提高高等教育质量的若干意见》要求，强化实践育人环节，增加实践教学比重，分类制定实践教学标准；加强实验室、实习实训基地、实践教学共享平台建设；加强实践教学管理。《国家中长期教育改革和发展规划纲要（2010—2020年）》也强调了学生实践能力的培养，明确提出了"注重知行统一，坚持教育教学与生产劳动、社会实践相结合"。《教育部关于实施卓越教师培养计划的意见》明确要建立高校与地方政府、中小学"三位一体"协同培养新机制，对高校教育类课程教师提出深入中小学等兼职任教、挂职实践每5年不少于1年的要求。这些文件和规定强调了职前教师教育实践的重要性和必要性。

三 实践教学能力的培养探索

（一）培养目标设计

学校应从师范生的培养方案到实践能力做好顶层设计。学校应本着"做精做强师范"的办学定位，加强师范生实践教学能力，制订人才培养计划。确立教师教育课程体系和教学内容应从"理论取向"转向"实践取向"；强化"教师教育课程建设"，建立教师教育课程团队，提出"教育理念、教育知识、教育能力、教育实践"四大领域的课程目标与教学要求，构建教师教育"通识课程、学科课程、素养课程、实践课程"，还应增设"乡村教育"校本课程（见图1）；完善"专业导论""试讲试教""实践周""教育见习"和"教育实习"系列规范性和指导性文件，充分利用微格教学训练室和实习基地平台，提升师范生校内试讲实训和校外实践教学能力。学校以现代教育教学理念为指导，以国家、省级和校级教师教育精品资源共享课程为核心，以学科教学论教师团队为抓手，以卓越教师教育人才培养为宗旨，以从师任教意识培养和职业能力为突破口，聚焦师范生实践教学能力，形成"一标五环三强"的培养范式（见图2）。

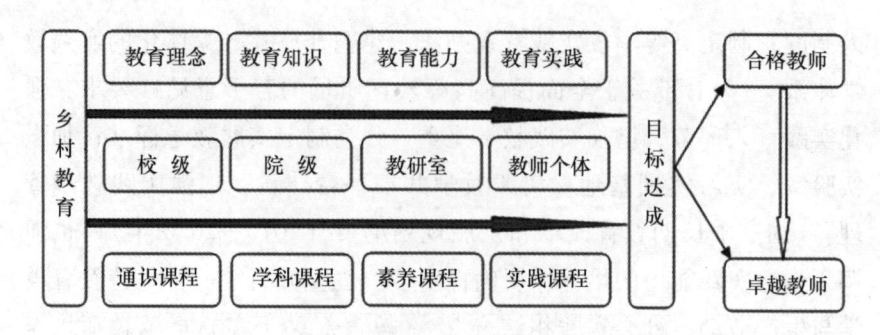

图1　教师培养：从合格走向卓越

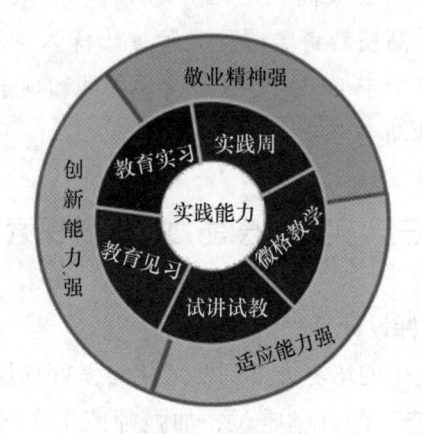

图2　一标五环三强示意

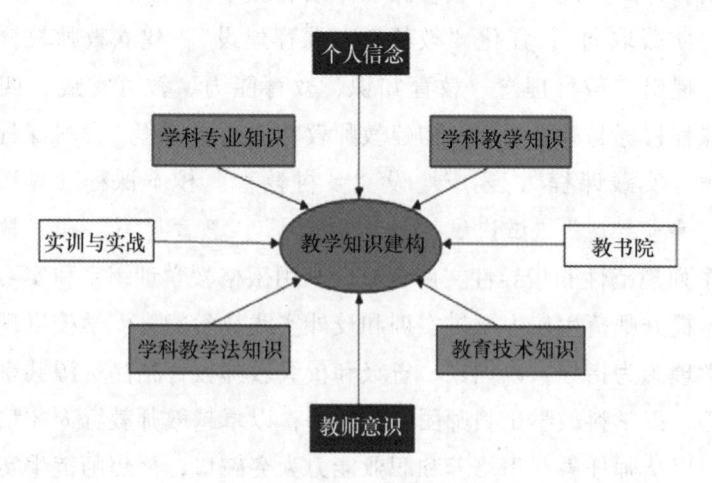

图3　师范生教学知识自我构建

（二）实践能力培养

师范生的教师教育理论知识只有通过实践才能内化于心、外化于行，这需要在"实际"或者"虚拟"现实中进行自我建构。要想成为一名能够胜任"零适应期"的"教书匠"，只有"教师意识"和"个人信念"是远远不够的，需要在"师范生同伴"面前像一名教师一样"独立操作"，这样才能将理论知识学以致用、融会贯通。这需要历练、需要尝试、需要锤炼，需要师范生学会在实践中学习，从实践中学习。这是因为"教学实践是捕捉到的而不是教出来的"，是理论与实践知识的体验、交叉、融合和转化，形成师范生新的"教学知识"效应（见图3）。因为教师的实践性知识源自对教学实践的反思与对话，只有在教学反思的基础上进行创新实践和创新思考，才会产生实践性知识。为了有效提高师范生实践能力的适应性和针对性，学校应制定"四年不间断"的校内、校外教师教育实践实训体系，形成完善的"实践周"、试讲试教和校外教育见习、教育实习评测体系和制度，筑牢师范生教学知识的建构，有效提高他们的"上台意识"，在从师范性层面奠定他们从师任教的"教书匠"基础。具有从师任教意识的师范生在实践性、过程性中"做中学"，将"师范性"融合到"示范性"，将在校师范生角色转向"准教师"的角色（见图4）。

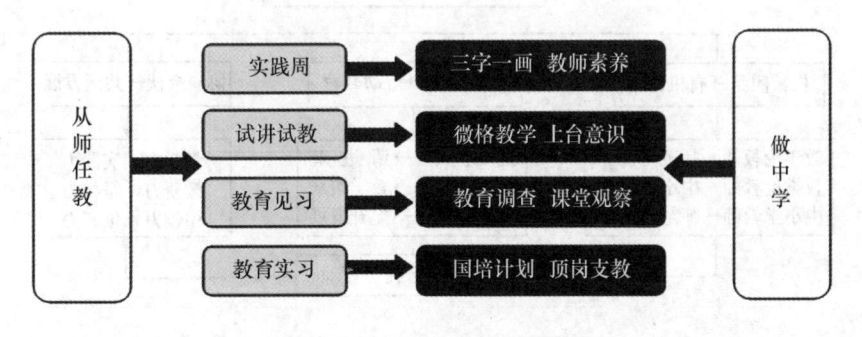

图4 实践性教学体系构建

(三) 协同地方培养

学校与基础教育中小学在师范生培养方面应保持密切合作。学校两年举办一次高师院校与基础教育的"基础教育论坛",建立教育实习基地近200个,开展"校校合作"共育合格师资。二级学院建有职前与职后协同的"教师专业发展学校"学习型组织,聚焦基于"问题为本"和"任务驱动"的U–S教师教育共同体平台(见图5),有效促成"走出去—请进来"与"教育—教学—教研—教改"战略机制,切实变"机械团结"为"有机团结",变"行动研究"为"行动教育",变"协同合伙"为"共同发展。这样,实践共同体为教师与准教师提供了交流与学习的平台,有利于他们在交流中实现实践性知识的共享与创新。学校应深化"教育实习基地"建设,遴选优秀中小学教师担任指导教师,邀请他们进入高师学科教学论课堂开展"同课异构";实施乡村教育实习、特殊教育实习"导师托管"制,对实习生进行全过程监管、指导和评测。学校利用"国培计划"派出大量学生到省内乡村学校进行"顶岗支教",通过"校地合作"项目派送师范生到民族地区和边远地区实习支教,有效地达成了教育理论课程与教学实践的"知行合一"。这是一个师范生向"准教师"过渡的潜移默化、耳濡目染的过程,也是一个培养合格教师教育教学"感觉"的过程。

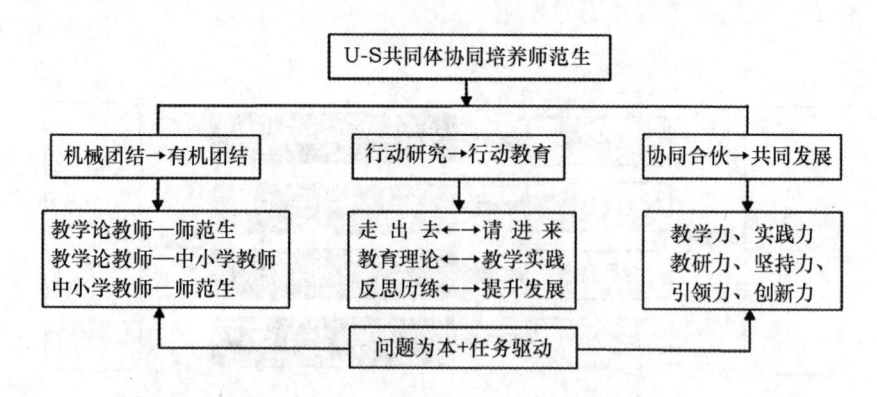

图5 高校与地方协同培养师范生机制

四 结束语

国家制定和出台了若干重视和加强师范生实践教学能力的文件和规定，但是高师院校教师教育在培养理念、课程设置、教学内容、教学方法以及适应性和针对性与基础教育中小学校需求相脱节。师范生在教育实习中显现出的教学方法、教学技巧、教学手段等实践能力问题，反映出高师院校在师范生培养过程中实践能力的弱化。要在严峻的就业形势和庞大的就业大军中"杀出重围"，高师院校必须切实提高师范生自身的核心竞争力——师范技能，这是促进师范生教师专业化的前提和基础。

参考文献：

《教育部启动卓越教师培养计划》，《人民日报》2014年9月19日第17版。

《教育部关于实施卓越教师培养计划的意见》，http://www.moe.edu.cn/publicfiles/business/htmlfiles/moe/s7011/201408/174307.html，2014-09-17。

武富荣、李思殿：《构建三位一体的教师教育实践平台》，《中国高等教育》2010年第12期。

沈超：《高校师范生教育实践能力培养的调查研究》，《教育与教学研究》2011年第6期。

项国雄、何小忠、周其国：《建设合作共同体培养师范生教学实践能力》，《中国高等教育》2014年第2期。

严月娟：《论师范生实践性知识的生成》，《湖北第二师范学院学报》2016年第9期。

王夫艳：《高等院校师范生教师专业实践能力培养的"三三二一"模式》，第八届东亚教师教育国际研讨会论文，2013年。

张春兴：《张氏心理学辞典》，上海辞书出版社1991年版。

赵凤兰、于立娜：《地方高师院校师范生实践能力的培养》，《中国成人教育》2009年第19期。

王冰、于海英、王慧：《地方高师院校师范生实践能力培养研究》，《教育与职业》2013 年第 6 期。

杨存珠：《教师实践性知识的构成与影响因素研究》，学位论文，云南大学，2016 年。

韩桂香：《基于新课程改革的教师实践性知识缺失及其应对策略研究》，硕士学位论文，河南师范大学，2016 年。

陈丽君：《"体验—实践—研究"三位一体教学模式在师范生培养中的理念与实践》，《广东技术师范学院学报》（社会科学版）2010 年第 4 期。

从学生的视角改善教师的教学
——英国 CPTL 等项目给我们的启示

薛巧巧[*]

提高教师的教学水平不仅是教师教育中最令人关注的问题之一，也是整个学校教育系统为之努力的目标。在过去的几百年间，我们尝试从教师教育的各个阶段入手，从教学内容、教学方法、课程设置、评估思路等入手，通过大到国家的顶层设计，小到一个学校的校本研究和教师个人的行动研究，尽其所能地提高教师的教学水平和改善教师的教学表现。然而，我们常常忽略了作为教授对象和学习主体的学生对于教师教学水平的最为切身的体会。学生对于教学的体验、感受和看法能够帮助教师从学生的角度看问题，从而看到一个与他们原有经验不同的课堂体验。正如英国学者 Rudduck 和 Flutter 所指出的：教师如果能够以一种开放而认真的心态对待学生提出的关于他们教学的意见，将使教师有机会从另一种视角审视他们习以为常的教学行为，并重新思考诸如怎样策划更好的教学路径、他们在教学中应该扮演的角色以及怎样调整好他们的教学实践等问题，而这一切都可以看作改善教师教学的重要起点。

在更广阔的领域里听取学生的意见，增进学生的参与已逐渐成为一种国际共识。联合国《儿童权利公约》要求包括中国在内的世界

---

[*] 薛巧巧：四川师范大学副教授，四川省教师教育研究中心研究人员，研究方向：比较教育。

上绝大部分的国家和地区尊重儿童青少年所享有的，在对他们造成影响的事件上的话语权和参与权。与之相应，许多国家开始将听取儿童、青少年的意见和建议作为改善自身教育体系的重要手段。在学校领域，越来越多的学者和教育工作者开始征询学生对于学校生活方方面面的意见，并有不少研究证据表明，学生的参与有效地推动了学校的进步。由此可见，学生的参与不仅是为了保障儿童、青少年的话语权和参与权，同样也是教育系统包括学校自身改善的内在要求。西方已有不少关于教学改革和学校改进的研究将目光转向学生的视角，包括通过征询学生关于教师教学的意见来增强师生之间的对话、交流和合作，以提升教师的知识能力和教学表现。在这些研究当中，英国的CPTL（Consulting Pupils on Teaching and Learning）项目颇具代表性。本文将主要基于对CPTL项目本身及其研究成果的简单介绍来总结我们可以借鉴的从学生的视角改善教师教学，促进教师发展的诸多经验。

一 CPTL项目的介绍

（一）CPTL的背景

如前所述，CPTL实施时期儿童的话语权和参与权开始受到广泛认可，而正在进行的学校改进运动又为学校表现和教学水平提出了更高的要求。在英国，一方面，政府实施了一系列举措以保障儿童青少年在健康、医疗和教育等决策上的参与，设立了专门的儿童代言机构。听取学生意见的诸多原则都被纳入了各类中央和地方的教育法律法规中，例如政府实施的儿童发展计划"Every Child Matters"专门强调了听取儿童青少年声音的重要性；政府对学校进行督查的机构Ofsted也要求其管辖的学校采取措施听取学生的意见。另一方面，在改进学校的要求下，政府对学校增强了控制和监管，引发了不少一线教师的抵触情绪。在征询学生意见的问题上，不少学校的教师仅仅将其看作一个指导性原则，并不清楚在实际教学中具体要如何通过听取学生的意见来改善他们的教学效果。

在这样的大背景下，CPTL 项目的发起人——剑桥大学教育学院的 Jean Rudduck 教授从 20 世纪 90 年代开始进行了一系列开拓性的研究，发掘学生意见对改善教学的潜在重要意义。CPTL 可以看作这一系列研究的集大成者。该项目由英国经济社会研究委员会（ESRC）的教学研究项目（TLRP）提供经费支持，涵盖 6 个子项目，历时数年，囊括了英国的 43 所中小学校。该项目所形成的一系列学术成果和实践经验对英国的学术界和中小学校有着深远的影响，其思想至今仍被不断地传播和推广。

（二）CPTL 的设计

以下将从 CPTL 的基本结构、研究原则、研究问题及研究方式四个方面来说明 CPTL 的基本研究设计：

基本结构：CPTL 是由 6 个相互关联、相互支撑的子项目组成的。每个子项目都有不同的侧重点，分别由不同的学者牵头负责。总的来说，这些项目分成了两大类：一类是由学者与教师共同梳理教学中的各种关系，包括项目（1）教师如何看待学生提出的针对改善不同科目学习状况的意见，项目（3）征询并听取学生的意见——如何开始、如何保持，项目（5）学校和课堂的学习条件如何影响不同学生的身份认同和他们的参与；另一类是由学者帮助教师梳理学校中所存在的各类问题，包括项目（2）征询学生关于教学的意见时可采用的方式及其如何对征询结果进行评估，项目（4）学生作为改进教学的共同研究者/合作研究者的可能性，项目（6）开拓新局面——学校听取学生意见并增进学生参与的创新之举。在此之上还有一个对学生参与和学生学习进行反思的元研究。这些项目从不同的维度研究了教师如何征询和听取学生关于课堂教学以及学校管理的意见，包括如何将学生意见融入现有的改进教学和提升成绩的理论中去；理解、记录和分析听取学生意见对促进学生参与和改善学生表现的作用；征询和听取学生意见所需创设的条件；帮助愿意通过听取学生意见以改善他们教学的教师建立经得起推敲的征询学生意见的理论和实践框架等。

　　研究原则：CPTL从一开始就决定整个研究包括其各个子项目都必须遵循的一些基本原则，包括听取学生意见的愿望必须是真诚的；意见征询所针对的话题不应该是那些鸡毛蒜皮、无足轻重的事；在征询学生意见之前要先向学生说明征询他们意见的目的以及将会如何处理其意见；要确保学生有信心坦诚地表达其观点、描述其感受和阐释其经验，并且知道这样做不会给他们带来任何不利影响；要给表达过意见的学生以反馈，向他们解释基于他们的意见所采取的措施，对措施和意见有出入的地方要对做出决策的大背景进行说明以换取学生的理解。

　　研究问题：在这一系列原则的指引下，CPTL主要就课堂教学、学校管理和师生关系三个方面的具体问题征询了参与学校的学生的意见。在课堂教学部分，学生们就一系列问题表达了他们的观点，包括他们在课堂学习中所遇到的问题以及哪些措施能够有效推动他们的学习；好老师应该具备哪些特点；如何才能上好一堂课；他们如何看待教师对他们学业的反馈和评价，以及他们如何利用这些反馈来改进他们的学习；他们在课堂上喜欢和哪种类型的朋友合作；他们知不知道不同科目要从哪些方面去加强努力；为什么男孩在有些科目上（如文科）不如女孩表现好，等等。在学校管理问题上学生们也讨论了一系列话题，包括学生们如何看待学校的奖惩机制和规章制度，有哪些地方值得改进；学校如何（进一步）帮助后进生赶上去；希望就学校生活的哪些方面获得来自教师或年长学生的信息或参与他们的讨论；学生们如何看待容易出现成绩分化的关键年级（如3年级和8年级，相当于中国的小学三年级和初二）。最后，在师生关系上，学生们可以谈谈如何构建一种与教师或同学就学习进行讨论的机制；这部分学生还可以以将讨论延伸至更广泛的家校关系、生生关系（包括校园欺凌）以及社区关系等话题上。

　　研究方式：CPTL并没有采用大一统的方式对各个学校的学生进

行意见征询，相反，针对不同学校的具体差异和讨论话题的不同性质，CPTL 在征询意见的频次、方式及其广度、深度上都有所差异。总的来说，CPTL 区分了两种类型的意见征询：经常性的和偶然性的。经常性的意见征询是指学生会定期地以某种形式就某些话题进行讨论，例如针对课堂教学的每项改革，在试验结束后都会征求学生的意见；或者学校层面会定期组织学生代表参加学校代表委员会（以下简称"校代会"）来讨论特定的议题等。偶然性的意见征询则指学生只需在特定的时候就某话题进行讨论，讨论是不定期的、偶然的，例如组织关于校服的一次性投票；或者邀请 8 年级学生参与设计其家长会的活动；或让学校的学生策划本校教师的培训活动等。用以征询学生意见的方式也多种多样。根据意见征询的规模和聚焦话题的性质，负责征询学生意见的既可能是教师，也可能是研究团队或者与学校合作的当地教育机构人员；甚至有些话题的讨论是直接由学生主导的，由学生以一种正式调研的方式去征询别的学生的意见。意见征询的手段既有常规的包含选择和简短回答的问卷调查，也有要求学生根据其想法所写的日记或学习笔记；既有小组讨论，也有个人访谈等。CPTL 团队特别强调虽然问卷调查能够搜集学生们对特定话题的反应模式，但真正能够帮助教师了解学生、改进教学的丰富信息主要来自于质性数据，包括深入的个人访谈和合理的小组讨论等，因此研究团队尽力对这些信息进行了全程记录。

（三）CPTL 的成果

CPTL 的大量研究结果证实了听取学生意见对改进学校管理和改善教师教学的积极作用。CPTL 的经验让我们看到了学校为什么以及如何听取学生的声音，并让我们看到了这类举措对提升教师教学和改善师生关系所产生的积极效果。听取学生的意见对教师发展所产生的积极作用包括：让教师更加深入地了解学生的能力；从全新的视角看待他们教学的日常；获得切实可行的教学改进方案；改善职业倦怠，重新感受教学的乐趣等。本文选取了 CPTL 中的两个案例来说明在不同的需求和条件下，征询学生意见如何帮助教师更好地达成教学目标和实现个人提升。

案例一：Exmouth 社区学院

CPTL 在 Exmouth 社区学院所做的调研向我们展示了一个学科教师如何通过征询学生的意见找到了教授该科目的最有效途径。该案例所在的 Exmouth 社区学院是英国最大的综合性中学之一，有大约 2400 名学生。该学校的科学科目的教研组长 Paul Freestone 申请加入了 CPTL 项目以帮助他了解学生如何看待科学这门课当前的教授情况以及学生心目中该科目最有效的学习办法。在调研过程中，Paul 获得了来自 Rudduck 团队的剑桥大学专家们的支持，帮助他选择从一些比较笼统的话题开始了解学生的意见，例如学生对科学这门课的兴趣如何；如何看待这门课与他们的生活和未来的关系；认为他们在这门学科上天资如何；男孩和女孩对科学的看法是否不同，等等。这些问题被编制成一个问卷发放给 11 年级的学生（相当于中国的高二生），通过对问卷信息的量化分析可以了解学生对该科目学习的一些基本看法。通过调研，以 Paul 为首的科学教师获得了一系列意想不到的发现，主要包括：

（1）虽然一小部分学生认为科学是他们最喜欢的科目，大部分学生，不管他们的成绩如何均强调科学是一门重要的不可或缺的科目。

（2）学生均对科学课的具体任务、课堂活动和教授风格表明了自己的观点，但是成绩好的学生和成绩差的学生存在显著的偏好差异。

（3）男孩和女孩在科学课上的差异主要体现在学习方式上：大部分女孩喜欢集体活动（全班一起），而男孩则更多地喜欢独立工作或和他们的好友搭档进行。

（4）当问到"你最喜欢科学课的什么内容"时，成绩好的学生往往喜欢实践性的、动手性的学习内容，而且大都喜欢参与关于科学话题的讨论；而成绩差的学生不论男女都更喜欢使用书面材料例如教材进行学习。学生们还提到他们喜欢进行项目式学习。

这些回答使 Paul 在他的科学课上尝试了一种新的教学手段，即学生可以自行选择与科学课相关的课题进行主题式的项目学习。与过去不同的是，学生在进行项目学习时可以独立地在多种多样的信息和资源中选择那些适合他们的，包括来自网络、教材和图书馆等的信息和资料，而不是像往常一样由教师统一提供学习素材。

在新方法采用之后，Paul 进行了评估，发现学生非常喜欢科学课教授模式的转变。他们特别欢迎他们能有更多的自主权进行独立的学习，而且他们大都对他们的项目学习成果感到非常骄傲，颇有成就感。这种学生在教师的指导和支持下进行独立学习的教学模式被证实了可以显著提升学生的自信，还能让他们对过去感到困难的科目重拾兴趣。尤其让 Paul 和他的同事感到振奋的是，该项目帮助参与的学生提高了学业成绩，而且参与该教学改进实验的学生的成绩显著高于没有参与的学生的成绩。

在这个案例中，教师设定了一个明确的目标即改善某学科的教学（在该案例中是科学学科），而学生的意见为达成目标提供了一系列实用的建议，帮助该科目的教研主任及其同事改进了该学科的教学表现。在这个项目中，虽然教师邀请学生就如何学习科学课发表意见，却并未让学生评价教师的教学表现或者直接点评某堂课的教学活动。被征询意见的学生也都清楚地知道他们是在参与一项教学改进研究项目，为了能够帮助教师授课更加生动、有趣、高效，学生也都积极认真地表达了他们的看法。

与此相比，下一个案例中学生的参与会更进一步，通过一个持续的学生参与计划深度改善整个学校教师教学的思路和实践。

案例二：Hastingsbury 高中和社区学院

这个案例所在的学校是综合性社区学校集团在 Bedfordshire 的分校，该学校是 CPTL 项目选取的参与"开拓新局面"研究的六所学校之一。该研究项目旨在帮助学校采用革新性的听取学生意见的策略并评估其对教学所带来的影响。该学校委任了一名专门的教师 Gill Mullis 负责和 CPTL 课题组进行对接。同样地，该学校也获得了来自 CPTL 课题组的支持。这所学校本身已经建立了一个成熟活跃的校代会，然而该校希望校代会的议题可以扩大到有关教学方面，而不仅仅局限在那些诸如储物柜、校服和慈善募捐等传统话题上。

在该项目中，校代会被进一步分成了不同小组，各个小组自行选择一个有关教学的方面进行小规模的调研。课题组对这些小组进行了为期一天的培训以方便他们熟悉调研中将会用到的研究方法。以其中一组为例，学生决定要调研一节成功的课该是什么样子的，这些小小调研员希望发掘出是什么让学生感到上课既愉快又满足。在调研之初，小组成员围绕该话题进行了讨论，确定了一些基本的框架以待考证。通过调研，该小组最后向学校的教职员工呈现了他们的研究结果，并提出了他们对于教师如何改进教学的建议。大部分教师对这些建议都非常感兴趣而且回应非常积极，正如 Gill 所述，学校未来都将保留这样一种形式——在学校会议上，学生可以分享他们的调研成果，为他们的观点代言。

更重要的是，在 Hastingsbury 学校，征询学生意见不是一个一过性的事件，而是被植入更广泛的校园文化和校方行为中。该集团将 Bedfordshire 分校的经验在其集团内部进行了推广，为学生和教师创设了一种持续性的对话合作关系，并培育了一种认可和鼓励学生与教师开诚布公地讨论教学问题的校园学习氛围。这种交流互助的师生关系推动了教师对学生、对教学以及对学习本质的反思和对自身教学实践的改进。

二　给我们的启示

（一）征询学生意见对改善教师教学和师生关系的意义

透过 CPTL 项目的经验，我们可以看到征询学生意见可能为教师发展带来一系列好处，包括改变教师的惯性思维，提升教师的教学表现和建立平等开放的师生关系等。正如 Flutter 所指出的，从学生的视角看问题，最特别的地方就在于能够帮助教师解除那些隐藏在日常教学观念和教学实践背后的惯性思维的束缚。对于教师来说，发现学生能够对他们的教学给出建设性的意见对他们的教学实践有着深刻的影响，让他们得以重新认识学生并发现学生的能力。正如 CPTL 成果所引述的一位中学教师的话：

> 让我（对征询学生意见）充满热情的是我突然真正看到了那些未开发的创造性……你可以通过各种有效的、有趣的方式来采纳学生的意见，这让孩子兴奋，也让老师开心，好的课堂教学就此开始。

> 我们从学生那里获得很多他们喜欢如何进行学习的线索。这些线索激励我们去尝试诸多不同的教学方式……以及对我们已有的方式做进一步的反思和改进，并让我们开始对自己所持的信念充满信心。

很多时候，学生的意见对教师来说是一种革新性的知识，重塑和推动着师生关系，改变着教师的课堂教学行为，如另一位中学教师所说：

> 我在征询学生意见的过程中体会到，你和他们聊得越多，越愿意听取他们的意见，师生关系也随之发生改变……当你和学生以这样一种方式相处时，你会发现学生开始去学习了解很多方面的事情，包括了解自己、了解所学的科目、了解他们自己的学习以及了解他们的同伴等。我发现这些都会改变我的讲课方式……我现在在课堂上能够给予他们的比一年前（项目进行前）要多得多。

正如文中两个案例所示，通过听取学生作为学习者的感受和意见，教师开始从学生的视角思考对学生学习进程产生重要影响的因素。这些全新的认知为教师在各个层面的发展提供了一个很好的起点：既可以改善教师个人的课堂表现，也可以提升学校内部某学科的教学或某部门的服务，还可以将其作为一条基本思路融入整个学校在职教师的校本培训中，拓展教师培训的视野，丰富教师培训的内容。不仅如此，当教师个人或学校整体基于学生的意见和建议实施了一系列新举措之后，学生的反馈还可以为我们有效地评估和调整这些举措提供参考。长期坚持听取学生的意见能够培育一种师生互信合作的精神，这在总体上能够帮助学校形成积极的学习性的校园文化。除了在教师个人层面和学校整体范围内所进行的学生意见的征询外，CPTL项目中还有超越单个教师、学科、学校所进行的大规模大范围的学生意见的征询和分享。例如，当时的英国教育部（National College of School Leadership Networked Learning Communities）就鼓励全国的中小学互通有无，并为它们提供平台以供各校的教师合作并分享他们在征求和听取学生意见上的心得和经验。其中的一些校际合作团体，如Bedfordshire Schools Improvement Partnership 和 Bolton Pastoral Network 就建立了活跃的合作关系以更有创意更有开拓性地征询学生的意见。不少学校还进行了跨国界的合作，例如欧盟的夸美纽斯学校合作计划（Comenius School Partnership）帮助来自整个欧洲地区学校的教师和学生进行合作，其中一些项目专门聚焦在征询学生的意见以改进教学上。这些跨平台的合作项目进一步促进了参与学校的教师和学生的发展。

在征询学生意见的问题上，学者和教师常常担心的就是学生的观点会不会削弱教师的权威，进而会不会改变学校的治理结构，甚至会不会造成教师的观点和意见被弱化。例如在CPTL项目进行之时，正是英国试图加强对中小学的控制之时，不少教师自然而然地担心征询学生的意见是不是又会招致一大堆针对教师的批评。然而，来自CPTL项目的学校实证研究表明，学生在作为学习者表达他们的看法时，他们的观点总的来说都是严肃而富有建设性的，这印证了学者Levin所说的："学生如今表达意见都是很适度的，有时甚至是很胆小的。他们并不想推翻或者控制整个（教育）体系，他们希望教育者来操控局面。只不过他们希望了解事情发展背后的原因，希望能够表达一些改进的意愿，希望他们的意愿能够被尊重和听取，希望他们在如何学习以及学习什么上面能有一些选择。总的来说，他们对于学校的运作模式和规章制度都接受得令人惊讶。"事实上，大量征询学生意见的研究都表明教师和学生对于教学的看法存在很多的一致之处，在很多事情上师生都有强烈的共识，例如都强调安静、平和的学习环境的重要性等。

当然，考虑到不少初步接触征询学生意见的教师的担忧，学校在实施这类策略时需要采取一种渐进的审慎的方式。当听取学生意见的理念真正融入校园文化时，学校的各类成员，不论是管理者、教师还是学生都会将批判性反思作为学习和进步的重要途径，并且致力于建设一种开放、互信、相互尊重的校园文化，这样，征询学生的意见就不再是从上到下硬性执行的僵化信条，而是真正为我们提供可以运用、值得尝试观点的有效途径。在此过程中，即便一些教师仍然对征询学生意见抱有怀疑甚至反对的态度，也无须强迫这类教师采用相关策略，而应该像有的学者所建议的，邀请这些不确定是否应该征询学生意见的教师去别的能够成熟地听取学生意见的学校和班级进行观摩，让他们发现听取学生意见所带来的好处以及进行这类工作的方式方法等。

（二）征询学生意见过程中需要注意的问题

在教师或者学校征询学生意见的具体操作过程中，文中所选取的CPTL的两个案例也给了我们一些重要启示。在 Hastingsbury 的案例中，学生参与的范围大、程度深，对于很多没有征询学生意见的经验，或者刚刚接触学生参与的学校来说可能显得不切实际或者过于困难。而 Exmouth 征询学生意见的尝试就要简单直接得多，仅仅是针对某个科目的改进征询了一部分学生的意见。正如 Arnot 等学者所指出的，征询学生意见不见得一开始就大张旗鼓地进行，反倒是小规模的试点更容易获得成功。虽然我们从学生意见中所获得的信息和收益随着学生参与的广度和深度的拓展而增多,也并不意味着只有深入而广泛的学生参与才能为我们带来积极的改变;恰恰相反,从本文所举的两个案例来看,不论是对单个学生还是对学生群体,直截了当或者多方征询他们的意见都能为我们带来很多有益的反思和改进。学校和教师可以从简单地、聚焦地、小规模地征询学生意见的方式开始,逐步学习听取学生意见所需的知识和技巧,以便在更大范围内进行运用并最终建设相应的校园文化。

另一个重要的经验就是在征询学生意见的行动研究中,来自高校的研究团队与来自中小学一线教师双方的紧密合作显得非常重要。在文中所举的两个案例中,来自CPTL的研究团队都给予实施项目的学校和教师以充分的帮助,从一开始研究着眼点的确立到调研进程中研究流程的设计,研究方法的选取和研究问题的提炼,甚至包括对实施研究的教师和学生的培训等,CPTL团队都和教师并肩作战,这保证了征询学生意见研究项目的成功。没有中小学教学实践支撑的研究是空泛的,但没有学术理念指导的实践也很可能是盲目的,学术界和教育界精诚合作才能保证新理念和新策略得到落实和贯彻。

此外,教师还要注意征询学生意见时的真实性和公平性。要确保所采集到的是真实的来自学生的声音,而不是我们想要听到的"来自学生的声音",要避免将征询学生的意见当成噱头。在征询学生意见的过程中,要特别注意公平性问题。对征询学生意见的常见批评之一就是对学生意见的信度的质疑。不少学者怀疑教师所听取的学生意见多半来源于那些富有自信而且善于表达的学生。如果搜集到的意见都源自那些熟悉校方话语又善于左右同伴的学生,其他学生反倒会觉得他们的权利被剥夺了。更加讽刺的是,我们进行这类意见征询活动的本意和初衷往往恰恰是为了听取那些"沉默的大多数"的意见并为他们赋权。这也提醒我们,虽然听取学生意见作为一种指导原则听起来简单明了,但实际操作过程中有很多需要花费心思、认真考量的地方。将其当成一种教条不加思考地运用可能会导致我们所看到的学生眼中的世界是片面的,从而无法为教师发展提供真正有价值的参考信息。事实上,研究表明,教师从学习差、表达差的学生那里所获取的有价值信息是最多的。在英国,那些来自工薪阶层家庭背景的、表现不算太好的学生最能告诉教师他们在课堂上感到多么的紧张和无助,以及他们是如何尝试了各类改进办法却总是遇到各种困难的。因此,在征询学生意见的过程中,我们一定要创设一种全员合作的氛围,尽力保证接纳来自最广大的学生群体的意见。而对于那些在意见表达上需要帮助的学生群体,教师和研究者都应该给他们提供所需的信息和空间,帮助他们更好地形成观点和表达看法。这既是一个符合儿童权益的学生意见征询活动的基本要求,也会客观上为这些参与的学生提供难得的自我反思和自我发展的空间。

(三) 从学生视角改善教师教学的未来发展方向

致力于研究征询和听取学生意见的许多学者都强调不能让学生参与成为昙花一现的潮流,而是应该将其深入融合到教师观念和学校文化中去;在学校里,征询学生意见也不应该成为一种偶然为之的事件,而应该是一种持续发展的进程。致力于此,除了要避免以上所总结的各种问题——学生意见缺乏信度,不能获得教师的理解和支持,或者设定了不切实际的目标以外,Flutter 给出了一个特别好的建议,即不仅仅将所征询的学生的意见纳入教师的继续教育和在职培训中,而且应该直接将这种观念和相应的策略加入职前教师教育当中。这样,教师在就职以前就已经熟悉了征询和听取学生意见的原则和方法,不会再对此心存疑惑或者茫然无知。不论新任教师还是资深教师,都应该鼓励他们反思学生在教学中的角色和学生能够提供的帮助。这并不是说学生的意见就比教师的意见重要,而是需要重构学生这个群体在学校活动尤其是教学活动中的位置。以 CPTL 为代表的一系列就学校管理和教师教学征询学生意见的研究成果为我们展示了学生意见能够为我们带来革新的潜能。正如英国一位11岁中学生所说:"学生是学校革新的推动力量。每年都有新生入学,这些刚入校的学生充满了激情和想法,学校教育应该好好利用这些想法,为学生塑造一个充满生机的校园学习体验。"

总之,未来的师生关系应该是相互促进、共同发展的,就像Lincoln 所描绘的:教师可以引导学生表达意见,在引导学生表达意见的过程中,教师也会对他们的主张更加明确。征询学生意见与尊重教师的想法二者绝不矛盾,恰恰相反,教师在获得了必要的支持和适当的培训基础上,以开放的心态和正确的策略征询和听取学生的意见将帮助教师以一种全新的视角——学生的视角来看待课堂的组织和他们的教学,从而有力地推动教师自身的发展和教学的进步。

我国对学生参与的国外经验已经有了一些初步介绍,但更多的停留在儿童权益、课程设置和公民教育上,本文参考英国以 CPTL 为代表的通过学生的视角来改善教师教学的研究,期待下一步能在我国开启类似的研究,立足于我国的国情和学生的实际,为我国的教师发展提供新的思路。

参考文献:

Rudduck, J. and Flutter, J. *How to Improve Your School: Giving Pupils a Voice*, London Continuum, 2003.

薛巧巧:《国际上儿童青少年参与教育决策的发展及启示》,《四川师范大学学报》(社会科学版)2018 年第 2 期。

Flutter, J. and Rudduck, J. *Consulting Pupils: What's in It for Schools?*, London, Routledge Falmer, 2004.

Fielding, M. "Beyond the Rhetoric of Student Voice: New Departures or New Constraints in the Transformation of 21st Century Schooling?" *Forum* 43(2), 100-109, 2001.

Flutter, J. "Teacher Development and Pupil Voice," *The Curriculum Journal*, 2007(18-3): 343-354.

McIntyre, D. and Pedder, D. "The Impact of Pupil Consultation on Classroom Practice." in Arnot, M., McIntyre, D., Pedder, D. and Reay, D. *Consultation in the Classroom*: *Developing a Dialogue about Teaching and Learning*. Cambridge, Pearson Publishing, 2004.

Fielding, M. and Bragg, S. *Students as Researchers*: *Making a Difference*. Cambridge, Pearson Publishing, 2003: 20.

McGregor, J. "Matter of Technique: When and How to Consult." *Curriculum Briefing*, 2006 (4-3): 23-27.

Lundy, L. " 'Voice Is Not Enough': Conceptualising Article 12 of the United Nations Convention on the Rights of the Child." *British Educational Research Journal*, 2007 (33): 927-942.

MacBeath, J., Demetriou, H., Rudduck, J. & Myers, K. *Consulting Pupils*: *A Toolkit for Teachers*. Cambridge, Pearson Publishing, 2003.

Arnot, M., McIntyre, D., Pedder, D. & Reay, D. *Consultation in the Classroom*: *Developing a Dialogue about Teaching and Learning*. Cambridge, Pearson Publishing, 2004.

石义堂、高建波：《西部农村学校儿童参与权实现的现状与目标——以"爱生学校"为例》，《全球教育展望》2007年第4期。

李宝庆、樊亚峤：《学生参与课程变革探析》，《现代教育管理》2012年第1期。

冯建军：《培养负责任的积极公民——对我国公民教育的问题分析与政策建议》，《中小学德育》2017年第1期。

美国临床实践型职前教师教育实习模式对全科教师培养的启示

李丹丹　王芳[*]

2014年《教育部关于实施卓越教师培养计划的意见》明确提出："针对小学教育的实际需求，重点探索小学全科教师培养模式，培养一批热爱小学教育事业、知识广博、能力全面、能够胜任小学多学科教育教学需要的卓越小学教师"。这从政策层面确定了我国小学全科教师培养的教师教育模式改革，也是国际小学卓越教师培养趋势在我国的具体体现。

培养符合基础教育需要的合格师资是各国教师教育面临的共同挑战。美国在教师教育的变革方面做出了不少有益的探索。其实践取向的教师教育尤其是临床实践型职前教师教育实习模式的基本要素和保障机制对我国全科教师的培养具有重要的参考价值。

本文探讨了"美国临床实践型"职前教师教育实习模式的基本要素和保障机制，从其实习的目标、内容、评价方法、教育实习基地认证标准、实习指导教师资格认证、实习的信息平台六个维度对美国临床实践型职前教师教育实习模式的经验进行分析，以期为我国全科教师的教育实习工作的开展提供借鉴。

---

[*] 李丹丹：四川师范大学在读硕士研究生，研究方向：教师教育。王芳：四川师范大学副教授，四川省教师教育研究中心研究人员，研究方向：教师教育，比较教育。

一 美国临床实践型职前教师教育模式的提出背景

大学本位模式是20世纪50年代形成的美国最传统和基本的中小学教师培养模式。但是由于传统的大学本位教师教育过于重视理论知识的培养，轻视教育实践，它所培养出来的教师实践能力不足，已无法满足学生的学习需求，一直以来备受争议。从20世纪80年代以来，美国一直致力于提升教师教育中实践性教学环节的成效，并通过推行"专业发展学校""驻校计划"等教育实习改革项目，力求培养高效教师。在此背景下，美国全国教师教育认证委员会 NCATE（The National Council for Accreditation of Teacher Education）于2010年专门组建了"蓝带小组"，就教师教育的驻校实习与临床教学实践展开专门研究。蓝带小组于2010年11月发表了《通过临床实践改进教师教育：一项培养优秀教师的国家策略》的报告，提出改革美国教师教育的建议，认为教学的基础是实践，临床实践是教师培养的中心，并研制出临床实践型教师培养模式。由此，重视实践、以实践为取向的教师教育日渐发展起来。

二 美国临床实践型职前教师教育实习模式的基本要素

在传统的教师教育模式中，"实践"只是"理论"后的一个环节，而在美国临床实践型教师教育模式中，"实践"是全部的中心环节。"临床实践型教师培养模式"是基于"教学是一个类似于医学、护理或临床心理学的临床实践专业"这一核心理念提出的，它强调应把"驻校实践"（School-Embedded Experiences）和"实验室实践"（Laboratory Experiences）作为教师培养的重要组成部分。通过设置多层面的教育实习目标与内容，制定严格统一的实习基地学校及指导教师认证标准,促使政府、高校以及中小学等相关主体建立起支持性的合作伙伴关系,搭建全国性的教育实习信息网络平台等改革措施,最终形成一个具有整体性、连贯性的教育实习体系,从而培养出高效教师。以下将从教育实习的目标、内容和评价方面对美国临床实践型职前教师教育实习模式的基本要素进行分析。

(一)教育实习的目标

NCATE 借鉴医学以及其他专业临床实践的经验,在分析教师专业发展的特性后指出:"教育实习是为候选教师(Teacher Candidate)提供广泛临床实践的机会,以促使其在学习共同体(Learning Community)中通过观察、相互协助、监督、调研、自我反思等方式获得专业知识与能力。"为达成提高教师的临床实践能力,培养优质高效教师这一目标,NCATE 进一步明确了"临床实践型教师教育"实习的四项基本目标。第一,实习生应在有经验的专家教师指导下,把所学理论知识和实际应用有机结合起来,同时获得学术性知识和实践性知识的增加,成长为问题解决者和教育创新者;第二,实习生的"临床实践"应遵循多元化的理念,倡导实习生要具备为不同成长背景、不同能力、不同兴趣、不同认知方式的学生提供服务的能力;第三,教育实习重在促进实习生形成专业发展所必需的实践性知识,指出实习生应在与指导教师开展教学或研究中,实现理论与实践的有效结合,获得有效教学的实践经验,从而形成坚定的从教信念;第四,实习生应在教育实习过程中发展运用评价的能力,包括基于教学标准做出评价,基于学生需要做出评价以及对自身的专业发展做出评价。

(二)教育实习的内容

为达到以上目标,"临床实践型职前教师教育"为师范生设定了 1 年的"驻校实习"时间。教育实习分为前期、中期及后期三个阶段。一是前期的融入阶段,实习生在指导教师的指导下,深入了解实习基地的各项规章制度,了解学生的基本信息,并参与学校的各种常规教育、教学活动，从而逐渐融入学校活动中。二是中期的合作阶段，实习生除了观摩、讨论、尝试进行实践教学外，还将与实习指导教师形成合作的关系，组成学习共同体，进行合作教学。如圣克劳德州立大学（St. Cloud State University）的教育实习即采用"合作教学"（co-teaching）的方法，实习生和指导教师共同完成课堂教学。三是后期全面参与阶段，实习生要像正式教师那样独自参与学校的全部活动，包括出席家长会，参加在职教师的所有会议，全面负责任课班级的工作等。

（三）教育实习的评价

临床实践型职前教师教育实习的评价是一个由评价主体、评价标准、评价方式与手段等要素形成的体系。临床实践型职前教师教育实习特别强调中小学校在教育实习中的作用，评价主体包括大学教育实习指导教师、实习基地合作教师、实习学生本人、实习领导小组成员、实习学校学生、家长等。在实习过程中，实习生居主体地位，在自我评价的过程中不断进行自我反思，真正以主人翁的姿态调整其教育思想与教学行为。通过多方评价主体之间的交流与合作，从多种渠道获得教育实习的反馈信息，使实习生的自身素质取得进步。

临床实践型职前教师教育实习的评价内容涉及教育实习中的各个领域与层面，主要包括教授学科内容、个人教学特色、与实习基地师生的人际关系、课堂秩序的维持与管理、对学生学习成绩的评价方法、教师职业道德。NCATE指出，对职前教师教育实习的评价不能只关注实习的最终结果，而应该加大对实习生实习的过程性评价，强调在对职前教师教育实习评价的过程中采用科学的、丰富的评价方法，将过程性评价与终结性评价、定量评价和定性评价有效地结合起来。在美国临床实践型职前教师教育实习中，评价实习生的方法主要有开展交流讨论会、撰写书面实习观察报告、填写各类有关实习表现的评价表、实习生通过撰写实习日记来进行自我反思与评价、中小学生为实习教师填写反馈表、实习生教学表现的音频或视频录像反馈等。美国临床实践型职前教师教育实习还通过建立教育实习信息资源库和各种技术支持,形成了更加规范、合理的教育实习评价体系。

三 美国临床实践型职前教师教育实习模式的保障机制

教育实习模式是一个集各种要素与条件于一体的系统,除了需要内在构成要素外,还需要外在保障机制,为教育实习创造良好的实施条件。以下将从教育实习基地的认证与选择、实习指导教师资格认证、教育实习的信息平台三方面对美国临床实践型职前教师教育实习模式的保障机制进行分析。

(一) 教育实习的基地学校

就实习基地学校的认证标准而言,美国要求实习基地首先要以帮助实习生形成实践性知识为目标,充分整合包括学生、大学实习指导教师、实习生、实习基地指导教师等资源以形成学习共同体。其次要求实习基地能明确自身的职责,参照教学专业标准,以及地区、州和国家教学标准,对学生的学习与实习生的专业发展进行评估。最后,要求实习基地为实习生提供同等的临床实践的机会,充分利用各类教育资源,组建相应的组织机构,支持中小学生、实习生、实习指导教师及其他专业人员的学习与专业发展。

芝加哥洛约拉大学(Loyola University Chicago)选择临床实践基地的标准包括6个方面:(1)临床实践基地要满足洛约拉大学和伊利诺伊州教育委员会所规定的要求;(2)临床实践基地要认同洛约拉大学的文化,不因未来教师年龄、种族、文化、信仰和性别不同,而有所偏见;(3)临床实践指导教师要获得伊利诺伊州认可的教师资格证书;(4)临床实践基地为未来教师提供参与教学活动的机会;(5)临床实践基地不定期举行实习交流会,让未来教师参与其中;(6)临床实践指导教师对未来教师有指导责任,他们应完成相应的任务。

（二）教育实习的指导教师

蓝带小组指出，应严格筛选实习指导老师，提高指导教师的综合素质，扩大研究型大学、名牌大学和基础教育中临床实践指导教师的比例，应加强政府部门、教师教育机构和教师间的合作。2005年，美国的研究者摩尔（E. Moir）对实习指导教师的任职资格提出了四点明确要求：（1）实习指导教师必须拥有丰富的实践经验；（2）实习指导教师的教育教学能力应当十分突出，至少是某学科优秀教师，而且口碑要好；（3）实习指导教师应是硕士以上学历，并且是公认的某学科领域的优秀专家；（4）实习指导教师应具有培训师资的经验，可直接提供教育教学指导。实习指导教师的资格认证是整个实习过程中不可或缺的关键性环节，鉴于此，NCATE正致力于成立一个专门的认证机构——"师资培养认证委员会"（Council for the Accreditation of Educator Preparation），以制定符合"临床实践型教师教育"基本理念的各项认证标准，其中就包括实习指导教师的任职资格标准。

（三）教育实习的信息平台

教师教育信息平台的搭建在一定程度上促进了候选教师教育实践能力的提升。以往的教师信息多局限于在线交流或视频中心，且院校之间信息不沟通。为此，美国全国教师教育评估委员会（NCATE）与相关机构及研究人员合作搭建了一个全国性的教师教育信息平台，在实习中，有专职小组对候选教师的绩效和学习进行认证，并构建全国性的实践视频交流中心，形成基础教育数据库。学生实习的成绩和情况都会在数据库中找到，公开实习成绩和状况更有利于对候选教师的表现进行监督。除此之外，数据库中大量的教学案例和教学视频也为全国教师或者准教师更好地教学提供了信息，促其反思。目前加利福尼亚州与路易斯安那州已建立教育实习的信息数据库，把实习生绩效评估的成绩与学生的学习成绩结合起来，考核实习生的实习成绩，以提高教育实习的整体成效。

四 对全科教师培养的启示

(一) 重视"实践取向"的教育实习

我国学界对全科教师的研究仍处在初期阶段，还需积极关注并探究高校的认识行动是否"上得来"，我们培养的小学全科教师在教育一线是否"下得去"。因此在教师教育职前培养阶段中怎么处理实践与理论的关系，这是需要认真思考的问题。"实践取向"与"理论取向"都应极力避免顾此失彼或简单折中，既不可以一方取代另一方，也不可单纯用课时来简单区分二者的地位轻重。《教育部关于实施卓越教师培养计划的意见》明确指出，目前亟待解决教师培养适应性与针对性不强的问题。强调需求导向、深度融合的基本原则及未来教师角色在实践教育课程内容的选择上所"具体要做"的事情，并寻求"以教师的日常工作作为课程内容选择的起点"。

笔者通过对重庆市首届全科毕业生的访谈，发现本科阶段的全科教师的培养模式忽视了全科师范生实践能力的培养，全科毕业生大都认为："教师教育理论和实践脱节，虽然接受了全科培养，但明显存在缺少实践教学的经验与能力"，"应该加强实践技能的培养，多提供实践机会"。全科教师的培养基于农村缺少教师的需求，在我国农村地区，由于农村学生数量减少，加上农村教师队伍结构性缺编，因此小班化教学作为我国农村小学教育发展的一种形态而"被存在着"。包班制的教学管理方式要求教师掌握多学科的知识，知晓整个小学阶段的所有课程。但是，在现阶段能教授多门学科知识，能随时变换多种角色，引导学生全面发展的教师少之又少。要想更好地发挥"包班制"的优势，必须加快培养能全面胜任小学包班制的全科教师。所培养的全科教师在农村会面临包班教学的情况，这对全科教师的实践能力要求是很高的。全科准教师实习周期需延长，具体时间的下限应当设置在 1 年左右。全科师范生在进入大学之后，学校就应当为其实习做筹划和准备，让师范生随时投入一线的实践中，在实习中积累丰富的实践经验。

（二）确立自我反思实践者的培养目标

通过对美国临床实践型教师教育实习模式的研究，全科教师教育应当确立培养自我反思实践者的目标。由于我国全科教师的培养还处于实践之中，授课教师大多也是单科培养的，全科实习生的"全科"教学能力更多地需要在实习中通过观摩和试做，在实习中应学会反思教育实践。一方面通过反思将实践经验上升为理论知识，培养自身的理性思维能力、案例分析能力、情景模拟能力与实验观察能力。另一方面，通过现场模拟教学和案例分析等，实习生要在实践中学会及时发现问题、分析问题、解决问题，并结合自身多学科的特点给予学生全面的反馈和评价。经过个人的判断和反思，将经验上升为理论，从而拥有独立的判断和反思能力。但目前我国基础教育阶段的师资数量还远远不够，很多偏远地区的中小学师资严重短缺，所以无论是国家还是社会对全科教师的培养都抱着很高的期望，我国全科教师教育应当确立反思性实践者的培养目标，通过密集的教学实践检验教育理论，实现理论与实践的共生融通，这是我国全科教师教育改革的方向所在。

（三）建立全科准教师实习的保障性机制

教师专业化目标的实现，既需要先进的理念作为思想指导，又需要政策法规等的外部保障性机制予以支持。建立全科准教师实习的保障性机制十分必要。

1. 制定教育实习基地认证标准

教育实习基地建设直接关系到全科准教师实习的成效，对于全科准教师的实践能力、全科教学能力的培养有着十分重要的作用，最终会影响教师教育质量及我国教师整体素质的提高。目前我国教师教育实践中没有对中小学参与教师职前培养做出制度性的规定，加上中小学校也普遍认为参与教师职前培养是劳神、费力和不讨好的事情，因此，造成师范学院教育实习安排困难重重。借鉴美国的经验，我们一方面要强化中小学教师教育的主体地位，另一方面要制定相关规章制度，以保障中小学校和教师积极地、高质量地参与职前教师培养，保障教师教育实习的质量。

2. 对实习指导教师进行严格认定

全科教师的培养当下正积极探究建设"双导师"制。"双导师"制主要强调从事教育专业的教师既要具备与其从教专业、研究方向相关的学科背景，又要具有相关的中小学教学经历。"双导师"制则强调全科型教师培养，导师配备的成分要包含实践与理论双重师资力量。实习指导教师是师范生能否在实习中提高教育实践能力的重要保证。对实习指导教师进行严格的资格认证是准教师能否有效实习的关键性因素。美国"蓝带小组"对实习指导教师进行资格认定，建议吸纳包括研究型大学、名牌大学以及有丰富实践经验的教师加入实习指导教师的行列。我国对于师范生实习指导教师的资格认证应当包括"丰富的一线实践经验""教育专业能力""一定的科研能力"等方面的要求，或是扩大师范生实习指导教师队伍，吸纳诸如名牌大学、重点师范大学的研究型人员以及具有丰富实践经验的一线老师加入，并对其进行监督和考评，确保实习生的实习质量。对于全科师范生的指导教师更应该看重全科的特点，在实习指导教师的选择上应以有全科教学、包班教学经验的教师为先，或是中师出身的教师更好。

3. 规范全科教师的自我教育行为

要实现全科准教师自身专业成长，尤其是全科教学比单科教学所面临的教学工作更复杂，在这种情况下，不仅需要全科准教师个人的热情，也需要外部的激励机制来维持或者激发这种动力。当然，对于不认真履行职责的全科教师给予相应的惩罚，也会提升教师的责任意识和责任行为。借鉴美国临床实践型教师教育的奖惩机制，我们应给予工作突出、培养能力强的一线老师相应的物质或精神奖励，以此提高一线教师的教学热情、教学质量。同时对不认真履行实习任务的一线教师进行惩罚，减少他们犯错误的概率。在实践性师范生的培养过程中，也应制定《小学全科教师的评价标准》，以明确的标准约束全科教师的自我教育行为，激发追求卓越的热情。

4. 建立教师教育数据库

当今社会是一个信息化社会，建立教师教育信息库不仅能够增加师范生实习情况的信息透明度，还能够将大量的教育视频和案例集中起来，为全科教师的实践提供借鉴。但目前针对全科教师交流的平台很少，常见的也只是将通信软件用于各个全科教师联系以及管理者的通知下达，并且这种通信也仅是运用于小群体之间，并不是面向全国性的交流咨询与共享平台。小学全科教师培养正在探索之中，信息共享资源对于全科教师的培养也很重要，但目前教师教育信息库建设不健全，应学习美国建立教师教育数据库的经验，学会在开放交流中分享经验，在资源共享中实现我国小学生的全面发展，以信息化的方式连接国际国内教师教育。

参考文献：

Marsha, L. Developing Principles for Clinically Based Teacher Education. Washington, DC: The National Council for the Accreditation of Teacher Education, 2010. 3 – 4, 5 – 8.

The National Council for Accreditation of Teacher Education, *Transforming Teacher Education through Clinical Practice: A National Strategy to Prepare Effective Teachers*, Washington, DC: The National Academies Press, 2010.

Greenberg, J. & Pomerance, L. Student Teaching in the United States. Washington, DC: National Council on Teacher Quality, 2011. 1.

刘燕红：《美国临床实践型职前教师教育实习模式》，学位论文，西南大学，2012年。

Elliott, E. Assessment as a Critical Element in Clinical Experiences for Teacher Preparation. Washington, DC: National Council for Accreditation in Teacher Education. 2010 – 09.

周琴、刘燕红：《"临床实践型教师教育"的教育实习模式探析》，《比较教育研究》2011年第11期。

胡艳、邹学红:《美国教师专业发展学校标准评析》,《教师教育研究》2010年第3期。

Loyola University Chicago. *Student Teaching Handbook*. Chicago, IL: Loyola University Chicago Office of Student Academic Services, 2010.

Moir, E. Launching the Next Generation of Teachers: The New Teacher Center's Mode for Quality Induction and Mentoring. H. Partner (Ed.). *Teacher Mentoring and beyond*, Thousand Oaks. CA: Corwin Press, 2005, 59 - 73.

Lisa. J. AACTE Endorses NCATE Blue Ribbon Panel Report on Clinical Preparation. http: // www. caepsite. org/ 2010 - 11 - 16.

The National Council for Accreditation of Teacher Education. The Launch of the California Alliance for Clinical Teacher Preparation Partnerships. Washington, DC: The National Council for the Accreditation of Teacher Education. 2011. 4.

孙华:《大学之范:理念与制度》,《现代大学教育》2015年第2期。

义务教育均衡视角下中日教师流动比较及启示

向海荣[*]

随着社会经济的发展和教育优先发展战略的实施,我国义务教育阶段的办学条件与水平已得到跨越式的提升。但义务教育发展仍呈现出不均衡、不充分的特点,存在教育经费投入"中部塌陷",办学条件"内涵化"差距巨大,农村师资队伍结构性缺编严重,城镇化进程中新挑战不断,教育质量城乡差距巨大等问题。教育均衡问题凸显,教师资源在义务教育阶段配置不均衡,教师流动在教师资源合理配置中的作用没有得到充分发挥。

日本的教师流动较为成形,自实施以来对于促进日本的教育均衡发展发挥了一定的积极作用。为促进我国合理的教师流动,笔者对中日两国教师流动的现象进行比较分析,梳理日本教师流动可借鉴的做法,使其具有一定的参考意义。

一 中日教师流动对比

(一) 现象对比

教师流动现象在中日两国都存在,但在现象表现(行为主体、流动方向、流动规模)上又呈现出不同的特点。

---

[*] 向海荣:四川师范大学在读硕士研究生,研究方向:教师教育。

1. 我国教师流动现象分析

我国教师流动在行为主体上可分为个人行为和行政行为。个人行为即教师根据自身意愿调整更换工作岗位，多表现为教师向资源条件更好的学校聚集；行政行为指受教育均衡、教育扶贫等政策因素的影响，由教育主管部门、流出学校选派教师到教育发展较落后地区支持当地教育事业。

在流动方向上表现出单一性，个人行为的教师流动多是"向上的"，有经验的、优秀的教师流向经济发展较好的地区，更多地集中于名校，好的教师资源难以向欠发达地区聚集；行政行为的教师流动多是"向下的"，且是短期的，由行政安排教师流向教育发展较落后地区，缺乏行政引导教师从教育发展较差地区到教育发展较好地区流动交流的机制。

在流动规模上占教师整体的比重小，未形成定型的制度。在趋利性的引导下，我国教师的流动会受到自身发展和收入等因素的影响，形成单向上位流动的情势。"从地域流向看，主要是从乡村到乡镇，从县镇到城市，从小城市到大中城市，从中西部欠发达地区到东部沿海开放地区；从学校流向看，主要是从条件不太好的普通、薄弱学校流向条件优越的重点、示范学校或是从低一级的学校流向高一级学校。除学校超编、教师不能胜任现职或跨地区调动外，少有反向流动者。"

2. 日本教师流动现象分析

日本已形成较为固定的教师流动制度，教师每隔一段时间会在一定区域内从一个地方到另一个地方任教工作。日本义务教育均衡化发展程度相当高，其发展受到了教师流动制度的极大影响。日本的教师定期流动制度主要是行政行为，在根据流动教师意愿的基础上，由教育主管部门组织安排教师流动，其中同一个行政区域内教师流动规模较大，跨行政区域流动较少，兼顾考虑流动地域就近性原则。

在流动方向上呈现出多方向的特点，在一定范围内实施教师定期流动。既有从教育质量较好的区域（学校）流向教育质量较差的区域（学校）的情况，也有从教育质量较差的区域（学校）流向教育质量较好的区域（学校）的情况。既有横向流动，也有纵向流动，甚至还存在跨学段、跨学科流动的情况。

在流动规模上，日本的教师流动规模所占比重较大，教师流动有统一的可操作的规定。日本中小学教师流动在主要方面是一致的，以东京都的实施纲要规定为例，流动的对象分为几种情况：（1）凡在一校连续任教 10 年以上以及新任教师连续任教 6 年以上者；（2）为解决定员超编而有必要流动者；（3）在区、市、街道、村范围内的学校及学校之间，如教师队伍在结构上（专业、年龄、资格、男女比例等）不尽合理，有必要调整而流动者。另外，对不应流动者也做了相应的规定，如任教不满 3 年的教师、57 岁以上 60 岁未满的教师、妊娠或休产假的教师、长期缺勤的教师等。

（二）原因对比

1. 我国教师流动的原因

我国属个人行为的教师流动主要受趋利因素的影响。随着社会经济的发展，义务教育发展状况与区域社会经济情况密切相关，义务教育在区域和城乡之间呈现出发展不均衡、不充分的特点。义务教育实施好的地区往往经济发展较好，学校所处地区交通基础设施等条件较好，教师收入较高，这些趋利因素能够吸引其他地区教师的流入。行政行为的教师流动受政策因素影响。教育行政部门为促进义务教育均衡发展，实施教育扶贫措施，从教育质量较好的区域（学校）选派教师到教育质量较差的区域（学校）任教，以解决教育欠发达地区的师资缺乏问题。我国义务教育阶段的教师流动还未形成规范，流向形式单一，受趋利因素影响的个人行为主导的教师流动单一地向城市、向名校集中，受政策因素影响的行政行为主导的教师流动又单一地从教育发展较好的区域流向教育发展较差的区域。

2. 日本教师流动的原因

日本教师流动规模较大，这源于教师流动有较好的制度保证，且已形成较为完善的规范。由于法规、政策合理、完善，日本不存在教师单一向上位流动的问题。广大教师甘于流动，从而极大地改善了薄弱学校的师资匹配不合理现象，使区域间、校际师资实现相对平衡、稳定，从师资配备的角度促进了各级各类学校师资的均衡发展，进而促进基础教育的均衡发展。教师流动制度的设立使得同区域内学校教师待遇相差无几，为了解决教师流动的后顾之忧，教育主管部门为教师流动在政策上提供了较为完善的保障。在流动过程中教师可以自愿选择，且遵循就近流动的原则，教师的工作和待遇不会因为流动而造成较大的影响。日本教师的定期流动成为中小学教师的基本义务之一，其流动过程操作规范且透明公开度高。

（三）影响对比

1. 我国教师流动的影响

我国的教师流动是国家义务教育均衡发展战略部署下实施的措施，属于行政主导的流动行为。通过从教育质量较好的区域（学校）选派教师到教育质量较差的区域（学校）任教，既有利于教师自身经验的积累和成长，也有利于实现教育资源在区域间的优化配置，除正常教学之外，流动的教师还可以促进先进的教育教学理念、方法的传播。但当前行政主导的教师流动是单向性的，这种模式下的教师流动是单一地从教育质量较好的区域（学校）流向教育质量较差的区域（学校），这种教师流动对教育质量较差区域的影响是有限的，一是选派流动教师的比例较小，二是教师流动的时间通常较短，三是缺乏教师双向流动的渠道。如果教育质量较差区域的教师能有机会到教育质量较好的区域任教换岗工作，就能促进区域间教师的交流互动，更好地优化配置教师资源。以个人行为为主导的教师流动，对义务教育均衡发展是弊大于利的，优质资源从乡村向城市集中，从普通学校向名校集中，会更加凸显名校的光环效应，增加区域间学校师资差异，区域间教师不能正常流动，会进一步造成择校难等问题。由个人行为主导的教师流动没有规范约束和保障，常常会给流动教师和流出学校带来一些纠纷，对流动教师和流出学校的权利和义务没有做出行之有效的程序规定。

2. 日本教师流动的影响

日本教师流动制度的建立不仅有利于促进教师在不同学校环境任教的适应能力，而且有利于促进教师自身专业发展和能力提升。教师在区域内定期流动，能促进师资的合理分配，对于师资优化配置和义务教育均衡发展具有积极的意义。由教师流动所带来的影响之一就是公立学校之间差异不大，区域内学校在师资方面并没有太大差别，由此也就避免了教育资源分布过于集中，避免了择校难等问题。同时，日本的教师流动制度也有其自身的缺陷，流出学校校长对教师流动有决定权，容易造成权力的滥用；教师流动的义务性质也容易造成流程形式化等问题。

二 日本教师流动的借鉴意义

在义务教育阶段师资均衡发展的过程中，日本采用了教师"定期流动制"，且配套相关制度，从教师流动的对象、流动类型、流动频率以及流动的实施程序等方面进行了详细的规定，对于实现基础教育公平、稳定教育质量、提高教师的整体素养起到了显著的作用。日本义务教育师资均衡配置制度，为解决我国义务教育师资发展不均衡问题提供了有益的借鉴。

首先是建立规范的制度并按程序执行。教师在日本被纳入了国家公务员管理体系，其定期流动由教育主管行政部门统筹实施。定期流动是中小学教师的基本义务之一，日本教师流动在具体实施中有较为完善的规定，可保证其按规范程序执行。定期流动已成为日本教师专业发展和学校工作开展的常态。

其次是充分尊重流动教师的个人意愿，日本的教师流动在确定流入学校之前，会由流出学校校长与流动教师进行商谈，在流动分配中考虑教师个人的实际情况（如家庭住址、家庭成员等因素），采用就近分配的原则，一般情况下不跨大行政区域流动，也体现了教师流动实施中的人性化，教师的定期流动使得教师定期更换任教工作地，在一定程度上也可促进教师工作热情和创造力的提升。

再次是流动教师的权益有保障，日本教育主管部门对流动教师在绩效和资格认证等方面能做到一致，解决了流动教师的后顾之忧。例如《国家公务员法》《教育公务员特例法》等法律明确规定流动教师的公职地位，《偏僻地区教育振兴法》明确规定流动教师的工资和津贴，国家用不同的方式对流动教师辅以支持和鼓励，体现了对流动教师的关怀，使得流动教师在其岗位上能以积极的情绪开展工作。

最后是教育公平的理念得到普遍认同，在日本推行教师定期流动制近40年后，教师流动对流动教师本人来说已经常规化，教师从心理上能够接受，社会对于教师的流动认同度也比较高，良性的教师流动促进了义务教育的均衡发展，也为教育公平理念的普及营造了好的社会氛围。

三 对我国教师流动的建议

近年来，我国的义务教育取得了长足的发展。义务教育阶段的政策保障、基础设施建设已经取得了很大成效。但教育的"内涵式"差距正在增大，教师资源分布不均匀、不合理就是其中的一个体现。促进教师良性流动对于我国义务教育均衡发展，促进教育资源优化配置，促进教育公平具有重要意义。教师的流动应从制度、政策、流动方法和心理认知入手，加大教育主管部门对教师流动的调控作用。

第一，逐步建立规范的教师流动制度。促进教师流动常规化，将其作为中小学教师的基本义务，教师流动制度应该得到真正的执行。对教师流动制定针对性的法律法规，最大限度地实施教师公务员制度。在保障教师合法权益的条件下，明确教师流动的范围、时间和程序，使教师流动制度化、法制化、公平化和公正化。

第二，加强并完善教师流动过程中的政策保障。当前我国教师流动的主要部分是以个人行为为主导的流动，教师受趋利因素的影响，自动地由教育质量较差的学校流向教育质量较好的学校，从欠发达地区流向发展较好的地区，优质的师资更加集中于城市和名校，使得师资在区域里的分配不平衡。这一现象的原因就是不同区域、不同学校之间教师的权益差别太大。因此要加强并完善教师流动过程中的政策保障，缩小同级同类学校间教师待遇的差距，加大教育主管部门对教师流动的调控，政策可适当向欠发达和教育质量较差地区倾斜，尽可能地解决教师对流动的后顾之忧。

第三，逐步探索形成科学有效的教师流动方法。我国幅员辽阔，义务教育实施程度各地区差异较大。在教师流动方面，应由国家制定方针和原则，各地区根据实际情况探索形成科学而有效的教师流动方法。可在县（区）内实行规模较大的教师流动，跨上一级区域流动的教师比例依次递减。在流动过程中要兼顾年轻教师和中年教师的比例，兼顾教育质量较好区域（学校）与教育质量较差区域（学校）的流动方向。

第四，引导形成对教师流动的良性心理认知。当前教师和学生、学校和社会对于教师流动在心理认知上还不适应。要加强对教师的培训，逐步让教师适应任教岗位的流动，避免长时间因在同一岗位上任教而带来的职业倦怠，激发教师的工作热情和创造力。教师流动的时间周期应和各学段的学制时间相符合，避免学生在同一阶段的学习中对不同的老师产生不适应。学校层面应逐步探索出行之有效的教师流动交流机制，让学校和社会对教师流动在心理上逐渐适应。

四　结语

合理的教师流动对于促进教育资源的优化配置，促进教育变革创新具有积极意义。对日本较为成熟的教师流动进行研究分析，对我们形成良性的教师流动以达成教育均衡这一目标具有一定的借鉴参考意义。我国在具体实施教师流动过程中，应充分考虑国情特点，结合具体情况施行相应对策。本文采用比较分析法，对中日两国教师流动的现象、原因、影响三个方面进行了对比分析，梳理出日本教师流动可借鉴的做法，希望能对我国教师的合理良性流动进行一些思考并提出建议。

参考文献：

朱德全、李鹏、宋乃庆：《中国义务教育均衡发展报告——基于〈教育规划纲要〉第三方评估的证据》，《华东师范大学学报》（教育科学版）2017年第2期。

周俊：《聚焦教师转会——对教师流动的案例分析》，《教书育人》2005年第12期。

傅彩虹：《中日教师流动制度对比及启示》，《法制与经济》（中旬刊）2011年第3期。

龙培民：《日本基础教育的突出特点》，《基础教育参考》2004年第8期。

汪丞：《中日中小学教师流动之比较及启示》，《比较教育研究》2005年第11期。

张宇峰、方红：《日本义务教育师资均衡配置制度对我国的启示》，《现代中小学教育》2016年第7期。

彭新实：《日本的教师培训和教师定期流动》，《外国教育研究》2000年第5期。

谢延龙：《我国教师流动制度的困境与出路》，《教育发展研究》2015年第22期。

史亚娟：《中小学教师流动存在的问题及其改进对策——基于教师管理制度的视角》，《教育研究》2014年第9期。

沈伟、孙天慈：《教师流动的政策工具设计与反思》，《全球教育展望》2015年第9期。

幼儿教师职业声望影响因素的社会学审思

刘黔敏[*]

某个职业的职业声望的高低直接影响该职业的吸引力，会影响人们对该职业的选择、实际工作的开展及该职业的社会地位。伴随着幼教事业的发展，如何才能够吸引更多优秀的人进入该职业场域，推动幼教事业的蓬勃发展也成为重要的问题。从社会学的角度考察，是哪些因素影响了幼儿教师职业声望的提升呢？

一 幼儿教师职业声望的构成要素

法国社会学家马克斯·韦伯较早对职业地位进行了分析，并试图从财富、权力和声望三个方面考察某个职业的社会地位。相对而言，财富和权力这两个指标具有客观性，也具有一定的可测查性。职业声望这一指标相对更具有主观性的特征，它是指他人和社会对教师职业的有利评价和承认，如公众的认可和称道，尊敬和钦佩，荣誉和敬意等。公众对某一职业声望的判断既与文化传统中职业的地位高低相关，也受到现实中该职业现实境遇的影响。职业声望本身又是一个具有一定概括性的概念，其具体的内涵需要进一步细化，这样才能够厘清某一职业声望高低

---

[*] 刘黔敏：四川师范大学副教授，四川省教师教育研究中心研究人员，研究方向：幼儿教育。

的具体表现和成因。在理论探索中，研究者为增加对职业声望评价结果的解释力，又将某一职业的声望具化为职业道德声望、职业能力声望和职业贡献声望三个维度。这三个维度的具化既考虑到了某一职业的专业性特征，又兼顾了某一职业的伦理性特征，能够比较全面地概括出职业声望的现实形态，具有较强的解释力。沿着这种思路，我们尝试从幼儿教师的职业能力声望、职业道德声望、职业贡献声望方面探析在当今的时代背景下哪些因素影响了其职业声望的提升。

二 幼儿教师职业声望的影响因素

（一）职业准入制度的不健全：幼儿教师的职业能力声望被"劣币"化

劳动分工的不断细化和专业化导致了一套以系统的技术等级或专业化程度为基础的职业分化体系。专业化程度高的职业往往更容易获得高的经济收入和职业声望，而技术层次低的体力劳动从业者的收入和社会地位则相对下降。对职业专业化认同最重要的指针就是该职业准入制度的设定。职业准入作为一种"社会屏蔽"策略通过对职业设立门槛，限制进入者的资格和人数，以此保障该职业的市场价值。职业的准入制度越严格，说明该职业的专业性越强，其重要性程度也就越受认可。从社会学的角度看，现代职业准入制度主要通过学历和资格认证的方式实现。布迪厄认为，以教育资格、证书的一套规定和认定程序等形式出现的"制度化的文化资本"具有重要意义。证书拥有者、学术资格拥有者地位的高低，最关键的即是否得到了体制的、官方的认可，这种认可具有强制性。严格控制某种资格证书，将会大大提高该资格证书的价值，也会在无形中提升拥有该类资格证书者的地位。资格证书也就成为社会屏蔽的一种重要手段。显然，随着幼教事业的发展，职业准入制度并未全面跟进，其具体体现是：第一，资格准入制度不健全，尤其是在幼儿教育大众化的背景下，当幼儿教师数量尚不能满足需求时，一些没有经受过专业训练和拥有专业资格证书的也进入这个职业。第二，幼儿园教师培养体系准入制度不健全，对幼儿教师培训机构的资格缺乏认定。不同层次的学校都可以培养幼儿教师，导致她们所持有的制度性文化资本贬值，大量不合格的幼儿教师走向幼儿园职场。第三，对幼儿教师的聘任机制和解聘机制不完善，缺乏相应的法律和制度来规范教师和幼儿教育机构的行为。从现实的情况来看，幼教师资的培训规模和幼教事业的发展一直不相匹配，尤其是偏远乡镇地区的幼儿教师准入几无限制。直至2012年，教育部才陆续颁布了各级教师的专业标准，幼儿教师资格证制度开始大范围在全国逐步推行。中小学虽然也是从2012年开始施行教师资格证制度的，但总体而言还是有学历认证作为师资保障的。幼儿教师这一块儿，目前也只能做到资格认证，还无法做到学历认证和资格认证的统一，即职前的专业培训和入职资格证考试的统一。

职业准入制度的不健全所导致的直接后果就如经济行业中行业标准不足所导致的"劣币"进入市场之中一样，一方面无法达到"择优汰劣"的效果，一些思想素质低下、专业能力不足的人进入幼儿教师队伍。2012年浙江温岭虐童事件，事后查证表明，该老师就未取得幼儿教师资格证，高中毕业后打工一段时间就进入村里的幼儿园工作。另一方面，当这些老师进入职场之后，又会因为缺乏幼儿教育的专业知识和技能，而无法有效应对工作中所出现的种种挑战；一旦出现问题便习惯性地使用权威粗暴的方式来解决问题，这就形成了教育教学能力差，专业水平低下的恶性循环，甚至做出有违教育规律、僭越伦理底线的行为，在伤害儿童的同时，也必然会败坏整个幼儿教师群体的职业能力声誉。

（二）新媒体时代极端案例的媒体效应：幼儿教师的职业道德声望被"污名化"

"污名"（stigma）一词起源于当时的古希腊统治者给社会最底层的人身上所做的标记，以表示他们的身份低下。当代英国社会学家埃利亚斯在研究"胡格诺教徒"时首先关注到了污名化现象，把污名的概念描述为"一个群体将人性的低劣强加在另一个群体之上并加以维持的污名化过程"。后来美国社会学家欧文·戈夫曼提出了"污名"的概念。他把"污名"定性为"受损的身份"（spoiled identity），认为污名的本质是"由于个体或群体具有某种社会不期望或不名誉的特征，而降低了其在社会中的地位。污名就是社会对这些个体或群体的贬低性、侮辱性的标签。被贴上标签的人有一些为他所属文化不能接受的状况、属性、品质、特点或行为，这些属性或行为使得被贴上标签者产生羞愧、耻辱乃至犯罪感，并导致了社会对其产生不公正待遇"。污名化在不同的社会阶段有着不同的社会权力运作策略。

在很长时间里，对人群的污名化具有单向度的特征，即某个群体对另一群体的单向污名化。伴随着电子媒介的普及，尤其是以微博、微信等为代表的自媒体工具的兴起，虚拟网络在一定程度上颠覆了传统污名化的运作方式，原本被固化的污名关系得以重新建构。现实中体现为个体可以随时将身边发生的各类事件采用文字、图片或者视频的方式予以发布传播，很多事件可能瞬间就成为媒介污名的素材。如有学者所指出的：网络媒介社会化和自媒体化的技术变革放大了污名效果，同时网络媒介以其技术性优势成为虚拟社会污名现象的制造主体。媒介污名通过报道或传播某一特定群体、事物的负面信息来实施污名，能够有效改变社会公众对其原有的印象，在虚拟社会污名制造中表现出显著的工具效应，是虚拟社会泛污名化现象重要的技术来源。这样的社会文化也折射到幼儿教师群体社会形象的构建之中。从社会传播学的角度看，在媒介视阈中人们往往会对某个群体的规范性行为视而不见，转而关注该群体的非常态行为。一方面，儿童作为公认的社会弱势群体，发生在其身上的恶性事件往往极易抓取公众视线。另一方面，长期以来传统又使得公众对教师有着较高的道德期待，所以当此类事件曝出，网络媒体关于教师的负面报道就很容易激发人们的关注欲望。这就使得有关幼儿教师的负面事件一旦发生，就极容易在媒体空间广泛传播，快速发酵，体现为各种"幼师虐童"事件往往能在一夜之间占据各大门户网站的头条，这就在一定程度上对幼儿教师群体产生了"污名化效应"。不可否认，个别幼儿教师的行为的确有违师德，但也不排除在利益驱动下为了增加点击率，媒体通过碎片化和逻辑断裂式的叙事陈述，难免会在报道中存在失真、夸张的现象。这些新闻传播所引发的包括家长之谴责在内的"社会反响"反过来又立即成为新闻传播的新资源，对这些资源的加工与传播又进一步引导舆论，影响着人们的思想和行为。从传播学的角度考察，媒介在发出与控制这一"信息流"的过程中，不仅有信息失真的风险，后续网民的"再加工"也极可能使得该类事件演变为"罗生门"，离事实的真相越来越远。公众在一个个"虐童事件"媒体效应的冲击之下，幼儿教师职业群体也容易被"污名化"，成为道德素质低下、专业技能不足的教师的代名词。但事实上，极少数虐童事件背后千千万万尽职尽责的幼儿教师坚守岗位，认真付出的职业群体形象却未被广泛报道和传播，这不能不说是一种遗憾。

（三）幼教定位的模糊不清：幼儿教师的职业贡献声望被"侏儒化"

职业的分化基于社会分工，而人们对该职业在社会分工体系中重要性的认识就会直接影响该职业的社会声望。Lieberman 提出的专门职业八条标准中的第一条就是：该类职业能够提供一种独特、确定和必要的社会服务。从历史发展来看，现代幼儿教育制度的产生与西方工业化的浪潮紧密相连，幼儿教育机构一开始更多地承载着社会福利慈善的功能，而非教育功能。这种定位虽然在现代社会有了很大改观，但并未发生根本变化。对幼儿教师专业性认可的背后事实上是以对童年这一阶段特殊价值的认知为前提的。儿童文化研究领域曾提出一个问题：童年是被"发明"的还是被"发现"的？著名的儿童文化研究专家尼尔·波兹曼认为，童年是一个特定历史阶段的产物，"儿童"的存在还不到400年的历史，甚至不到150年的历史。直至今天，研究者达成的共识是童年一直都存在，只是在很长时间里并未被发现。现在学界已普遍认为，童年作为一个独特的人生阶段，并不仅仅是为成年期做准备，而是有着自身独特的发展规律和教育价值。很多学者对之进行持续不断的深入研究，使得人们对童年期的特殊性及其教育价值有了更为深入的认识。

但学术史的发展与社会公众对幼教专业性的认同并不同步。中国幼教发展尽管已有百年的历史，但迄今为止对幼儿教育的性质定位仍然是模糊的，对该类职业的独特性、确定性和必要性还缺乏一致认同。1957年颁布的《幼儿园教育工作指南（初稿）》指出：幼儿园是根据国家需要设立的，随着国家社会主义工业化和农业合作化，将有更多的妇女参加生产建设，也需要培养更多的社会主义建设事业的继承人。由此可见，中华人民共和国成立初期国家开办幼儿园的初衷之一即是解决女性投身社会工作后的子女保育问题，重视的是它的工具性功能，而非本体性的教育价值。虽然在新的背景下对幼儿教育的性质定位有了变化，如《幼儿园工作规程》指出，幼儿园是基础教育的有机组成部分，是学校教育制度的基础阶段。但从现实层面来看，长期以来，幼儿教育机构的创设和财政投入主要依托地方财政或者民间投入，国家对其发展并无强制性的法律规定，正是这种不确定性影响了对幼儿教师身份的定位。以经济收入的保障为例，幼儿教师职业收入的政策性规定只是隐含在一般的教育法律、法规或文件中，并不明确。从最高层面的法律来看，1993年颁布的《中华人民共和国教师法》对教师待遇的规定集中在第二十五条：教师的平均工资水平应当不低于或者高于国家公务员的平均工资水平，并逐步提高。建立正常晋级增薪制度，具体办法由国务院规定。第二十六条规定：中小学教师和职业学校教师享受教龄津贴和其他津贴，具体办法由国务院教育行政部门会同有关部门制定。不难发现，对幼儿教师的收入待遇不仅无实质性的规定，而且与中小学教师做了制度上的区分。在普通民众眼中，幼儿教师是母亲、祖母或保姆养育孩子职能的一种替代或延伸。她们不仅被视作教师，而且被视为服务员、保姆等。这既与幼儿教育理论发展的专业性认同有关，也与幼儿教育的传统模式有关。尤其是在一些经济文化欠发达地区，幼儿教育由于财政投入不足，很多的市场空间由民办的低质量幼儿园所占据，它发挥更多的是保育功能而非教育功能。硬件设施投入不足，师资水平低下是一种普遍的现象，这在客观上又降低了公众对幼教专业贡献的认同。

三 提升教师职业声望之可能路径

（一）进一步推进完善幼儿教师职业准入制度：达到良币驱逐劣币之功能

如前所述，由于幼儿教师的职业准入制度起步较晚，相关的职业标准也出台较晚，导致幼儿教师一度成为"人人都可以从事"的职业，这在极大程度上影响了幼儿教师的职业能力声望。由此，需要进一步加强幼儿教师职业准入制度，尤其是经济落后、教育不发达区域更应重视这一工作。入职门槛的提升，自然就会将一部分素质低下，专业准备不足的人屏蔽在该种职业之外。

若从现实中看，完善和执行幼儿教师职业准入制度看似简单，其实不然。一方面，国家虽然已经开始施行幼儿教师资格考试制度，但其真正落实还需要地方政府及相关主管部门的有力推进。另一方面，由于我国幼教事业的迅猛发展，幼儿教师师资缺口较中小学师资更大。在这种背景下，难免会放松职业准入门槛，无法保证所有幼儿教师都持证上岗，若一刀切就可能带来其他的负面效应。2012年《国务院关于加强教师队伍建设的意见》指出：幼儿园教师队伍建设要以补足配齐为重点，切实加强幼儿园教师培养培训，严格实施幼儿园教师资格制度，依法落实幼儿园教师地位待遇。除此之外还专门提出：具有其他学段教师资格证书的教师到幼儿园工作，应在上岗前接受教育部门组织的学前教育专业培训。由此也不难看出，幼教师资的短缺是一种现实。此外还应考虑到一个职业的准入制度是否能够得以顺利施行，与社会公众愿意从事该项事业的人群基数有关。若幼儿教师职业没有足够的吸引力，愿意获得职业资格的质优人员储备自然不足，而在现实中又需要更多的专业人员进入该职业，这样所产生的结构性师资矛盾就很难得到解决。由此，一方面推进完善幼儿教师职业准入制度，另一方面应采取更灵活的方式提升幼儿教师从业人员的专业素养，此方面需做进一步的探索。

（二）提升幼儿教师媒体素养：避免失真夸大的媒体效应误导公众

无论外在的监控多么到位，无论法律制度如何健全，都无法完全杜绝个别幼儿教师做出有违师德的行为。在电子媒体普及化时代，如果这类事件发生，那么，要求网络媒体完全坚守媒体操守，进行公正报道也很难。作为幼儿教育的从业人员，一方面需要提高自身的职业素养，尽量不让此类事件发生。另一方面还应跟上时代潮流，重视公众媒体平台对幼教从业人员职业声望所产生的巨大影响力，同时，善用这种影响力也同样重要。

解决这个问题可以从两个维度展开。首先是在日常状态下，幼教从业人员需要主动运用正面的、真实的信息去加强对幼儿教师群体形象的传播，避免因主体缺位而形成信息盲点。其次从管理层面来看，各级幼儿教育主管部门要加强危机公关的媒体能力，要善于利用公众的媒体平台发声，防止因其话语缺失而在网络环境中处于被动、恶劣且被边缘化的地位。在实践中，那种一旦发生突发事件就试图用遮蔽的方式加以解决的思路要彻底摒弃。因为在一个人人都可能是新闻的制造者和传播者的时代，自媒体的强大威力极易让教育场中的小事快速演化为受公众关注的事件，幼儿教育场域中的事件更容易面临这样的风险。由此作为幼教从业人员，提高突发事件的危机公关处理能力就成为迫在眉睫的挑战。如此双管齐下，才不至于被媒体的浪潮所淹没，成为自媒体时代的"失语者"。

（三）提升幼儿教师专业水准：获取社会公众对其专业贡献的更广泛认同

从功能角度来看，职业准入制度只能从"入口"角度对幼儿教师的质量有所保障和提升，但某个职业群体的社会声望又不完全由该职业的准入制度来决定，也由这个职业所能提供服务的专业性贡献水平来决定。如果说一个职业的准入制度、收入等构成了该职业声望的外源性因素，那么从业人员在职场中专业化水准的呈现则构成了职业声望的内源性因素。前面论及，由于传统的原因，在我们的文化语境中社会对幼儿教育的专业性认同莫衷一是，并未达成真正的社会共识，这就更需要幼教从业人员通过自身的工作展现该职业的专业性，以获得社会公众对其专业性贡献的真正认同。

根据2012年颁布的《幼儿教师专业标准》的要求，幼儿教师的专业性包括"专业理念与师德""专业知识""专业能力"三方面。其中专业知识和专业能力一方面通过职业资格认证制度来推进，另一方面则需要通过从业人员在工作过程中的专业化水准来体现。如果从业人员无法在工作中体现出应有的专业化水准，就极有可能被公众诟病，贬低该职业的专业贡献，影响到该职业群体的职业贡献声望。教育专业发展的终身化已经成为共识，由此幼儿教师的职前培训和职后培训应成为一个整体，帮助幼儿教师的专业性不断发展。以对儿童的理解为例。在职前教育阶段，准幼儿教师大多是通过教科书来了解儿童发展特点的，从一定意义上说这些儿童都是"抽象"的儿童，只有进入真正的工作场域，他们才可以接触到鲜活、生动的"具体"的儿童，对工作对象的理解才可能真正从理论走入现实，再进一步进行结构化的抽象，达到对儿童理解的否定之否定。在教师专业发展方面，传统的"被发展"路径已经受到质疑和反思。在教师的专业发展价值取向上，相继有知识取向、技能取向、情意信念取向、文化取向和实践反思取向。从实然的角度看，教师若想获得专业的良好发展，必然需要将这几个取向融合成为一个有机统一体。而教师发展取向更为关注教师在一个职场生态中所能获得的支持和发展，这对其专业性的提升尤为重要。如有学者所指出的：生态系统中的每一个生态位都是基于自身限度并与自己生态位贴近的生态因子发生交互，获得生态给养，从而实现自身生态位增值，即生态取向的教师智慧学习内容是贴近每一个学习者的。由此更需要为幼儿教师构筑平台，支持、帮助其在职后的工作场域中不断反思成长，同时着力将幼儿园建设成学习型组织，帮助幼儿教师专业性不断提升，进而达成公众对其专业性的"名"和"实"的双重认可。

综上所述，幼儿教师的职业声望在当今的时代背景下遭遇到一些挑战，具体体现在职业准入制度的不健全、媒体对幼儿教师负面事件的过度报道和消费、公众对幼教性质的定位不清等方面，要提升幼儿教师的职业声望，就需要进一步完善幼儿教师职业准入制度，提升幼儿教师媒体素养，提升已从业人员的专业水准等。

参考文献：

董新良：《教师社会经济地位测评研究》，《教育理论与实践》2008年第5期。

［法］皮埃尔·布迪厄：《文化资本与社会资本》，包亚明译，上海人民出版社1998年版。

［德］埃利亚斯：《个体的社会》，翟三江、陆兴华译，译林出版社2003年版。

Goffman E. Stigma, *Notes on the Management of Spoiled Identity*, New York: Simon & Schuster, 1963.

陶鹏：《公众污名、自我污名和媒介污名：虚拟社会泛污名化现象的三维解读》，《广东行政学院学报》2014年第1期。

［美］尼尔·波兹曼：《童年的消逝》，吴燕莛译，广西师范大学出版社2004年版。

Lieberman, *Education as a Profession*, N. J. Prentice-hall, 1956.

中国学前教育研究会：《中华人民共和国幼儿教育重要文献汇编》，北京师范大学出版社1999年版。

张忠华、朱梅玲：《关于教师专业发展几个问题的思考》，《教育科学研究》2015年第5期。

李慧方、罗生全：《教师智慧学习的生态取向》，《教学与管理》2015年第4期。

ESP 理论下学前英语教育师资培养路径研究

张艳梅　袁松山[*]

《国家中长期教育改革和发展规划纲要（2010—2020 年）》的颁布意味着我国学前教育迎来了大力发展的春天，学前英语教育作为语言教育的组成部分受到社会各界的广泛关注。在这种形势下，如何根据学前儿童的认知特点开展教学，培养他们的英语学习兴趣，如何创设优良的英语学习环境，提高课堂教学效率，如何培养合格的学前英语教师，成为我们亟待思考并解决的问题。换言之，学前英语师资队伍的建设成为一个重要且紧迫的课题。基于此，本文在 ESP 理论的指导下，分析和探讨学前英语教师应该具备的基本专业素质和学前英语师资培养路径，旨在提高学前英语教育质量，促进学前英语师资队伍的建设进程。

一　ESP 理论

ESP（English for Specific Purpose，专门用途英语）指针对某特定职业或学科相关的英语，且结合学习者的特定目标和需求开设的英语

---

[*] 张艳梅：川南幼儿师范高等专科学校助教，研究方向：幼儿教育。袁松山：川南幼儿师范高等专科学校助教，研究方向：幼儿教育。

课程。Strevens根据学习者对英语学习的具体需求，归纳出ESP的四个区别特性：（1）教学目标必须能够满足学习者的特定需求；（2）教学内容必须与某一个专业、职业及其实践活动密切相关；（3）教学重点落实在与特定的专业或职业相关的词汇、语法和语篇运用上；（4）必须具有与通用英语（English for General Purpose）相对照的特征。由此可见，ESP的知识是不属于英语语言共核部分的知识，它的本质是以社会和个人的需求为主要驱动的英语学习，学习内容具有专业性强的特点，需要经过专业系统的学习才能掌握，并且在这种理论指导下培养出的是职业需求的专业型人才，能起到缓解学生培养与社会需求之间供不应求的矛盾，比如公务英语、警察英语、法官英语、药剂师英语等。

二 基于ESP理论的学前英语教师专业素质结构

教育大计，教师为本。幼儿教师的队伍呈现出壮大趋势，教师队伍的学历水平整体提高，教师专业化程度逐步加深。然而，关于ESP教师专业素质构成，到目前为止仍然没有一个明确的标准。有的研究者认为，ESP教师的知识结构包括英语语言文化知识、专业学科知识、教育学知识。结合以往研究者的成果，本文将ESP教师专业素质结构整合成4个模块，包括教师专业情意模块、英语学科知识和技能模块、专业学科知识和技能模块以及专业能力模块，并据此构建了学前英语教师专业素质结构体系。

（一）较高的专业情意

教师的专业情意是教师在教育实践过程中所形成的一种较稳定的情感倾向，它包括教师对待教育的意识、态度和专业精神。它是教师必备的专业素养，在素质结构中占有重要地位。已有研究表明，教师专业情意与专业发展能力、专业参与和表现之间成正比例关系。幼儿教师职业具有特殊性，主要是由其教学对象决定的。学龄前儿童的身心处于人生可塑性最强阶段，幼儿教师的言行举止对幼儿具有潜移默化的影响。这一客观现实决定了幼儿教师角色的多样性，他们既是幼儿生活的照料者，也是学习的引导者，还是幼儿与社会的沟通者。由此我们可以看出幼儿教师工作的复杂性、烦琐性以及挑战性。此外，当前幼儿教师普遍面临着工作压力大而工资待遇低、付出多而获得社会关爱少的双重矛盾与尴尬局面。根据马斯洛需求理论可知，这些矛盾与尴尬局面直接影响着幼儿教师对自身职业的认同感和职业幸福指数。因此，幼儿英语教师所面临的教学内部和外部的困境就决定了对于幼儿教育事业必须具有较高的专业情意，这样才能保持持久的热情和动力。

（二）复合型的知识和技能结构

学前英语教育要求教师既应具有较好的英语能力又应具有扎实的学前教育专业知识和技能。在英语方面，幼儿教师需要掌握一定的英语语言基础知识，包括英语语言学、文学、英美国家文化等领域的知识；具备良好的语言表达能力，包括准确的语音、语调以及流利的口语。英语语言基础知识不仅能提高幼儿教师的语言文化鉴赏能力，也能培养幼儿的文化好奇心和敏感性。意大利幼儿教育家蒙台梭利研究表明，0—6岁是儿童语言发展的重要时期，因此幼儿英语教师准确的语音、语调是幼儿英语教学高效进行的重要保证。在学前教育方面，需要掌握幼儿教育基础理论与实践知识、幼儿教学法知识、幼儿技能。首先，幼儿教师需要具备与时俱进的观念。主动了解幼儿教育学和幼儿心理学的研究前沿，掌握学前教育的特点和规律，形成正确的儿童观、教育观和发展观。其次，幼儿教师在教学中应充分考虑幼儿具体形象思维的特征，正确使用幼儿英语进行游戏教学、情境教学、儿歌教学、故事教学等，创设形象生动的教学活动，提高课堂教学效率。最后，幼儿技能是教师组织幼儿英语教学的重要手段，特别是英语儿歌、英语故事、英语歌曲、英语游戏等教学技能，这既能满足调动幼儿积极性、增强学习趣味性的教学目的需要，同时也符合幼儿爱动的生理发育特征。

（三）一定的教学、科研、反思能力

教师需要做一名研究者，这是 21 世纪赋予教师的使命。教师的教学实践、研究、反思能力的发展和提高是教师专业发展的关键因素和重要特征。在教育教学中，教师需要不断进行自我反思，在反思中研究，更新观念，提高理论水平。由于我国的幼儿英语教育起步较晚，没有形成成熟的教学模式，故需要幼儿英语教师在教学实践中不断发现、分析、解决教学中所出现的实际问题，把问题转变成相关研究课题，在研究中转变教学思维，更新教学理念，提高理论水平，积极构建符合中国现状的幼儿英语教学模式，并在过程中实现自身专业发展。

三 学前英语教育师资培养路径

基于上述对学前英语教师专业素质的要求，结合我国学前英语教育师资培养方面的实际情况，本文对学前英语教育师资培养提出以下路径。

（一）培养幼儿英语教师的专业情意

事物发展是内因和外因共同作用的结果，内因是根本而外因则起着促进作用。因此教师良好专业情意的形成，既需要教师个人的努力也需要外部学校环境给予支持。

首先，幼儿英语教师个人需要具有终生学习的观念、不断反思的意识和自控能力。幼儿英语教师自身的知识与技能、情感与态度以及教学方法就不是完全成熟的，因此应树立不断学习的观念。与此同时，还要有不断反思的意识。华东师范大学叶澜教授就说过，坚持写教学反思可以帮助教师成为教学名师。这说明，反思对于教师专业发展起着关键作用。良好的教师专业情意的形成过程，实质上就是教师

不断反思自己的价值观、师德观、教学观、学生观，形成良好专业伦理、素质的过程。在专业生活中，教师则需反思他们的工作动机、工作态度、工作满意度等以帮助提高他们的专业水平。最后，幼儿英语教师在教学中，在面对棘手的教学事件时，要有自我调控的能力，做到让整个教学过程愉快轻松。

关于幼儿英语教师培养的学校环境可以从以下方面给予支持。首先，强化幼儿英语教师的职业情感，塑造幼儿英语教师的专业灵魂。学生在选择幼儿英语教师这个职业之前，对这个职业缺乏理性认识，因此学校在进行课程设置时，应该有意识地强化学生对这份职业的信念，形成初步的幼儿英语教师专业情意。入职后，对新任幼儿英语教师提供相应的培训实践，让他们对这份职业拥有持久稳定的情感。其次，营造良好的校园文化，创建幼儿英语教师成长的环境。具体来说，学校要从物质文化、精神文化和制度文化三方面体现出"以师文本"的理念，让幼儿英语教师在工作中找到职业认同感、归属感和成就感，愿意奉献他们的精力与时间到幼儿教学中。再次，建立科学合理的竞争机制、创建教师专业发展平台。竞争既能唤醒幼儿英语教师的内在动机与热情，又能让他们在竞争中保持良好的教学状态。最后，采取幼儿英语培训、专题讲座、外出进修等学习形式，以保证教师专业发展途径的多样性。

（二）培养"英语+学前教育"的复合型学前英语教育师资

20世纪90年代，《关于外语专业面向21世纪本科教育改革的若干意见》的颁布标志着复合型外语人才培养的共识和模式探索逐渐成熟。多数外语学院根据社会经济发展的需求，从自身学校发展的实际出发，形成了六种复合型外语人才培养模式：（1）外语+专业知识；（2）外语+专业方向；（3）外语+专业；（4）专业+外语；（5）非通用语种+英语；（6）双学位。对于学前教育英语师资的培养，我们可以采用"外语+专业"的模式，即"英语+学前教育"的模式。在这个模式下，以英语教学质量为前提，强化学前教育教学。课程设置由英语课程、学前教育课程和艺术教育课程组成。在英语课程中，重点培养正确的语音语调以及良好的听说能力；学前教育课程板块以幼儿技能为重点，并持续开设幼儿教育活动和幼儿英语活动设计两门课；而艺术课程板块则以弹、唱能力为重点，持续开设钢琴、声乐、舞蹈等课程。在实际的教学实施中要注重三者之间的有机组合，培养社会需要的学前英语教育师资。

（三）培养学前英语教师的教学、科研能力

幼儿教师的教学科研能力具有实用性、广泛性、实践性、操作性的特点。基于此，这里就培养学前英语教师的教学、科研能力提出几点建议。首先，加强幼儿英语教师教育科研意识的培养。现今社会客观上要求教师具有教学研究意识与能力。学前英语教师在教学实践中应努力发现学前儿童的成长问题，把问题转化成研究课题，并将研究成果运用到教学过程中，实现科研结果与实际应用相结合，指导自身教学向着科学合理化方向发展。其次，营造良好的科研团队氛围。我们不要求所有教师都具有较高的科研能力，但是应该具备较强的教研团队协作意识。学校可以成立科研帮扶制度，发挥老中青相结合的优势，以科研带头人为中心，按教学、科研能力进行相关责任分配，确保人人都有参与科研课题的机会，实现在科研活动中得到锻炼和进步。最后，建立奖励机制，激发教师教研的热情。科学合理的奖励机制是激发教师教研热情的前提。因此学校可以举办各种教学竞赛、科研评比等活动来达到调动全体教师教学研究、科学研究积极性的目的。

四　结语

总之，学前英语教师的素质在幼儿英语教学中起着关键作用。合格的幼儿英语教师必须具备较高的专业情意、英语语言基础知识、学前教育知识以及一定的科研能力。只有达到英语复合型人才的标准，

才能使学前英语教育的质量得到保证,才能探索出学前英语教育的发展规律,推动学前英语教育事业的发展。本文所述望能对学前英语师资的培养提供一定的参考。

参考文献:

杨枫、孙凌:《关于大学英语教学 ESP 论的一点思考》,《外语教学理论与实践》2013 年第 3 期。

蔡基刚:《ESP 与我国大学英语教学发展方向》,《外语界》2004 年第 2 期。

高战荣:《国外 ESP 教师教育对我国大学英语教师知识发展的启示》,《外国教育研究》2012 年第 4 期。

冯晓霞、蔡迎旗:《我国幼儿园教师队伍现状分析与政策建议》,《人民教育》2007 年第 11 期。

严玲:《专门用途英语课程建构》,中国传媒大学出版社 2011 年版。

文雪:《教师的教育信念及其养成》,《当代教育科学》2010 年第 9 期。

王淑芬:《论教师专业情意及其培养》,《江苏教育研究》2010 年第 34 期。

傅道春:《教师的成长与发展》,教育科学出版社 2011 年版。

冉玉霞:《新课程背景下的教师专业情意体现探析》,《牡丹江教育学院学报》2006 年第 5 期。

戴炜栋:《高校外语专业教育发展报告(1978—2008)》,上海外语教育出版社 2008 年版。

汤丹:《学前英语教育师资培养的特殊性》,《学前教育研究》2008 年第 7 期。

罗志慧:《浅谈现代幼儿教师教育科研能力的培养》,《邵阳学院学报》2005 年第 2 期。

方志刚:《教师教学科研能力的提升策略研究》,《教育教学论坛》2014 年第 50 期。

农村教师补充政策演变及优化路径

林 琳[*]

从一般意义上说,农村教师补充指的是根据农村教育的实际发展需求,为农村学校补充合格资质的教师。农村教师补充并非只指招聘环节,还涉及教师的培养和保留等阶段,强调对优秀人才的"吸引"。联合国教科文组织(UNESCO)认为,乡村公共教育以乡村地区的基础义务教育为主,还包括技术教育、职业教育和成人教育。加大对乡村地区的基础教育服务力度,无论是对国家经济和社会发展,还是教育振兴都具有深刻的意义。

一 我国农村教师补充政策的时期划分

(一)改革开放初期以民办教师为中心的农村教师补充政策的建构

中华人民共和国成立后,全国学校规模逐渐扩大,极速增长的教师需求大大超过各类院校培育的合格教师数量,教师十分匮乏,农村的匮乏程度更为严重。正是在这一时期,农村地区开始招收民办教师。民办教师的身份是农民,一般具有教育主管部门授予的"民办教师任用证",受聘于国家或集体举办的普通中小学,民办教师依法享

---

[*] 林琳:四川师范大学在读硕士研究生,研究方向:教师教育。

受国家补助,并由所在工作的学校支付工资。在随后的"大跃进"和"文化大革命"期间由于盲目跃进和随意发展,农村民办教师队伍的问题更加突出,民办教师的文化水平普遍不高,教学质量和教育效果不佳。因此,国家开始意识到必须调整和构建农村教师补充政策。

1978年《关于加强中小学教师队伍管理工作的意见》对民办教师的选用做了进一步指示,在用人对象上要求德才兼备,任人唯贤,任用过程需要大队和学校的提名,公社举荐,最终由县教育部门审批合格后才发给任用证书。此政策是为了改变当时学校、大队、公社都可以聘任民办教师的现象,所以将民办教师的管理权限调到了县级教育行政部门。1981年10月,教育部采纳地区的优秀经验,转发《河北省关于整顿民办教师队伍经验的通知》,此政策的出台在一定程度上明晰了该时期民办教师的补充程序和标准,还针对不合格民办教师,提出了相应的处理办法,这在一定程度上提升了民办教师群体的教学质量。1986年发布的《从中小学民办教师选招公办教师专项劳动指标的通知》要求各农村地区停止招收民办教师,意味着从政策上终止了农村地区的民办教师。

(二)以师范院校分配为主的农村教师补充政策建构

1983年5月《关于加强和改革农村学校教育若干问题的通知》规定,有关高等学校要支持农村地区办学,输送专门人才到农村各级各类学校任教。伴随着经济体制改革,1985年颁发《中共中央关于教育体制改革的决定》,开始改革教育体制,指出不仅师范院校的毕业生要分配到初等和中等学校任教,其他高等学校也应有为基础教育服务的思想,分配一部分毕业生到农村学校工作。农村教师补充的主要方式发生了变化,开始由师范院校毕业生分配担任,然而这一政策开始时并未得到成功执行,因为当时我国高等院校人才匮乏,只有极少数的大专毕业生能分配到农村学校任教,在中专院校恢复办学秩序后,毕业生的数量增加,师范院校分配的毕业生逐渐成为农村教师的主要来源。

随着我国经济社会的进一步改革和发展，在市场经济的时代大背景下，"国家计划，统招统分"的制度开始动摇。国家出台了相应的政策，开始改革教师分配制度，比如1993年的《中国教育改革和发展纲要》要求教师分配制度向录用考核制度转型。同年的《中华人民共和国教师法》较为侧重于教师基本政策体系的建立，首次以法律的形式对教师资格和教师聘任予以规定，结束了我国大中专院校实行的"国家计划，统招统分"制度。此次转型遇到了与上次转型同样的困难，因为师范院校毕业的人数仍少于实际需求人数，严重影响了政策的实施。

（三）以专设项目为主要手段的农村教师补充政策建构

21世纪，师范教育得到了良好发展，师范毕业生的增加推动了教师统一招录考试的制度化。2005年人事部发布《事业单位公开招聘人员暂行规定》，除特殊情况外，各级公办学校和事业单位都必须以公开招聘的形式引进人员。从此，统一招录考试成为农村教师补充的主要来源。

由于农村地方远、条件差、工资待遇不高等众多因素的影响，农村学校对社会人士和毕业生的吸引力较弱，公开招聘的报考人数远远不能满足乡村教学的需要，乡村教育的师资不足再次成为首要问题。2003年《国务院关于进一步加强农村教育工作的决定》，明确农村教育在教育工作和全面建设小康社会中的重要地位，各级政府保障农村义务教育投入，省级人民政府要统筹安排，确保农村中小学教职工工资按时足额发放。此外，国家为农村教师队伍的补充开辟了多样化渠道，从政策上出台了多个专项招录计划，以吸引更多优秀的社会人士来农村执教。例如，2006年3月，多部委联合发布《关于组织开展高校毕业生到农村基层从事支教、支农、支医和扶贫工作的通知》，组织高校毕业生前往农村支教。

2006年5月，多部委联合下发《关于实施农村义务教育阶段学校教师特设岗位计划的通知》，以公开招募的方式，引导和鼓励本科和专科毕业生到西部"两基"攻坚县以下农村义务教育阶段学校任教，简称"特岗计划"。全国多省份相继开始实施该计划，在较大程度上增加了农村教师数量，为农村教师群体输送了"新鲜血液"。2007年，国家又推行"免费师范生"计划，国务院颁布《转发教育部等部门关于教育部直属师范大学师范生免费教育实施办法（试行）的通知》，在六所部署师范大学进行试点，由中央财政安排免费师范生在学校期间的学费、住宿费，并补助生活费，规定免费师范生毕业后应先到农村义务教育学校任教二年。为了提升农村教师的师资水平，2010年，教育部决定实施"农村学校教育硕士师资培养计划"，将"硕师计划"与"特岗计划"紧密结合。2011年教育部办公厅印发《关于做好2011年特岗教师在职攻读教育硕士工作的通知》，开展特岗教师在农村学校服务三年期满后，可以在职学习研究生课程，攻读教育硕士专业学位。为了克服农村偏远地区招师难的问题，教师补充向农村倾斜成为主要政策方向。

尽管国家从政策上加大了向农村地区输送教师的力度，然而多数优秀教师主观上并不想去农村等偏远地区任教。以免费师范生为例。教育部直属师范院校和省级师范院校代表了我国或省级师范生的最高水平，毕业于这些院校的免费师范生对他们的就业期待很高，只有极少数的人愿意去农村任教。有学者曾经以华东师范大学免费师范生为对象，进行关于毕业后就业地的意向调查，结果显示，2011年和2012年两届免费师范生中59%的学生将生源地的省会作为就业地，70%的学生希望任教国家级或省级示范学校。与上述情况相似，由华中师范大学完成的一项调查显示，首届免费师范生近90%的学生想在城市就业，仅有2%的学生愿意去农村任教。免费师范生实际就业状况则更能说明问题。据统计，2011—2014年，山东省免费师范生中仅有15%左右的学生选择到农村中小学就业。数据显示，2011年全国16个省区的首届免费师范毕业生共有4480名，90%以上的毕业生到了中西部地区的中小学工作，只有199名（占4.44%）明确到农村中小学任教。

（四）以专项补助保障农村教师补充政策的建构

发展乡村教育，教师队伍是关键，政策是保障。2010年7月《国家中长期教育改革和发展规划纲要（2010—2020年）》规定，要吸引更多的优秀人才到农村任教，必须创新农村教师补充政策机制。乡村教师政策关系着教师的切身利益，是乡村教师队伍建设的保障，同时也是乡村教育事业发展的关键。2012年，《国务院关于深入推进义务教育均衡发展的意见》要求从改善教师资源的初次配置着手，对村小学和教学点在工资、职称、编制上予以倾斜，维护农村教师社会保障权益。

2012年《国务院关于加强教师队伍建设的意见》采取职务（职称）晋升、工资等倾斜政策，引导和激励优秀人才到村小、教学点从教。同年12月，五部委印发了《关于大力推进农村义务教育教师队伍建设的意见》，以新进教师公开招聘制度，结合省级统筹的方式，规范招聘程序和条件，推进各省实施地方特岗计划，探索建立吸引高校毕业生到农村基层和艰苦边远地区工作的新机制。在接下来的一年里，国家以差异性补助的方式，提升偏远地区教师的工资待遇，以吸引优秀人才到贫困地区任教。2013年1月23日，《教育部2013年工作要点》研究制订集中连片特困地区乡村教师补助计划，完善农村教师特岗计划，以提高对边远贫困地区、边疆民族地区和革命老区的人才支持。教育部《关于2013年深化教育领域综合改革的意见》要求建立健全教育资源配置机制，重点向农村、边远、贫困、民族地区倾斜。从教师管理制度着手，设立专项资金，大幅度提高教师待遇，吸引优秀人才在村小和教学点长期从教。

二　我国农村教师补充面临的问题

《国务院办公厅关于印发乡村教师支持计划（2015—2020年）的

通知》指出，到 2020 年我国要基本实现教育现代化的总目标。要实现这一教育总目标就必须克服我国教育发展的薄弱环节，中西部老少边穷岛等边远贫困地区的教育落后正是短板所在。要发展这类地区的教育，乡村教师队伍建设是关键。然而，因城乡发展二元化的影响，乡村教师队伍存在补充结构不合理，农村教师待遇低，教师流失严重等问题。

（一）补充结构的不合理

数量不足和教师学科结构单一是农村教师补充结构方面的主要问题。一是数量不足，从招聘的数量上看，并不能满足农村地区对教师的实际需要，现今影响农村教师招聘数量的主要有两个原因：第一，编制不够。"无编可补"通常会引发不能通过正常渠道招聘、引进教师的现象，虽然特岗教师入职后的前三年为服务期，还没有编制，但能对"无编可补"加以一定程度的缓和。第二，应聘人数不多，或质量不达标，致使不能招聘到所需要的人数。例如，一乡村地区的实际需求是 769 名教师，然而只招聘到 239 名，远远不能满足人数需求。笔者在农村中学工作的时候对此就深有感触，在县特岗教师的招聘过程中，应聘人数少于招聘所需要的数量，从而无法完成招聘计划。二是学科结构单一。例如有些地区农村教师大多分布在语文、数学、物理、化学四大传统科目上，在新课改的背景下，国家从课时和课程种类上对各校的课程结构提出要求，学校必须开设音乐、体育、美术等课程，以满足学生的成长发展需要。然而，农村偏远学校严重缺乏这类老师，只能由数学、语文或其他学科的老师代替，但由于教学专业不同，教学质量普遍偏低，不仅额外增加了老师的课时和教学压力，使老师疲惫不堪，还会影响学校的办学和教学质量。

（二）农村教师补偿待遇低，形式略显单一

虽然有多项政策提出了对免费师范生计划、特岗计划以及农村教育硕士培养计划的补偿和优惠，对在中西部偏远地区任教的老师设有

专项鼓励资金，但这些补偿和优惠还是有限的。比如，《教育部关于做好为农村高中培养教育硕士师资工作的通知》规定，农村高中教师需要在农村高中服务5年后，才有资格报名免试免学费就读高中教育硕士。他们有机会参与"农村学校教育硕士师资培养计划"，但实际上计划分到每县的名额只有两个人左右，能读教育硕士的概率并不大。再如，特岗教师在三年服务期间，虽然享受国家财政统发工资和偏远地区补贴，但各地区给予的社会保障补贴有差异性，这些补贴与城市教师待遇相比也有明显的差距，并且在服务期间也不能和有编制的农村教师一样领取年终目标奖。除此之外，相较于国外多样化的补偿，我国农村教师的补偿形式略显单一。缺少对非货币补偿的考虑，比如教师们比较看重的子女教育资助和优惠、荣誉称号授予等。

（三）农村教师职业吸引力弱，教师流失严重

在"离农"和"向城"观念的影响下，我国教师流动呈现出明显的"向城性"单向流动。农村教师的流失分为两类：一是教育体制内的行内流动，比如乡村教师涌向县城学校，县级教师流向市级城市学校。二是教育体制外的行外流失，一般来说，大部分教师都乐意转向公务员职业。影响农村教师流失的因素有许多，比如工资待遇低，生活环境不好，职业发展前途渺茫等。农村教师流失，尤其是骨干教师的流失，反过来加剧了农村优秀教师的缺失和教师学科不合理现象。

三 我国农村教师补充政策优化路径

（一）加强本地定向培养

从补充途径来说，特岗教师是当前我国农村教师的主要来源，但教师流失问题也很严重。研究结果显示，待遇低和离家远是促成农村教师离职的首要因素。本地培养的优势表现在能招募到了解本地传统文化、对该地有浓厚的情感归属且可以长期生活在本地区而从事教育

工作的人。目前，我国广西、湖南等地开始尝试和探索培养本地农村教师，已取得一定的成效。日后，其他地区可以借鉴已有的优秀经验，完善和改进试行地的不足，优化内部结构（性别结构、学科专业结构），扩大培养规模，让本地教师逐渐成为农村教师补充的主体。整合其他的补充渠道，建立始于农村地区学校实际需要的教师补充途径。

（二）加强区内教师流动

要实现城乡义务教育均衡发展，均衡配置教育资源是关键。研究并借鉴国外的先进做法无疑具有重大的现实意义。在亚洲，先后有日本和韩国为改善城乡中小学教育差距问题，实施了教师定期流动制。日本京都教委会制定的《公立中小学教师定期轮岗纲要》把东京都按教育发展状况分为 ABCD 四大学区，D 区学校一般都是比较偏僻，条件较差的岛区，教育也相对落后。纲要对每一学区的教师任教年限做了规定，新教师的首次轮岗必须在偏僻的 D 区学校开始。20 世纪 70 年代，韩国开始实行基础义务教育教师"互换制度"，从法律上保障中小学教师的定期流动机制，确保城乡地区间教师资源配置和教育质量的均衡发展。中小学教师在本地的定期流动互换，紧密地联系城乡两大教师群体，从而避免呈现偏远地区师资紧缺的这一严重现象。

（三）落实退出机制，扩展乡村教师补充空间

教师补充和教师退出是一个完整的动态过程，在政策上农村教师退出机制的缺失，必然会影响农村教师的进入，尤其是对于师资质量偏弱，教师学科分配不合理的农村教育来说，其影响不容小觑。农村学校的编制本身就不足，教育主管部门要及时清退在编不在岗的教师，将其占用的编制腾出来给新教师，建议农村学校单独设立教育行政岗和会计岗，让行政人员不得占用教师岗位编制。还要落实教师退出机制，将不胜任教学的教师调配去非教学岗位，让有能力的人上岗，对不合格的教育人员必须清退，学校之间可以实施教师轮岗或转

岗，以改善学校的教师不足或学科结构不合理现象。

（四）采取差异化管理，增强乡村教师职业吸引力

城乡之间因所处地区不同，其工作量与工作环境大有差异。要增强乡村教师的职业吸引力，调动农村教师的积极性，就需要采取差异化的管理方式，结合乡村的实际情况做出决策，以更好地开展农村偏远地区教师的补充工作。

在评价方面，教育主管部门应注重城乡教师之间的差异化管理。为了能更好地调动农村教师工作的积极性，应该对农村教师运用不同的评价方式，在教育教学业绩上给予相应的评价与指导。

对农村教师的职后培训也要有别于城区学校。首先，从农村教师的现实需求出发，结合当地农村教师的特色制定培训计划，定期为农村教师提供专业培训，改进其知识结构和提升其研究能力。也可以建立师范院校和乡村中小学合作培养模式，让在校大学生以支教形式服务基层，让农村教师有机会走进大学，与职前教师交流，深化其教育理论知识，加快其自身专业发展。

在待遇方面，应强化管理已有的差别化补助，确保补助政策能实施到位，尽量在薪金总量上与城市地区基本均等，根据已有研究，在农村偏远地区发展环境中不利因素越多，给予当地教师的补偿额度就应越大。同时还可以采取多种非货币补偿结合的形式，如对农村教师子女的教育提供资助和给予优惠，授予其荣誉称号，职称评聘上给予政策倾斜，等等。

最后，改善农村办学环境，提升办学条件。农村地区与城镇的办学资源差距较大，导致大多数毕业生在就业时更倾向于选择城镇地区。有研究发现，农村发展不利因素与农村教师补充效果之间存在负相关关系，也就是农村发展的不利因素越多，去农村学校任教的人数就越少。因此改善农村学校办学的硬性条件有利于农村教师的补充。

参考文献：

王献玲：《中国民办教师始末研究》，博士学位论文，浙江大学，2005年。

孟旭、马书义：《中国民办教师现象透视》，广西教育出版社1999年版。

《教育部关于加强中小学教师队伍管理工作的意见》，http：//www.chinalawedu.com/falvfagui/fg22598/1674.shtml。

《国务院关于加强和改革农村学校教育若干问题的通知》，http：//www.chinalawedu.com/falvfagui/fg22598/11815.shtm。

《中共中央关于教育体制改革的决定》，http：//old.moe.gov.cn/publicfiles/business/htmlfiles/moe/moe_177/200407/2482.html。

张世辉、周鸿：《农村教师补充与退出机制的研究综述》，《教育学术月刊》2009年第10期。

《中国教育改革和发展纲要》，http：//old.moe.gov.cn/publicfiles/business/htmlfiles/moe/moe_177/200407/2484.html。

《中华人民共和国教师法》，http：//www.moe.edu.cn/s78/A02/zfs__left/s5911/moe_619/tnull_1314.html。

《事业单位公开招聘人员暂行规定》，http：//sydw.offcn.com/2011/1104/14266.html。

《国务院关于进一步加强农村教育工作的决定》，http：//www.moe.edu.cn/jyb_xxgk/gk_gbgg/moe_0/moe_9/moe_38/tnull_89.html。

《关于组织开展高校毕业生到农村基层从事支教、支农、支医和扶贫工作的通知》，http：//www.offcn.com/zhaokao/zcfg/2011/01/26/27569.html。

《农村义务教育阶段学校教师特设岗位计划》，https：//baike.so.com/doc/6533043-6746781.html。

《国务院办公厅转发教育部等部门关于教育部直属师范大学师范生免费教育实施办法（试行）的通知》，http：//www.gov.cn/zwgk/2007-05/14/content_614039.htm。

《关于做好2011年特岗教师在职攻读教育硕士工作的通知》，http：//www.xjbtedu.cn/ReadNews.asp?id=2023。

何颖、王乃一：《免费师范生就业状况与求职心态对比研究——基于华东师范大学2011届、2012届免费师范生的调查》，《上海教育科研》2014年第3期。

甘丽华、党波涛：《首届免费师范生仅2%愿去农村》，《中国青年报》2011

年3月12日第3版。

魏海政:《山东:仅15%免费师范生去农村任教》,《中国教育报》2015年3月30日第3版。

刘锦:《陕西首届免费师范生调查:人下去了心能留多久》,《陕西日报》2011年11月16日。

《国务院关于深入推进义务教育均衡发展的意见》,http://www.moe.edu.cn/jyb_xwfb/xw_zt/moe_357/jyzt_2016nztzl/ztzl_xyncs/ztzl_xy_zcfg/201701/t20170117_295047.html。

《国务院关于加强教师队伍建设的意见》,http://old.moe.gov.cn//public-files/business/htmlfiles/moe/moe_1778/201209/141772.html。

《教育部2013年工作要点》,http://www.eol.cn/html/g/2013jygz/。

《教育部关于2013年深化教育领域综合改革的意见》,http://www.gov.cn/gzdt/2013-03/01/content_2342987.htm,2013-03-01。

《国务院办公厅关于印发乡村教师支持计划(2015—2020年)的通知》,http://daxue.163.com/15/0608/10/ARJ5A3E1009163JD_all.html,201-06-08。

谢亚斌:《Y市农村教师补充与稳定问题及其对策》,学位论文,中南大学,2009年。

孙德冲、周晔:《西北农村中小学教师队伍结构现状、问题与对策研究——基于甘肃省C县的调查》,《教育导刊》2015年第7期。

卢锦珍、李玲:《国外教师招聘补偿差异研究对我国农村教师补充的启示》,《内蒙古师范大学学报》(教育科学版)2013年第4期。

李春生:《日本的教师队伍建设情况》,《基础教育参考》2014年第3期。

张允公:《韩国教师城乡互换制度的启示》,《光明日报》2004年12月8日第3版。

李玲、卢锦珍、李婷:《西部农村教师补充的模型构建与实证分析——基于补偿性工资差别理论的视角》,《教师教育研究》2015年第6期。

幼儿教师专业发展的问题分析与应对策略

冯静 牟洪贵[*]

随着学前教育事业改革的发展，提升教师专业素质是近年来幼儿教育改革的热点和难点问题，这也是教师和幼儿发展的迫切需要。在我国，幼儿教师一直是教师队伍中学历相对较低的群体。虽然学历的高低并不等同于专业素质的高低，但是国家对教师的学历要求以及教师专业发展的要求做了强调，也反映出当前提高我国幼儿教师发展状况的迫切要求。《幼儿园教育指导纲要（试行）》指出：教师在教育过程中应成为幼儿学习活动的支持者、合作者、引导者，这标志着学前教育进入了一个新的阶段。纲要颁布至今已近10年，幼儿教师的专业素质是否有了大幅度的提升，产生了哪些促进幼儿教师专业发展的新方式？一线幼儿教师又是如何看待这些方式的？本文在对这些问题进入深入分析的基础上探索出科学的途径、方法和策略，为幼儿教育教师专业的发展提供有益借鉴。

一 文献综述

随着国内外教师教育改革的逐步深入，幼儿教师专业发展已经成

---

[*] 冯静：川南幼儿师范高等专科学校助教，研究方向：幼儿教育。牟洪贵：川南幼儿师范高等专科学校副教授，研究方向：幼儿教育。

为当前促进幼儿教育专业化和提升幼儿教师整体素质的关键因素。同时,幼儿园教师专业发展问题得到广大教育工作者的高度关注。近年来,关于幼儿教师专业发展的研究主要集中在幼儿教师专业素质、专业发展阶段等方面。

(一) 关于幼儿教师专业素质的研究

在纲要提出的幼儿教师专业素质中,幼儿教师应全面了解儿童的身心发展情况,研究者逐渐将目光转到新时期对幼儿教师专业素质的新的要求上,从专业素质的某个方面较深入地阐述幼儿教师的专业素质,主要包括思想道德素质、知识结构和能力、文化素质等,这方面的文献较多。还有学者提出,幼儿教师的综合能力、沟通能力、利用现代多媒体手段的能力在一定程度上相对欠缺。

(二) 关于幼儿教师专业发展阶段的研究

对于幼儿教师专业发展阶段,我国的相关研究文献相对较少,主要还是引用国外的研究成果,借鉴其观点和研究方法。美国学前教育专家凯茨以美国的学前教师为对象,针对学前教师的专业需求与成长进行划分,将教师的专业成长分为四个阶段:生存阶段、巩固阶段、更新阶段、成熟阶段,并概括出每一阶段教师专业成长的重点,强调通过满足教师的专业训练需求来促进教师的专业成长,并且提出了幼儿教师能力提升在不同阶段应具备的特征和侧重点,为制定幼儿教师全面发展计划提供了指导和依据。

综上所述,幼儿教师专业发展越来越强调综合能力的提升,应加强幼儿教师个体与群体共同发展的相关研究。教师个体作为社会角色,其专业发展离不开周围教师、管理者的作用,而在实践中幼儿园优秀老教师作为新教师成长的资源,怎样更好地有效发挥其重要作用仍然有待研究。根据相关文献,我国学者主要从教师社会化的角度对幼儿教师的发展阶段进行研究,起于适应阶段,终于成熟阶段。当今社会是终身学习型社会,对成熟型幼儿教师提出了更高的要求,更加重视对幼儿教师专业化发展的研究，把专业发展问题的研究进行细化，并且加以改进和创新。

二　问题与分析

通过文献查阅和调查研究，目前我国幼儿教师专业发展主要存在以下问题。

（一）学历普遍偏低，社会认可度不高

我国教师法规定，幼儿教师只需具备幼儿师范毕业及其以上学历，可见，我国关于幼儿教师的从教标准相对偏低，即使这样低的要求，也有相当一部分幼儿教师未达标，这种情况在农村和民办幼儿园中是十分普遍的。对幼儿教师整体素质的要求不高，造成了社会对幼儿教师职业的认可度不高。

（二）专业自主意识不强，自主权较低

作为学前教育专业本身，幼儿教师在专业活动中应具有自主权，如设计教学活动方案，针对幼儿差异开展个别教育，与不同类型家长沟通以及参与幼儿园管理、课程建设等。但实际情况是来自公共行政权力的压力，以及幼儿教师自身对专业内涵、标准、自主权认识的模糊，使得幼儿教师在专业行为中更多地表现出依赖专家，服从教育行政部门的指令，受制于家长。这反过来又严重制约了幼儿教师对自身专业素质提高的重视，不能自觉实践其专业自主权。

（三）综合素质不够高，从教能力不够强

近几年来，幼教机构的职能开始转向保教并重，这一发展对从教者的专业素养提出了较高的要求，但是幼儿园教师队伍专业素质的提升并未取得十分明显的效果。当前幼儿教师对幼儿依旧是要求得多，倾听关注得少；观察力相对欠缺，与幼儿的情感交流也极其缺乏，无法体现幼儿教师专业的"不可替代性",因此不管是教育还是保育工作,其专业化都未能得到充分的体现。

三 应对策略

(一) 重视对幼儿教师队伍的规划和建设

首先,政府应将幼儿教师纳入国家统一的教师资质管理系统,使幼儿教师在社会地位、经济收入、身份编制、职称评聘、在职培训等方面真正享有与中小学教师同等的权利。其次,应严格依照我国幼儿教育相关条例和要求,合理增加幼儿教师编制,特别是农村乡镇中心幼儿园教师编制。最后,应健全幼儿教师管理制度,进一步推进幼儿教师资格准入制度、聘任制度与职务制度的建设。这既有助于提高幼儿教师的社会地位,又能有效促进幼儿教师的专业发展。为此,应严格幼儿园教师资格证评审制度,在学历和技能等方面提高要求,确保幼儿教师基本素质的合格,优化教师队伍结构,提升专业化水平。

(二) 整合资源以提高教师专业性培养的有效性

教师职业不同于一般职业,其劳动是复杂的脑力劳动,具有极大的创造性和灵活性。教师专业成长的最佳方式是在其工作岗位上、在常态的教育环境中发现问题、提出问题、分析问题、解决问题,继而获得专业成长。因此,开展园本教研,实现教学研究与教学实践一体化尤为重要。然而,任何一个幼儿园拥有的资源都是极其有限的,需要政府发挥管理的职能,将高校教师、各级教研员、一线骨干教师、特级教师等资源整合起来,组成专家团队,为幼儿园园本教研的深入开展提供强有力的智力支持和专业引领保障。同时,可以在区域内园与园之间、跨区域园与园之间建立协作园或协作区的关系,开展手拉手教学帮扶活动、园本教研现场研讨活动、经验展示交流活动等,由此形成区域联动制度,实现"强弱互补,资源共享,交互引领,双赢共好"的目标。

（三）完善幼教专业成长机制

完善幼教专业，建立健全管理机制。幼儿园教师专业成长是一项系统的经常性工作，必须建立健全相关的工作管理机制，以机制教育人，完善人文激励管理机制，为促进幼儿园教师专业成长提供制度保证。通过专家名师指导引进新的教学理念、教学方法、学习方法和教学实践；根据实际情况，以园本教研为中心，采取短期培训、专家讲座等学习方式，提高教师的专业素质和综合能力，开展"传、帮、带""一对一"活动，提升教师整体队伍的综合素质能力。

四 结语

随着幼儿教育改革的深入，对幼儿教师素质的要求越来越高，幼儿教师专业化不断面临着新的形势和问题，这就需要广大幼儿教育工作者不断探索，不断研究，不断创新，为幼儿教师培养和幼儿教师事业贡献新的力量。

参考文献：

《幼儿园教育指导纲要（试行）》，北京师范大学出版社2001年版。

常宏：《幼儿教师的专业成长与发展阶段》，《早期教育》2004年第3期。

但菲、王红艳、吴琳：《高素质幼儿教师的培养与教师的专业化发展》，《学前教育研究》2006年第4期。

陈琴、庞丽娟、许晓晖：《论教师专业化》，《教育理论与实践》2002年第1期。

秦旭芳、庞丽娟：《略论21世纪幼儿教师的培养目标与培养模式及原则》，《学前教育研究》2001年第2期。

蒋建其：《论政府在幼儿教师专业化进程中的作用》，《早期教育》2007年第7期。

彭兵：《幼儿教师专业成长的主要障碍及对策》，《学前教育研究》2004年第11期。

浅谈幼儿教师失范行为及干预对策

余传丽[*]

学前教育是教育体系里的一个组成部分，对幼儿教师数量的需求急剧增加，从而使幼儿教师队伍质量参差不齐，隐藏着众多失范行为。幼儿教师失范行为不仅严重影响教师的身心健康、人际关系，也会影响学前教育的前景，还会直接或间接地影响孩子的自尊心、自信心以及健全人格与好的品德的形成。因此，对幼儿教师失范行为从社会、教师自身、幼儿园方面进行分析和研究，不仅可以给幼儿教师队伍的建设提供现实的参照，而且对幼儿教育教学质量的提高和幼儿身心发展具有重要的意义。孩子正处于人格形成的初级阶段，教师的失范行为对孩子的影响不容忽视。

一 教师失范行为突出的表现和影响

"失范"一词源于希腊文，最初是指亵渎神。根据法国社会学家杜尔克姆的解释，失范"是一种无规范现况，或是社会准则的缺乏和含糊不清"。幼儿教师的失范行为可以理解为不符合教育规范范畴中的"正常行为"，与教育的"正常行为"相悖。凡是与教育规范不符合、不一致、不协调的行为，被统称为"失范行为"，不包括教师的

---

[*] 余传丽：川南幼儿师范高等专科学校讲师，研究方向：幼儿教育。

违法、犯罪行为。

幼儿教师的失范行为在幼儿园的表现是多种多样的，据调研分析，有四种典型的幼儿教师失范行为，分别是语言失范行为、价值取向失范行为、情感型失范行为及因个体自身缺陷而造成的失范行为。

（一）教师的语言失范

幼儿教师的语言失范表现在教师对孩子的讽刺、嘲笑、侮辱、恐吓、谩骂等上。结合笔者的实习经历来看，当前幼儿教师的"语言失范"可归纳为讽刺挖苦型、谩骂侮辱型、粗暴恐吓型三类。

讽刺挖苦型：你这么笨，自己都做不来，还上来领操，真的笨死啦！你看你的画，怎么可以乱画，对你无语呀。

谩骂侮辱型：你们整天跟白痴似的！我教你们多少遍了，你们就是不会唱，没长脑子啊，脑子进水啦。还不给我睡觉，整天就像老鼠一样，叽叽叽叽发出噪声。

粗暴恐吓型：还不坐好，再不坐好我就把你送到别的班去，再不听话就把你送到园长那里去。

幼儿教师的语言失范是对幼儿的一种"软体罚"。

（二）教师的价值取向失范

教师价值取向失范表现在职业动机弱和自我效应感差方面。自我效应感（self-efficacy）这一概念是由美国社会心理学家班杜拉最早提出来的，是指对人是否能够成功地进行某一行为的主观判断。自我效应感差的教师就会出现紧张不安、信心不足，不能积极投入幼儿教育事业中。久而久之，教师会迷失自我价值的方向，导致教师出现失范行为。

（三）教师的情感型失范

教师的情感型失范主要是随着社会的转型，教师的职业道德观发生变化，为了满足教育者生理、心理和情感的需要而产生的失范行为，相反，情感型失范行为会严重打击孩子的自信心和危害孩子的人格，教师的某种不良语言、行为、眼神会给孩子的自信心带来影响。

（四）教师自身的缺陷导致的失范

一个健康的人应当包括身体健康、心理健康、社会适应良好、道德健康四方面，教师的健康亦是如此。教师没有一个健康的心理状态，处理问题容易走极端，无法接受与其相悖的事情。部分教师的身体出现了问题就不能正常运行日常生活和职业劳动，社会适应能力弱的教师在面对复杂的社会环境时，往往会失去方向。部分教师过分偏激、苛刻，会放大孩子的失范行为。因为现在隔代教育比较普遍，所以孩子身上会出现不同的失范行为，比如爱动、爱说话、爱吮吸手指等一些坏毛病。幼儿教师会对小朋友的这些毛病加以放大，影响了幼儿的自尊和健全的人格。

二 幼儿教师失范行为的归因分析

"国家的振兴在于教育，教育的振兴在于教师。"教师在教育中处于核心地位，所以对教师的要求应是比较严格的，但在当前的学前教育中幼儿教师的失范行为在教学现象中屡见不鲜，到底存在哪些原因呢？

教师的失范行为是一种外部归因的综合，应从社会和幼儿园的外部加以归因分析。一是教育作为社会中的一个子系统，教师受到社会的不良影响而产生失范行为。二是幼儿园管理中所存在的种种不公平现象，会导致幼儿教师的失范行为。

三 幼儿教师失范行为的控制和调适策略

学前教育时期是为一个人的发展奠定基础的时期，温家宝总理曾做出批示："幼儿教育对于培养儿童的思想品质，养成良好的生活习惯，学习启蒙的文化知识，锻炼强健的体魄，具有重要意义。教育部门应该把幼儿教育放在重要位置，给予高度重视，国家的未来和希望最终寄托在他们身上。"所以幼儿教师的失范行为，会影响幼儿身心的健康，影响教师的职业道德形象，影响国家的未来。幼儿教师失范行为的产生地是在幼儿园，因此特意强调要从幼儿园入手，针对教师失范行为从教师自身、社会、幼儿园方面采取一些宏观策略来控制教师失范行为的蔓延。

（一）社会方面

1. 整合社会规范，加强价值引导

社会规范是制约幼儿教师失范行为的必要条件，社会的转型使人们没有更好的标尺来约束其行为，造成行为的混乱，针对这些矛盾，我们要健全幼儿教师的职业道德标准。在市场经济条件下，社会提倡教师价值取向的多样化，但是这种多样化没有社会主导价值观的引导就会产现混乱。我们要正确地引导教师的价值取向，通过媒体可以打击一些幼儿教师队伍中投机取巧的牟利行为，这样才能控制失范行为的蔓延。

2. 完善幼儿教育的改革体制

完善幼儿教育改革体制，一方面国家可以试着把幼儿教育纳入义务教育体系。我国的幼儿教育还没有得到大家的重视，与西方相比差距较大。把幼儿教育纳入义务教育中，可以得到社会和家长的重视，要加强宣传幼儿教育的重要性。另一方面健全幼儿教育的法律法规，完善教育中的社会监督机制，提高社会监督的实效，成立监督小组对学校教师的失范行为进行监督。这样就可以使幼儿教师得到社会的认可，使我们的幼儿教育源远流长。

3. 提高教师的社会竞争力，完善监督奖励机制

只有提高教师的社会竞争力，才能提高教师的社会地位。财富随地位的提高而增加，幼儿教育是教育中的基础教育，对一个国家的发展起着至关重要的作用。教育部门和学校要规范幼儿教育，规范幼儿

园的教育体制、办园宗旨、教师待遇。打破城乡结构二元化，要做到城乡一体化，对农村教师给予更多的补助。幼儿园应该多组织一些关于学前教育的研究，在权利方面也要教师参与管理和决策，使他们真正融入教育事业中，让他们拥有职业幸福感，并且把教育事业与他们的切身利益紧密联系起来。

4. 更新和完善幼儿教师的职业社会化机制

教师是决定教育质量的根本，让学前教育专家对幼儿教育进行职业指导和帮助他们内化职业道德，从而提高他们的专业知识和教育教学知识。这也体现了继续教育的需要。但是只有一部分教师接受这样的教育，组织机构应投入相应资金来展开再教育，以更新改善教师的专业知识和教学理念。

（二）幼儿教师个人方面

1. 完善自身知识结构

学者白益民认为，教师知识结构由五部分构成。幼儿教师也要不断完善自身的知识结构，从而提高自身的综合素质，要做一个有理想的幼儿教师，就要勤于学习、不断充实自我。让幼儿教师达到从"一桶水"到"长流水"的境界。知识结构的完善使得幼儿教师在教学上游刃有余，可以减少教师知识结构化的压力，还可以避免一些教师失范行为的出现。

2. 加强自身素质教育，对幼儿进行潜移默化的熏陶

叶圣陶在《习惯成自然》中指出："要有读书的能力，必须把书本打开，认认真真地读；要有文明礼貌的行为，必须走进环境，点点滴滴地熏陶。"一方面教师要加强自身的师德教育，达到规范化、制度化、常规化。与社会的规范一致，健全自身的人格。另一方面，教师要加强自身的素质修养，注重内涵，更新观念，不断矫正其失范行为。

3. 学会调节心理

"所谓的心理健康是指在微机体、智能以及情感上与他人的心理健康不相矛盾的范围内，将个人心境发展成最佳的状态。"一方面要

调整对教师的期望，社会要重视教育，幼儿教育既要重视教育又要重视保育，国家提倡教师在教学中培养孩子的创造力；另一方面教育部门要重视教师的心理问题，给予教师人文关怀，教师也要学会调节心理，懂得一些关于心理调节的保健知识。有一个积极健康的心理，这也是职业需要，有一个好的心态来对待教育，就可以减少教师的失范行为。

4. 树立正确的育人观

高尔基说过："爱孩子，这是母鸡也会的事，可是善于教育他们，这就是国家的一桩大事了，这需要有一定的才能和渊博的生活知识。"除了要有扎实的文化知识，在思想和生活上关爱儿童外，还要树立正确的育人观，对他们倾注真实感情，要做到"动之以情，深于父母。晓之以理，细如雨丝"。在思想上幼儿教师是祖国的工程师，教师的职责是培养对社会有用的人才。

5. 学会在教学探索中反思

教育的探索是从教师的反思开始的，教育的探索不需要高精的仪器，需要的是幼儿教师的一颗忠诚、明敏的心，需要教师用心去观察司空见惯的事物，需要教师反复打磨，不断咀嚼。常见的有反思日记、教育叙事、成长日记。

（三）幼儿园方面

1. 完善管理制度

幼儿园内部结构是复杂的，一个组织管理不规范的幼儿园，就无法走上正轨。幼儿园管理不规范是形成幼儿教师失范行为的原因之一。首先，幼儿园管理要民主化，要用"以人为本"的管理方法，调动教师的积极性。其次，要加强对教师队伍的整顿，可以促使教师爱岗敬业、无私奉献，形成良好师德，形成可持续发展的幼儿教师队伍。最后，要为教师提供制度、时间保证，提供丰富的教研资源，为教师提供发挥其能力的空间，为其提供不断创新、不断上进的空间。所以规章制度的制定要发扬民主，广泛听取教师们的意见和建议。

2. 优化幼儿园的环境

为幼儿教师创造一个优美的环境，把握好心理环境和物质环境的关系。多搞一些教研活动，这样可以让幼儿教师不断学习，不断进取。同时还要帮助幼儿教师认清其价值，在教学实践中反思，转变其教育观，提高教育的科学性和艺术性。

四 总结

教育家陶行知说："千教万教，教人求真；千学万学，学做真人。"时代变迁不能改变教育的真谛，改变的不是内涵而是幼儿教师。本文分析了幼儿教师失范行为的表现和影响，幼儿教师是幼儿在幼儿园依赖的主要对象，幼儿教师的失范行为会影响孩子的身心全面发展，也会降低学前教育的质量。幼儿教师的工作性质是比较特殊的，不仅关系到儿童的现实人生，而且会影响国家的未来和发展，所以国家应该大力培养有思想、有个性、有特色的幼儿教师。现在国家实行幼儿教师国培计划和幼儿教师资格考试改革，这为培养高素质、专业化的幼儿教师，建设有中国特色的幼儿教师的管理制度打下了基础。只有提高幼儿教师的师德和职业道德，才能将幼儿教育的艺术性、科学性、理论性融为一体。

参考文献：

梁俊、易晓：《体罚和变相体罚屡禁不止原因及其对策》，《四川职业技术学院学报》2004年第2期。

教育部基础教育司：《幼儿园教育指导纲要（试行）解读》，江苏教育出版社2002年版。

崔媛媛、王福臣：《幼儿教师职业倦怠的成因及调适策略》，学位论文，淄博师范高等专科学校，2011年。

何智明：《当代教师失范行为的社会原因与对策》，《四川建筑职业技术学院》2009年第3期。

傅道春：《教师的成长与发展》，教育科学出版社2001年版。

余文森、莲蓉:《教师专业发展》,福建教育出版社 2007 年版。

王小鹤:《幼儿教师职业压力的现状与对策》,《平定山学院学报》2008 年第 3 期。

郭毅:《教师失范行为及干预策略》,《温州师范学院学报》2004 年第 6 期。

唐淑、钟昭华:《中国学前教育史》,人民教育出版社 2003 年版。

牟映雪:《论课堂文化视野下的教师言语失范》,《中国教育学刊》2006 年第 7 期。

关于校长文化领导力的文献综述

陈劲宇　王芳[*]

近年来,随着传统文化再度成为社会热点,越来越多的学校加入了校园文化建设"大军"行列,对校长文化领导力的主题研究逐渐从对校长整体专业素养及领导力研究的综合体中独立出来。

文化领导力作为校长的核心领导力,是校长专业能力素养的综合体现。它既关系到校长本人的专业发展,又关系到该校教师专业共同体的形成以及整个教师队伍的专业化进程,更是"推动学校发展的灵魂,增强学校凝聚力、创造力以及生命力的动力"。

一　校长文化领导力研究评述

通过CNKI对校长文化领导力相关文献进行搜索与统计,初步了解了国内相关研究情况。由表1可知,在匹配度为精确条件下查找,截至2017年5月,已有文献关于"校长"的研究成果非常丰富,其中全文检索为992518篇,主题词检索有85745篇;关于"校长文化"的研究成果相对较少,其中全文检索为1141篇,主题词检索有90篇。查找关于"校长文化领导力"的研究成果,全文检索出48篇,

---

[*] 陈劲宇:四川师范大学在读硕士研究生,研究方向:教师教育。王芳:四川师范大学副教授,四川省教师教育研究中心研究人员,研究方向:教师教育、比较教育。

主题词检索出 7 篇。可以发现，实际上有大量的文献涉及了校长文化领导力，这些探讨校长文化领导力的论述大多蕴含在校长专业素养及领导力整体研究中。从知网的检索情况来看，较早以"校长文化领导力"术语作为主题进行论述的文章是 2011 年刘义国的《职业教育的文化使命及其实现》。随后，对校长文化领导力的主题研究逐渐从对校长整体专业素养及领导力研究的综合体中独立出来。

表1　　　　中国知网校长文化领导力相关文献发表统计情况　　　　（篇）

检索项	检索词	排序	匹配	A	B	C	D	E
全文	校长	主题排序	精确	992518	598524	121886	22741	249387
	校长文化	主题排序	精确	1141	639	278	32	192
	校长文化领导力	主题排序	精确	48	25	18	4	1
主题词	校长	主题排序	精确	85745	65986	3364	2637	13758
	校长文化	主题排序	精确	90	64	9	6	11
	校长文化领导力	主题排序	精确	7	5	2	0	0

说明：A 表示知网总体文献，B 表示期刊，C 表示硕博论文，D 表示会议论文，E 表示报纸。

目前，关于"校长文化领导力"的研究还未成系统，主要是从教育管理的视角出发，其热点集中在"校长文化使命""校长文化自觉""校长文化领导""校长的文化领导力"等多方面。虽表述的角度有所不同，但实质上多是对校长文化领导力的内涵、功能等各个方面的探索。以下将从内涵、结构、作用以及强化路径四个方面对校长文化领导力相关研究进行简要评述。

（一）校长文化领导力的内涵

"内涵"在逻辑上指概念中所反映事物的特有属性，对校长文化领导力内涵研究的梳理将有助于厘清、归纳相似概念，促进对概念的界定。

袁小平认为，中小学校长文化领导力，就是通过中小学校长认知、整合与提炼校内外文化，创新优质的学校文化，不断将学校文化力转化为领导力，从而影响师生的价值观、信念与行为，并增强师生对学校文化的认同感、归属感和愉悦感的能力。中小学校长文化领导力是中小学校长的文化视野、文化价值、文化品格、文化精神和文化影响力的充分展示与体现。

王振洪从高职院校校长质量文化领导力的角度，解释校长文化领导力是"在学校核心价值体系生成建设、持续改进和提高教育质量的进程中，引领、影响、激励和启发师生员工共同努力的力量和能力"。

除此之外，有些文献虽然未直接讨论校长物质文化领导力的内涵，如于丽华从校长文化的角度，阐述校长文化是具有校长个性化实践的产物，是校长在经营学校的过程中，由其管理理念和办学理念相结合而形成的。她对校长文化概念的阐述，实质上正是对校长文化领导力内涵的探索。

（二）校长文化领导力的结构

结构是指各个组成部分的搭配和排列，对校长文化领导力结构研究的梳理将有助于厘清、归纳已有研究中对校长文化领导力的范围和构成要素的探讨及争论。对于校长文化领导力的结构，学者们从不同角度进行了阐述。

有学者倾向于把校长文化领导力分为物质文化领导力、理念文化领导力和行为文化领导力；也有学者认为，校长文化领导力由制度文化领导力、行为文化领导力和观念文化领导力组成，具体有六大要素：文化整合力、文化认同力、文化引领力、文化自觉力、文化践行力和价值领导力。

1. 校长理念文化领导力

理念文化是对一所学校精神类文化要素的概括、提炼与升华，是学校文化的思想精髓。校长理念文化领导力，是校长通过各个途径影响学校人才培养方式、目标定位以及办学方向等固有理念方面文化认同的能力，是校长行为文化领导力与物质文化领导力的核心。校长理念文化领导力直接关系到学校人才培养规格的确立以及学校发展的定位。

关于校长理念文化领导力的构成，有学者指出主要有校长人才培养理念和校长办学理念两大重要维度。朱占红和任建华认为，人才培养理念和办学理念共同构成了校长核心理念文化，而校长具体理念文化则由教学理念文化（课堂观、教学方式、教学评价方式）和管理理念文化（教学管理、教科研）构成。校长核心理念文化就是"对人才培养和学校建设的总的和根本的看法，主要包括所培养人才的具体规格和质量要求，办学理念主要包括学校达到的层次和水平。它具有独特性、价值取向性，来源于学校的办学历史文化的积淀、地域传统文化的吸取、地域现代文化及发展趋势的要求"。

还有一些研究虽然未直接讨论校长理念文化领导力，但对校长理念文化中的办学理念和人才理念的影响等方面进行了具体论述，实际上也是对校长理念文化领导力的探讨。

叶文梓认为，校长办学理念的核心内容是校长在教与学、创新与发展、现实与未来等方面的理想追求，这种理想追求也是校长办学的根本信念。

张扬群认为，校长的办学理念是对理想的学校规模的系统构想，包括整体办学方向、具体目标确立、运营策略以及社会责任等。

杨新春认为，校长办学理念关系到学生、教师和学校三个方面。办学理念的确立，需要校长的策略性管理和有意识的思想凝聚。

2. 校长行为文化领导力

一所学校的行为文化是在该校精神文化、制度文化、环境文化影响和作用下的外在表现。校长行为文化领导力就是校长在其治校过程中为了贯彻其治校理念而进行的一系列活动的能力，是学校得以正常运转的保证，也是师生行动的指南，是校长理念文化领导力的具体体现。

关于校长行为文化领导力的特征，秦德林认为，主要在于计划性、示范性、多维性、创造性、排他性等几个方面。

关于校长行为文化领导力的体现，许杰认为，是校长在学校文化管理要求下转变其行为方式，即校长要做学校文化的积极构建者，积极构建鼓励合作的学校文化氛围，并坚持赏识管理。谢定来则认为，校长转变行为方式主要影响学校文化、教师队伍以及教育教学模式三个方面。

关于校长行为文化领导力的构成，朱占红和任建华认为，校长行为文化主要由教学文化、管理文化（制度文化、政策文化、教科研文化）和活动文化几大要素构成。校长行为文化领导力关系到"校长传统文化和治校理念在师生员工言行举止上的具体表现"，是"学校教学行为文化、教师行为文化、学生行为文化的综合反映"。校长行为文化领导力影响着"一个学校的眼界、心胸、素养和行为"。

3. 校长物质文化领导力

物质文化是指以固态或静态形式为表现手段和传承方式的文化。校长物质文化领导力，是学校物质文明建设过程中校长物质观和价值取向的体现。校长根据其办学理念进行校园物质文化建设。

关于校长物质文化领导力的构成，朱占红和任建华认为，主要在于环境文化和标示文化两大要素。还有一些研究从学校物质文化的角度，探讨了校长物质文化领导力的构成要素。

如赵欢君和陶李刚把学校物质文化定义为学校环境文化、设施文化，师生员工的物质产品、精神产品及产品文化（包括师生形象等）。

赵建军把以物质实体存在为主要外部形态，且以满足校园实用文化需要为主体功能作用的设施称为校园物质文化设施，它包括校园建筑、活动场所、环境设施及其他辅助性配置。

赵卫菊把学校物质文化根据内容、变化速度、功能及其历史价值分为四类：（1）学校地理环境、学校建筑、学校规划和学校的布局、学校的人文景观、学校的生活设施、学校的文化传播设施与绿化建设等；（2）稳定型物质文化和流动型物质文化；（3）实用型物质文化、激励型物质文化和观赏型物质文化；（4）历史型物质文化和非历史型物质文化。

周嚣东把学校物质文化划分为学校建筑、地理环境、人文景观、规划与布局等，认为其具有标志和激励功能、审美功能、"无意识"功能等。

以上研究虽然未直接讨论校长物质文化领导力，但它们对学校物质文化内涵、范围和结构的探讨及争论，实质上正是对校长物质文化领导力范围和构成要素的探索。

总体而言，校长理念文化领导力关系到学校人才培养方式以及办学方向；校长物质文化领导力是校长理念文化领导力的"重要载体"，同时也是校长行为文化领导力"活动空间和场所的反映"；校长行为文化领导力是动态化的校长理念文化领导力。

（三）校长文化领导力的作用

李爱生指出，校长文化具有旗帜的作用。"文化领导力作为中小学校长的核心领导力"，它是"形成学校文化力的关键，推动学校发展的灵魂，增强学校凝聚力、创造力以及生命力的动力"。

朱炜提出校长文化领导力的强弱是学校变革能否取得成功的关键，因为文化建构有着特定的价值导向，"需要协调、整合学校中的各种群体、各个部门及各项活动"，而这个任务"非校长所不能"。

袁小平系统论述了中小学校长文化领导力的作用，即塑造文化形象，创设文化活动，营造文化氛围，提炼文化精神，"培育师生对学校的文化认同感、尊崇感、归宿感以及对学校文化的坚守，从而自觉自在自为地融入学校中，形成合力"，主要体现在导向、规范、激励、凝聚、协调、辐射六项功能上。

关于校长文化领导力的作用，李延明认为，主要在于"传承文化""培养团队"和"典型示范"。

还有一些研究虽然未直接讨论校长文化领导力的作用，但对校长自身文化素养、校长文化自觉力等在学校文化建设方面作用的论述，实际上也是对校长文化领导力作用的探讨。

曹保义等认为，校长的修养和素质会潜移默化地影响学校的发展及文化建设的方方面面。

凌宗伟论述了校长的眼界对学校发展高度的影响，校长的胸襟对校园和谐环境的影响，校长的素养对学校文化积淀的影响，以及校长的践行对师生行为方式的影响。

周国明指出，校长文化自觉过程是"全校师生员工的文化同构与自觉"的过程，是学校主体文化不断认识、发展、革新的过程。

唐盛昌认为，校长文化自觉能营造出一种开放自主的多元文化氛围，并从中做出"理性抉择"，实现具有该校特色的教育创新，在实践中凝固生成新的校园文化。

吴卫国认为，校长的文化自觉能够让校长更加聚焦于探索教育本质和办学规律，这种聚焦能更有效地应对社会舆论、偏见、功利诱惑等压力，积极地理解和遵守各种方针政策。

（四）校长文化领导力的强化途径

校长文化领导力的强化一方面是通过严格的自我管理来对自身文化特征予以察觉和运用，是自身文化自觉外显的强化；另一方面是校长对学校文化领导能力的强化。

周国明从校长自身文化自觉的角度论述了校长文化领导力的强化途径。首先是对学校文化的总体判断，这是对历史过程的分析与学校传统的总结；在初步选择、判断、确立之后对学校文化进行人群的切分与内涵的分类。关键在于其参与、圆通、引导的过程。其次是选择性地结合一些先进的教育理念，形成学校"所需要的"办学理念和办学思想；在此基础上将其转化为教师的共同追求，形成具体的可操作的目标；完善相应的管理制度和管理措施；最终形成全新的较稳定的学校文化以及办学特色。

朱炜对校长文化能力的强化途径进行了系统分析。他认为，校长应走出习惯性的领导行为模式的窠臼，在尝试一些新的工作内容和方式中提升文化领导力，以推动学校组织变革；校长应当扮演学校文化的"唤醒者""播种者"和"激励者"角色,主要任务在于"诊断文化、共享领导、传播意义、建构专业共同体和培育信任"。

袁小平提出,提升中小学校长文化领导力的关键是提高其文化品位,即"日常生活品位、艺术审美品位和价值理解品位",主要路径是博学之、善思之、精研之以及笃行之。"博学之"是指通过读书,加深理论功底,拓宽知识视野以及形成办学睿智;"善思之"是指既要通过反思从日常管理行为中发现隐藏的问题,又要在文化层面更新对自身教育管理行为的认知;"精研之"是指形成问题即课题的研究意识;"笃行之"是指校长通过文化建设将其文化品位转化为教师与学生的文化品位。

二 结论

总体而言,虽然校长在学校文化建设中的领导作用作为社会热点,大量文献均有所涉及,但校长文化领导力研究实际上尚处于起步阶段,概念界定还未统一,内容上以思辨性和描述性为主,更多的是在理论层面上对"应然"样态的普遍性论述。

相关概念如"校长文化领导力""校长文化自觉"等大多只是笼统的概念,对其内涵、结构、影响因素等都没有具体的界定和论述。有关校长文化领导力具体结构的相关研究,校长理念文化领导力的相关文献主要集中在大学阶段,对中小学涉及较少。校长行为文化领导力的相关研究主要集中在作用及影响上,影响的对象主要是教师、学生和课程,其导向有好有坏。如校长行为文化领导力较弱,行为和管理方式出现问题,甚至会导致教师的职业倦怠以及学生的成绩下降。分析关于校长物质文化领导力的相关文献发现,对学校物质文化的相关著述颇丰,而针对校长物质文化的研究则相对较少。

参考文献:

袁小平:《中小学校长文化领导力的意蕴、结构与提升》,《教学与管理》

2014 年第 6 期。

于丽华：《校长文化传承与学校文化形成》，《现代教育》2009 年第 8 期。

丰蕾：《中学校长文化个案研究》，学位论文，石河子大学，2013 年。

朱红占、任建华：《论校长文化》，《高等函授学报》（哲学社会科学版）2012 年第 1 期。

叶文梓：《论中小学校长的办学理念》，《教育研究》2007 年第 4 期。

杨新春：《校长办学理念的三维视角》，《教书育人》2011 年第 17 期。

张扬群：《重庆市华塞中学理念文化构架及其阐释》，《科学》2008 年第 4 期。

秦德林：《试析校长行为的个性特征》，《教育导刊》1995 年第 12 期。

许杰：《文化管理语境下校长行为方式的转变》，《中国教育学刊》2008 年第 9 期。

谢定来：《创建特色学校与校长行为》，《科学咨询》（教育科研）2009 年第 1 期。

赵欢君、陶李刚：《试析学校文化的构成及其形成机制》，《嘉兴学院学报》2001 年第 13 期。

姜永杰：《论学校物质文化》，《南京邮电学院学报》（社会科学版）2001 年第 4 期。

赵建军：《校园文化的内涵及其基本特征》，《石油大学学报》（社会科学版）1999 年第 2 期。

赵卫菊：《论学校物质文化的类型》，《前沿》2002 年第 5 期。

周器东：《百年复旦背景下学校物质文化建设的研究与实践》，http://www.2fz.fudan.edu.cn/s/91/t/309/64/a1/info25761.htm。

李爱生：《优秀的校长文化是一面旗子》，《教育旬刊》2009 年第 1 期。

李延明：《校长文化的内涵与作用》，《教学与管理》2008 年第 12 期。

曹保义、李继、秦海地：《校长人文素养与学校文化建设》，《基础教育参考》2010 年第 4 期。

凌宗伟：《校长在学校行为文化建设中的影响》，《中国教师》2009 年第 6 期。

周国明：《校长文化自觉与自我管理》，《人民教育》2011 年第 7 期。

唐盛昌：《校长的文化自觉：学校教育走向自主创新的基石》，《上海教育》2010 年第 13 期。

吴卫国：《校长的学校文化建设使命》，《上海教育》2010年第2期。

朱炜：《强化校长的文化领导力：学校组织变革的成功之道》，《教育发展研究》2013年第24期。

袁振国：《校长的文化使命》，《中小学管理》2002年第12期。

纪平：《广播电视大学理念文化及其思考》，《中国远程教育》2010年第8期。

胡敏中：《论物质文化和非物质文化》，《新视野》2008年第1期。

蔡发刚：《以校长文化促进学校文化力》，《教育科学论坛》2011年第7期。

徐海芳：《校长文化，思想管理的"原点"》，《教书育人》2010年第26期。

周美春、王玲玲：《"学校行为文化"建设的领航者——访江苏省特级教师、南通市通州区二甲中学党委书记、校长凌宗伟》，《教育》2010年第3期。

陈元东：《培养好习惯奠基好人生——打造以养成教育为重点的学校行为文化》，《中国教育学刊》2010年第S2期。

凌宗伟：《学校行为文化建设的思考与实践》，《中国教育学刊》2010年第9期。

蒋峰梅：《校长文化素养论略》，《教育科研论坛》2009年第12期。

王慧婷：《校长文化素养在学校文化建设中的独特地位和作用》，《中小学校长》2008年第4期。

杜德专：《论校长文化与提升学校办学品位》，《现代教育科学》（中学校长）2008年第1期。

乔幼轩：《弘扬校长文化促进文化治校》，《决策探索》2007年第1期。

杜丹成：《校长文化的结构与作用》，《新课程研究》（教育管理）2007年第1期。

李志禄：《略论小学校长的文化知识结构》，《文教资料》2005年第35期。

姜永杰：《论学校物质文化》，《南京邮电学院学报》（社会科学版）2001年第4期。

浅析"双因素理论"在教师管理中的应用

周晨 王芳[*]

教师作为学校工作的主要执行者,在学校建设和发展的过程中扮演着必不可少的重要角色。他们的工作积极性和满意度不仅直接与教学质量画上等号,还可能会左右自身的心理发展走向,间接对其职业稳定度和职业幸福感产生影响。因此,每位学校管理者都希望通过科学而实用的方法来有效调动教师的工作积极性,充分激发他们的工作潜力,最终达到教师和学校同步健康发展的双赢目标。"双因素理论"作为管理心理学的经典理论,已经被广泛地运用到企业的相关管理工作中,并且在提升员工的工作积极性方面获得了很好的成效。"学校"作为与企业类似的另一种组织形式,在对"教师"这一员工群体进行管理时,也可以借鉴"双因素理论"的相关理念内涵展开科学而客观的教师管理活动,更好地推进教师的工作积极性和整体素质的有效提升。

一 "双因素理论"的内涵解读

"双因素理论"(Two Factors Theory)是美国心理学家弗雷德里

---

[*] 周晨:四川师范大学在读硕士研究生,研究方向:社区教育 王芳:四川师范大学副教授,四川省教师教育研究中心研究人员,研究方向:教师教育、比较教育。

克·赫兹伯格（Frederick Herzberg）于1959年提出的，也叫作"保健、激励因素理论"。赫兹伯格及其助手在一次对匹兹堡地区的200多名工程师和会计师进行调查访问时，发现使员工感到不满意的往往与工作环境、薪金、人际关系等外部因素有关，而使员工感到满意的大多与工作兴趣、挑战、成就等内部因素有关。他把前者称为保健因素，把后者称为激励因素。

（一）保健因素（Hygiene Factor）

从管理学角度对保健因素进行具体剖析，它包含了一个组织（公司或学校）的政策与管理制度、技术监督关系、与上级的人际关系、与同级的人际关系、与下级的人际关系、工作环境或条件、薪金、个人生活、地位、工作安全保障等多个外部因素。赫兹伯格认为，如果这些外部因素处理得不好，一定会引起人们的不满；如果解决得好，就能够保证员工的正常工作，但不一定能激励员工发挥出更大的潜力。这种功效就如同卫生保健对身体健康所起的作用一样，相关因素的满足会起到预防疾病的效果，但是不一定能直接起到提高健康水平的作用。

（二）激励因素（Motivation Factor）

从管理学角度对激励因素进行具体剖析，它包含了对工作本身的兴趣和挑战、职务上的责任、工作上的成就、受到的认可和赏识、个人成长和晋升的机会等多个内在因素。赫兹伯格认为，这些因素侧重于工作本身，能促使员工从内心深处受到鼓舞，提升工作积极性。如果员工具备这种因素，可以在工作中获得较高的满意度，从而产生更好的绩效；如果员工不具备这种因素，也不会产生不满的情绪。

因此，在理解双因素理论内涵特质的基础上我们可以明确，满足了保健因素的相关内容只能对员工起到基本的安抚作用，但不一定能起到激励作用。只有当激励因素的相关内容得到满足后，才能真正激发和调动员工的工作积极性。以此类推,如果学校想有效地促进教师努力工作,就必须在充分完善保健因素的基础上,不断改进激励因素的相关内容,提升教师对工作的满意度和积极性。

二 从"双因素理论"视角研究教师管理的必要性

通过整理并分析已有的关于教师的心理研究文献,我们可以总结出一些常见问题:当教职工不满意现有的工作状态时,他们就不愿意为完成一项教学任务而付出更多的努力,更多的是选择敷衍或逃避的工作态度。这样不仅很难达成基本的工作要求,有的教师甚至会因此而精神压力增大并且引发其他如人际交往方面的矛盾和冲突。细化到教师的课堂教学行为中,教师对于工作状态的满意程度还会影响其自身的言行举止,直接关系到教学是否能给学生传递正面的活力和热情。

然而,上述情况我们都可以通过采取有针对性的管理方法来进行改善。教师管理的"效能理念"提出,教师是有潜能的且可以持续发展的。这里的潜能不仅是指教师先天具有的而尚未显现的能力,而且主要指教师尚未激发的与自我发展相联系的能量或兴趣,管理者的管理行为只有激发这种潜能,才能由外因转化为内因,焕发出强劲的动力,推动教师主动积极地投入工作,不断完善自己,从而使自我效能感得到极大的加强。

因此,分析并借鉴"双因素理论"中"保健因素"和"激励因素"的相关内容,可以为实际的教师管理操作提供理论参考,更好地帮助学校管理者激发教师的工作潜能和积极性,尽可能地将对工作持"不满意"或中庸态度的教师数量减少或控制在合理范围内,进一步提升教师的职业认同度和生活幸福感。

三 "双因素理论"与教师管理之间的联系

(一)"保健因素"理论与教师管理

保健因素对教师管理活动的影响具体表现在薪金、工作环境等客观条件方面,学校可以通过为教师提供良好的物质支持来帮助教师消除来自于客观因素方面的不满情绪,使其以一种积极健康的心态去工作和生活。教师作为"自我实现的人",具有实现自我的能力和渴望,管理者的主要任务是为教师创造良好的工作环境,减少他们在自我实现过程中可能会遇到的障碍。因此,在教师管理活动的具体开展过程中,管理者应该秉承"以人为本"的理念,不仅要为教师创造良好的工作环境,提供丰富的教学资源,还要加强沟通互动,通过"非正式群体"等渠道了解教师的人际关系和社会需求,以潜移默化的关怀让他们对集体产生认同感和归宿感,对教师的个人追求给予最大限度的鼓励和支持,使教师管理的相关方面逐步从自上而下的强制规范转变为教师自觉自发的行为标准。

(二)"激励因素"理论与教师管理

激励因素对教师管理活动的影响具体表现在奖励、竞争等主观方面,对提高教师的工作积极性和效率起着重要的推动作用,善用这一因素将在教师管理中发挥十分关键的作用。教师不仅是"自我实现的人",而且是受过高等教育的"社会人",他们不会单纯地满足于物质生活水平的提高,还有更高的精神层面的追求。所以,管理者应该在日常的教学评价和督导过程中有意识地促进教师之间的良性竞争,探索更多的科学合理的帮扶形式、奖励方式和晋升渠道,充分赋予教师展现自我的机会,营造一种积极向上的工作氛围。另外,每位教师的工作表现都会随着外部环境和个体成长的变化而变化,因此管理者不能因循守旧或思想僵化,必须因地制宜地灵活采取管理措施,不断探索更加科学合理的管理方法。

四 从"双因素理论"视角提出教师管理的改进策略

"双因素理论"从外部和内部两个方面阐明了影响员工工作积极性的相关因素,为管理对策的改进提供了有益参考。在学校具体的教师管理活动中,管理者也可以从"保健因素"和"激励因素"的不同视角出发,有针对性地对教师管理制度的相关环节进行调整和完善,尽可能做到让教师管理在人性化的基础上充分激发教师潜能,有效减少对工作持"不满意"或中庸态度的教师数量,不断提升教师对于工作的满意度和生活的幸福感。

(一)从"保健因素"视角出发

1. 完善薪酬体系

在赫兹伯格的理论中,薪酬是防止员工产生不满意情绪的最重要的保健因素,同样对于教师而言,薪酬是其生存和发展的重要基础。因此,学校在教师管理活动的推进过程中可以尝试从薪酬方面进行改革,目前我国许多高校正在实行的年薪制就是一个很好的例子。年薪制由基本年薪和业绩年薪两部分组成:基本年薪是指学校可以根据青年教师的个人业务水平、工作能力和岗位责任对其基本年薪设定下限,保证不低于当地市场的同等行业平均水平。在工作任务指标设定为大多数教师通过努力皆可以达到的前提下,按照教师考核评价结果,对满负荷完成工作任务的教师,次年可按月全额发放基本年薪,未完成工作任务者则按比例发放或者不发放。业绩年薪则根据教师的教学能力、科研课题、发表论文等情况的年度绩效考核来决定。除了这种方法之外,学校还可以适当加大业绩年薪的变动范围,减少在等级资历上的硬性规定,激发年轻教师的工作积极性,等等。

2. 建立配套机制

当前我国教师的生存压力巨大,一方面要应对繁重的教学任务和严苛的科研指标，另一方面还要解决冗杂的生活问题。在这种情况下，如果缺少了学校配套机制的有力支持，无论教师多么渴望进步和提升的空间，也很难有条件去实现。

因此，为了帮助教师实现更高的自我追求，学校需要建立相关的配套机制为教师提供发展和进步的平台。比如，对新入职的教师要组织岗前培训，帮助他们熟悉学校的规章制度、教学环境和评价流程，树立明确的工作目标，使其尽快进入状态；对老教师可以按照5—10年教龄不等的间隔划分，根据阶段性教师评价考核结果，定期开展提高教学指导力或者科学处理人际关系等有针对性的培训，不断提升教师水平。随着互联网技术的普及和创新，还可以在传统方法之外，积极利用微课、慕课等新兴远程培训模式，为更多的教师达成其诉求提供便利，帮助教师消除对于学校管理的抵触感，并将之转化为一种积极的督促和鞭挞。

3. 增强人文关怀

在对教师的实际管理活动中，学校下达的指标与工作量往往都是与教师考核成绩直接硬性挂钩的。一部分教师尤其是教龄不长的年轻教师缺乏教学自信和能力，无论是经验还是资历都不能与老教师相匹敌，因此难免在工作评价环节处于劣势。在这种情况下，教师可能会为了完成任务指标或者更高的报酬而背上过重的思想包袱，采取一些急功近利的做法，甚至会出现狭隘化、恶性化的竞争现象。长此以往，不仅会使教师产生敏感、压抑、倦怠等不健康心理，在这种教育环境下也无法保证培养出拥有健全品德和意志的学生。

因此，学校应当在日常督导和评价过程中更多地关注教师的身心健康状况，通过"非正式群体"等多种渠道尽可能地了解并且满足他们在提升社会心理认同方面的需求，给予他们更多的安全感和归属感。同时，也应该为有需要的教师提供相应的优惠政策，包括办公条件的改善、住房补助、提供进修机会等。

（二）从"激励因素"视角出发

1. 改进奖励方式

奖励对于教师来说，不仅意味着能够得到额外的薪酬，而且更多地标志着因个人对组织贡献程度的肯定而带来的精神激励和成就需要。现有的以个人为单位的褒奖模式也许会暗中滋生排挤、腐败、不当竞争等负面现象，我们可以更多地采取集体奖励的办法，把教研组、年级组、课题组等团队凝聚起来，着重在资源贡献、教学切磋、质量提升方面进行合作。同时也可以采用帮扶的方法，给予已经评上先进或者高级职称的教师结对做师傅的权利，让他们带领并督促后进教师或者新入职教师工作，既预防获奖教师产生不思进取的念头，又有效地推动了各层次教师素质的均衡发展。

2. 丰富工作体验

双因素理论中除了甄别并发现成就、认可、工作本身的魅力等富有激励作用的因素之外，还特别肯定了工作的挑战性、丰富性等蕴含在工作中的内在激励价值。对于教师来说，仅仅会教书和做科研是不够的，还必须承担起服务社会的责任。理解和体验其他人的工作不仅是对个人技能的挑战和丰富，也有利于教师之间进行更多的知识交流和学习。因此，应该在学校中建立多通道的晋升途径和岗位体系，让每一位教师都能获得技能多样化和职位丰富化的体验。同时还可以授予教师更多的工作支配权，在保证时间和质量的前提下，允许教师自行安排工作方式和进度，人尽其才，才尽其用，充分调动教师的工作积极性，满足教师的责任感和成就感，使其获得更高一级的自我实现。

五 结语

通过研究"双因素理论"的内涵及其在教师管理活动中的应用，我们可以明确，只有在尊重人的特质的前提下，严格遵循客观全面的原则，合理辅以保健因素和激励因素的正面强化，才能始终保障教师管理活动科学、有序的稳步开展。

参考文献：

张洁：《论我国高校青年教师激励管理——以双因素理论为视角》，《黑龙江高教研究》2007年第12期。

周卿、尹津慧：《基于双因素理论的我国中学教师激励研究》，《今日湖北》（下半月）2011年第6期。

孙健敏：《管理中的激励》，企业管理出版社2004年版。

熊伟：《基于双因素理论的KJ学院教师激励管理研究》，学位论文，南昌大学，2015年。

李茂华：《双因素理论在JC学院教师激励中的应用研究》，学位论文，广西大学，2013年。

Farooq, M. F. & Siddique, M. A. B., "Motivational and Hygiene Factors for University Teachers: Resurrecting Herzberg's Two Factor Theory," *International Journal of Social Science and Management Studies*, 2014 (1), 1–11.

Shirol, S., Motivational Factors and Teacher's Job Attitude with Respect to Herzberg Motivation-Hygiene Theory, *Techno Learn*, 2014 (1), 1–5.

徐金贵、唐玉昕：《教师管理的效能理念与操作模式初探》，《教学与管理》2000年第7期。

孙世杰：《中小学教师考核评价问题的分析及建议》，《教育测量与评价》（理论版）2009年第4期。

高斯萌、王永航：《论发展性教师评价与高校青年教师发展》，《教育教学论坛》2016年第45期。

王霞：《高校青年教师内容型激励因素分析》，《池州学院学报》2016年第30期。

李碧湧：《浅谈教师评价的导向效应》，《山西教育》（教学版）2016年第1期。

李菁、赵守盈：《基于双因素理论的中小学教师激励机制的分析》，《管理学家》2010年第7期。

艺术院校英语教师复合型知识结构的优化构建

仪 雪[*]

大学英语课程是艺术类院校重要的公共课程之一，但是由于教学对象、教学设置和教学氛围等的特殊性，艺术类学生对该课程以及该课程教师的认可和评介并不尽如人意，相当一部分大学英语教师对艺术专业学生的课堂表现和成绩也相当无奈。造成这种局面的原因有大学英语教学安排和课程设计的因素，有学生观念和英语基础的问题，当然还有英语教师自身的原因，本文将从英语教师的知识结构这一层面来展开探讨，通过对艺术院校英语教师复合型知识结构的优化构建，希望能对艺术类院校英语教学"食之无味，弃之可惜"的局面有所裨益。

当今，英语教育已经越来越早地进入中国学生的课堂，对于在幼儿园就接触英语的大学生而言，他们在大学之前经历过相当多的英语老师和英语教学方法，因为对大学英语，特别是对总是教授陈旧老套的大学英语知识的教师并没有多大兴趣。与此同时，大学英语课程改革已经进入全面实施阶段。新一轮课程改革从课程理念到课程目标，从教材内容的选取到知识的呈现方式，从课程结构到课程评价都发生了重大变化，体现出鲜明的时代气息和全新的价值理念，这对大学英语教师的知识结构提出了更高的要求。大学英语教师知识结构的水准

---

[*] 仪雪：四川电影电视学院副教授，研究方向：学科教学论。

将会对大学英语课程改革的成效产生显著的影响。那么在新形势下，大学英语教师应具备怎样的知识结构？该怎样优化构建自身的知识结构呢？本文认为，在"互联网+"时代下，大学英语教师应该具有复合型知识结构，特别是艺术类院校的英语教师只有注重复合型知识的积累，才能适应现在的教学要求，满足学生的需求。

一　艺术类院校英语教师构建复合型知识结构的意义

复合型知识结构是以专业知识作为一个"中心点"，与其他相近的、作用较大的知识作为网络的"纽结"相互联结，形成适应性较大的、能够在较大范围内使用的知识网。教师的知识结构是教师在系统专业学习和教育教学实践中经过思维加工后形成的知识体系，是教师的基本素养。英语教师的知识结构显然是系统的英语基础知识和英语教育教学方法，英语教师要具备复合型知识结构，就既要具备精深的英语学科专业知识（主体性知识）、广博的一般性文化知识，又应具备基本的教育科学知识（条件性知识）和丰富的实践性知识，对于艺术类院校的大学英语教师而言，他们要在具备英语学科专业知识的同时，掌握一定的美术、音乐、影视等艺术学科的知识、专业术语和专业常识。教师只有注重自身复合型知识结构的构建，才能有利于在教学中提高学生的参与意识，对于将课堂教学变单调为有趣，变枯燥为活泼，变单纯为多样，有着重要意义。

二　复合型知识结构在大学英语教学中的体现

笔者所在的四川电影电视学院是一所典型的艺术院校，涵盖了播音主持、戏剧影视导演、表演、舞蹈、摄影摄像和戏剧影视美术等艺术专业，在实际教学中，面对的都是艺考学生，大多是英语基础薄弱，缺乏英语学习兴趣，整个学校的英语学习氛围也不浓厚。根据对本校大学英语教师的问卷调查，86.5%的教师认为，教学缺乏动力，课堂教学很难产生价值感和归属感，师生互动较差。79%的大学英语教师感到大部分学生对现有的大学英语教学模式和教学方法不感兴趣。与此同时，93%的教师愿意通过改善自身的知识结构，优化复合型知识结构的构建来推动英语教学的改革，希望能提高他们在工作中的价值感和成就感。由此可见，很多大学英语教师意识到了自身既有的知识结构并不能满足当今艺术类学生的课堂需求，大家也愿意为此做出改变。如何才能体现英语教师复合型知识结构的构建对于大学英语课堂教学的改善？以下是笔者对这个问题所做的初步探索。

笔者所在的艺术院校针对艺术类学生的特点，选取了外语教育与外语研究出版社出版的《E英语教程》系列教材作为大学英语课堂的教材。E英语着眼于Easy（简单）、Enjoyable（有趣）、Effective（有效）三个方面，该教材视角多元，选材贴近学生学习和生活的各个方面，并充分考虑到艺体专业学生的学习兴趣和专业需求，注重信息性、时代性和趣味性。笔者注重自身复合型知识的构建，在英语课堂教学中根据教材不同的艺术内容融入专业常识和专业术语，明显感受到课堂上学生与教师的互动增强，学生对知识的渴求变强。

《E英语教程》第一册第三单元的一篇课文——Is it really a smile? 这篇课文探讨美术史上重要的作品《蒙娜丽莎的微笑》，也是意大利文艺复兴时期著名画家达·芬奇的肖像画作品。在讲授这篇课文时，笔者除了对课文本身的英语基础知识进行讲解外，还针对不同专业的学生，进行了不同的背景知识讲解。

对于戏剧影视美术专业的学生，课堂上融合了美术知识和美术专业术语，与学生探讨文艺复兴时期意大利杰出画家达·芬奇、拉斐尔、米开朗琪罗三大家，威尼斯画派的乔尔乔内、提香、丁托莱托、韦洛内赛、柯罗乔等的作品，以及达·芬奇的其他作品《最后的晚餐》《岩间圣母》。与学生赏析《最后的晚餐》，画中耶稣与十二门徒共进晚餐，突然说："你们当中有一个人出卖了我。"于是局面大哗，众门徒或申辩，或愤慨，或震惊，心理微妙，表情各异。达·芬奇抓住了这个极富表现力的瞬间，对人物的神态和心理进行了准确而深入的刻画。对于表演专业的学生，课堂上则融入了对电影《蒙娜丽莎的微笑》的赏析，分析好莱坞著名演员朱莉娅·罗伯茨的精彩演绎。

《E 英语教程》第一册第五单元的一篇课文——Three films that influenced me，描述了三部对作者影响深远的电影作品，这三部电影分别是《偷自行车的人》《金发女郎之恋》《阿尔及尔之战》。在课堂上，笔者对于导演专业的学生，笔者融入了对这三部电影的分析。《偷自行车的人》是意大利新现实主义电影的杰出代表作，意大利新现实主义电影在第二次世界大战之后的兴起，成为西方电影在这一时期最为重要的电影现象。意大利新现实主义是一次从内容到形式的彻底的美学革命，是继先锋主义电影运动之后在世界电影史上出现的第二次电影美学运动，它对于世界电影的发展产生了极其深刻的影响。

《E 英语教程》第二册第五单元的课文——From tramp to king of comedy—Charlie Chaplin，讲述了电影史上有杰出贡献者，奠定了现代喜剧电影基础的好莱坞演员查理·卓别林的成长历程，涉及了无声电影时代，以及卓别林的无声电影作品。教学设计针对导演专业的学生，课堂上加入了早期电影的发展史，对卓别林作品的分析等，极大地提高了导演专业学生的兴趣。表演专业的学生可以通过观摩卓别林的电影片段，领会和学习其表演风格，也使其积极投入了课堂学习中。

三　教师复合型知识结构优化构建的途径

第一，以专业英语学科理论知识为核心。专业英语学科理论知识是英语教师知识结构中的重要元素，它既是对英语教学全方位的阐述，又为掌握相关专业技能奠定了基础，但对英语学科理论知识的掌握不能仅限于某几个学科知识。这要求教师站在相当的高度上理解所教课程的内容，对于知识加以融会贯通，将英语知识的方方面面进行合理梳理，构建知识网络。

第二，广泛阅读不同学科的书籍，以交叉学科为延伸。很多英语教师平时只是阅读英语语法、写作或者单词记忆等书籍，没有意识到广泛阅读的重要性，不同学科的书籍会有不同的思路和启发，特别是复合型知识的构建，必须要有量的积累才能达到质的突破。大量阅读也是经济实用的知识输入方式，特别是对于长期处于教学一线的英语教师而言，他们平时有大量的教学任务，没有多余的时间外出进修，阅读是行之有效的途径。

第三，在资金和时间允许的条件下，艺术类院校的英语教师主管部门可以派教师参加以提高教学水平为主旨的有关专题研讨班、骨干教师进修班；或者根据教学、教研需要安排骨干教师脱产进修。通过各种形式的培训、学习、进修，使得英语教师能不断更新知识，更新观念，更新方法，开阔眼界，拓展视野，主动学习和了解相关专业知识，朝复合型人才方向发展。

第四，目前高校英语教师大部分是英美文学、外国语言学及应用语言学或翻译学研究生毕业，通过在职攻读其他专业的硕士或博士学位，系统地学习其他学科知识，从根本上进行跨学科的知识输入，能有效优化构建英语教师复合型知识网。

参考文献：

李树和：《外语教师的知识结构及其在外语教学中的地位》，《东北大学学报》（社会科学版）2000年第4期。

张丽华：《试论21世纪大学英语教师应具备的素质》，《英语辅导》2003年第50期。

张艳君：《英语教师专业知识结构与学生专业知识能力培养的对策实施》，《黑龙江高教研究》2005年第4期。

刘家凤、鄢章荣：《大学英语教师知识结构优化——新形势下的大学英语教师专业素质培育再思考》，《西南民族大学学报》2007年第12期。

刘微：《教师专业化：世界教师教育发展的潮流》，《高师英语教学与研究》2003年第1期。

冯凭：《试论高校英语教师知识结构的建构》，《教育与职业》2009年第3期。

第二部分

教师教育实践探索

"互联网+"背景下德育教育与专业教育融合探讨

——以校园贷安全教育为例

李弘知[*]

育人是高校教育的重要组成部分。育人过程中最为重要的就是德育教育，德育教育不仅在育人过程中起着重要的作用，而且是辅导员主要的工作职责之一。德育教育关系着高校的教育质量和学生未来的发展。在"互联网+"、大数据、云计算和人工智能等新技术发展背景下，信息化的不断发展对德育教育提出了新的要求，同时也为德育教育增添了新的内容。在新技术快速发展的背景下，德育教育如何开展，成了高校辅导员需要思考的问题。本文在剖析当前高校德育教育所存在问题的基础上，以校园贷安全教育为例，提出德育教育与专业教育融合的新思路，并且对这一做法的成效进行分析，旨在更好地使德育教育与专业教育有机结合。

一 德育教育存在的主要问题

（一）缺乏针对性

高校辅导员在进行德育教育时，大多是出于完成学校规定的任

---

[*] 李弘知：乐山职业技术学院讲师，研究方向：高等教育。

务，按照学校提供的文本信息向学生进行传达，并没有结合自身所带班级的学生特点、专业背景进行德育教育，导致辅导员在进行德育教育时，学生缺乏兴趣，参与性极差，在进行德育教育时经常发现学生有玩手机、睡觉、做其他课程作业的现象。

（二）实践性不强

德育教育基本上以理论讲授为主，在德育教育内容中几乎没有贯穿让学生参与其中的实践活动，导致学生认为德育教育的内容距离现实生活较远，进而影响了德育教育的效果。

（三）教学方法单一，缺乏多样性

对德育教育，多数教师采取的是填鸭式、满堂灌的讲授法，教师往往采取说教的方法。在讲授上，往往采取照本宣科的做法，而在德育教育中运用讨论法、案例分析法、游戏法等参与式教学方法的教师极少。与此同时，将信息化手段引入德育教育的老师更是少之又少。教学方法单一导致德育教育成为教师一人唱独角戏，而学生参与度不高，这也正是学生在德育教育时玩手机、睡觉以及做与德育教育无关事情的重要原因。

二 德育教育与专业教育融合的必要性与可行性

（一）解决德育教育面临的主要问题

辅导员在进行德育教育时，有相当一部分学生玩手机、睡觉或者做与德育课程无关的事情。之所以出现这种现象，一方面是因为德育教育缺乏针对性，没有与学生所学的专业、职业发展和就业需求相结合；另一方面因为教师在进行德育教育时，使用的教育方法单一，没有充分调动学生的参与性。加之信息技术的飞速发展，特别是在"互联网+"、大数据、云计算和人工智能等新技术发展的背景下，学生获取信息的渠道增加，对教师进行德育教育提出了挑战。教师一方面需要结合学生的专业背景，将德育教育与学生的专业背景结合起来，另一方面，教师需要了解学生关注的主要问题，结合学生关注的问题进行德育教育。

（二）结合教师的专业背景展开德育教育

按照学院的安排，笔者担任了普专财务 2015 级 1 班辅导员，笔者读本科和研究生所学的专业均为财务管理，对财务管理专业知识较为熟悉，同时校园贷问题又与财务相关，在进行德育教育时能够从财务的视角进行分析。

（三）结合学生的专业知识进行德育教育

笔者所带的普专财务 2015 级 1 班，共 35 人，其中男生 4 人，女生 31 人。该班有 34 人通过会计从业资格证书考试，从业资格证书通过率为 97.14%。有两人通过大学英语三级考试，1 人通过普通话二级乙等证书。在 2016—2017 学年度上学期，班级平均分为 83.04 分。从以上数据可以看出，该班学生学习兴趣较高，并且多数学生有他们的专业发展规划。学生所学的专业课程包括基础会计、初级会计实务、中级会计实务、成本会计、会计报表审读与分析、内部控制、财务管理和资产评估。学生所学的专业知识为德育教育和专业教育的融合奠定了基础。

三 德育教育与专业教育融合的具体做法

安全教育作为学校德育课教育中的重要组成部分，随着互联网的不断发展，以校园贷为代表的网上借贷正走进大学校园，学生往往因为校园贷贷款容易和诱人的低利率而陷入其中，并且借贷的学生往往被校园贷拖入了债务黑洞。截至目前，学院财务管理专业已经有学生陷入校园贷之中，需要偿还巨额的本息，目前已经受到贷款公司的威胁。基于近期频繁由校园贷引发的学生自杀、跑路、退学等情况，笔者在班级专门进行了校园贷安全教育，并且在安全教育的过程中融入了专业知识。

（一）案例、视频导入，引起学生关注校园贷

笔者借助被媒体曝光的西安某高校大学生通过校园贷借款 2 万元，如今滚成 20 万元这一事件，通过播放视频，使学生了解这件事情的始末，并且就此事件组织学生进行讨论，为什么会由 2 万元变成 20 万元？通过提问，激发了学生对校园贷的好奇心，使得学生严重关注校园贷这一事件。讨论后，再以学院财务管理专业某学生校园贷为案例，要求学生计算，某同学当时借款 5000 元，月利率为 4%，18 个月后需要还多少本和利？

（二）师生探索

根据真实案例，学生学习了财务管理中利滚利的相关知识，也就是复利终值的计算，学生借助手机或者 excel 进行计算。经过 5 分钟的计算后，通过财务管理知识计算出需要归还：$5000 \times (1+4\%)^{18}$ = 10129.08（元）。当时借的 5000 元，经过 18 个月后，需要归还 10129.08 元，利息为 5129.08 元。

（三）案例点评与拓展

从案例中我们可以看到，校园贷机构打出的低利率，马上可以拿到钱的幌子，而学生最后要还的本息和为 1 万多元，相当于借款的 2 倍，校园贷一开始以低利率吸引人，到还款时却因利滚利而使很多人陷入了深渊，最终酿成了跳楼、跑路、逃学等悲剧。其实，教师引导学生，进一步对校园贷的实际利率进行探讨，学生通过计算后得出，4% 的月利率，实际利率却达到了 $(1+4\%)^{12} - 1 = 60.1\%$，远高于银行同期贷款的年利率，这进一步说明校园贷中的低利率只是一个幌子，学生需要付出高于银行利率 10 倍的代价。

(四) 教师总结

通过探讨，我们发现校园贷中所说的低利率只是一个幌子，所谓的低利率，实际上却需要付出高于银行利率10倍的代价，并且在利滚利的作用下，学生需要付出巨额的代价。我们告诫学生一定要树立正确的消费观念，拒绝校园贷，随时注意网络安全、金融安全，并对班级的学生是否有校园贷进行了一一排查。

四 德育教育与专业教育融合的成效

从校园贷这一在校园里流行的网上借贷事件出发，运用财务管理专业的知识，师生一起探索，得出校园贷提供的所谓低利率只是一个幌子，并且进行校园贷后贷款人需要付出巨大的代价，这一教育活动取得了一定的成效。

(一) 学生参与积极性高

通过师生一起探索，从大学生面临的、容易被贷款机构诱惑的校园贷出发，运用学生已经学习过的利滚利知识，让学生在计算中认识了校园贷的危害性，学生参与积极性高，改变了以前德育教育教师一人唱独角戏的局面。

(二) 拒绝校园贷，树立理性消费观念

在校园贷安全教育结束后，笔者对班级学生是否有校园贷进行了排查。结果是没有一个学生参与校园贷，学生纷纷表示，要珍惜他们的信用状况，树立正确的消费观念，不超前消费，也不滞后消费。

(三) 学生更加科学合理地安排资金

以往学生往往到15号的时候，手里就没有钱了，然后通过网上

平台去借款。通过校园贷安全教育后，学生更加科学合理地安排资金，"月光族"的现象明显减少。

参考文献：

文中晴：《大学德育教育中存在的问题及应对措施》，《长江大学学报》2013年第3期。

邢永富：《校园安全问题的教育思考》，《首都师范大学学报》2010年第6期。

孙晓峰：《论高校德育与专业教育的融通》，《中国高教研究》2007年第12期。

方晓珍：《积极探索高校德育与专业教育融通的新途径》，《科技信息》2012年第22期。

冯玉芳：《高职德育教育与专业结合探析》，《经营管理者》2014年第10期。

张琳：《教师在大学德育教育中角色的转化》，《成人教育》2012年第2期。

朱宝英：《浅谈如何在专业教育中渗透德育教育》，《西北医学教育》2009年第8期。

"互联网+"背景下"小学科学课程与教学"课堂教学实践探索

昝 彪[*]

"小学科学课程与教学"是为科学教育专业学生开设的一门教师教育课,担负着帮助师范生体验、学习教育教学理论与技能的职责。它是一门综合实践课,旨在帮助学生在实习前熟悉小学科学教学的场景,通过教案书写、教室试讲、微格教学、试讲评价和教学反思等环节,磨砺学生小学科学教学技能,获得对教学较全面的认知。让学生将学科中心知识、教师教育理论和教学实践三者结合起来,形成可操作、能实践和够实用的整合性知识体系。在职前,构建实践取向的知识体系、技能系统,为职后尽快适应课堂教学,解决实际问题奠定基础。这是师范专业本质属性和中小学实际需求向"小学科学课程与教学"提出的要求,实践导向是今后教师教育课程改革努力的方向。怎么才能突出教师教育课程的"实践导向"呢?目前看来,引入新的教学方式,重构课堂教学不失为一个好办法。

作为教师教育课程,"小学科学课程与教学"本身就是研究课程及教学等实践问题的学科,是学生实习前最后一门课程与教学指导课程,更该服务于实践导向。特别是在课堂教学中,教师和学生相互影响,学生学习这门课的经历就是一段潜移默化的课堂教学实录,

---

[*] 昝彪:川北幼儿师范高等专科学校助教,研究方向:课程与教学论。

会在他们今后的教学过程中有意无意地模仿授课教师的一言一行，从而影响他们的试讲以及实际教学工作。当然，在"小学科学课程与教学"的课堂上如何使用信息技术，也会体现在学生使用教育信息手段来解决实际教学问题中。所以，笔者通过课堂教学的问卷调查，了解课堂教学的现状，提出了利用"互联网+"的思维破解"小学科学课程与教学"中所显现的问题，帮助学生毕业后尽快成长为一名合格教师。

本文研究主要参考了上海师范大学教育学院吴艳博士编制的"大学课堂教学危机学生调查问卷"的部分内容，结合自身情况，编制了"课堂教学现状学生调查问卷"。本文研究发放了146份问卷，覆盖2015级科学教育专业三个班的所有学生，收回问卷146份，其中，有效问卷144份，有效率为98.6%。

表1　　　　　　　　　　调查基本情况

变量	类别	人数（人）	占比（%）
性别	男	12	8.3
	女	132	91.7

一　课堂教学存在之不足

进入21世纪，伴随着信息技术的飞速发展与广泛应用，"互联网+"教育已初见成效，课程与教学论本身及周边累积的知识愈加丰富，其体系不断扩大，但以"学习为本"的价值观仍是主流，当代课程与教学论开始建构"学程式"的新结构，以强化其操作性并促进有效教学。同时，不能仅以课程变革推动整个"小学科学课程与教学"的改革，需要课堂教学做出实践探索，课堂教学的革新也应该随时代进步而迈开步伐。但是，当下的"小学科学课程与教学"课堂仍然存在以下不足，有待解决。

（一）教学方式守旧

课程与教学论的主要作用是帮助学生建构基本课程理论和习得基础教学技能，本该承担推动课程改革、课堂革命的职责。反观该课程的课堂教学，仍遵循着较为传统的教学方式。一本教材、一支粉笔、一次试讲，教师讲、学生听的教学模式还占主流。用传统的方式教授着先进的理念。问卷中关于"老师在授课时是否采取了灵活的教学方法"，有83.3%的学生认为，教师采取的教学方法陈旧，无法满足学习的需求；仅有16.7%的学生认为，老师的教学方法灵活，能为他们的试讲提供典范。同时，基础教育改革已进行多年，新的教学方式不断涌现，课程改革和教法创新持续推进，作为培育师资的课程却仍旧沿用传统的、刻板的教学方式就更不合时宜了。培育合格的教师，必须保持大学师资教育和基础教育改革的一致性，也就是常说的"教师教育与基础教育课程改革的合流"，这样才能培育出符合社会要求，理解基础教育的师范生。

（二）师生互动不足

学校师生是共存的教学组织，良好的沟通是保证教学效果的有效途径，它直接关系到大学生的成长成才。对于注重实践取向的"小学科学课程与教学"而言，学生在撰写教案、小组试讲、微格试讲等环节均会遇到不同的问题，每一个学生都有切合其实际需要的解决方法。仅靠教师总括性的讲解很难对学生产生实际的指导作用，此时需要针对学生个体的专门性指导，建立起畅通的师生互动渠道，这样才能促进学生专业的成长。问卷中关于"教师是否留有足够的时间解答学生的疑问"，有70.8%的学生认为，教师没有留下足够的时间帮助学生解答疑问，只有29.2%的学生认为，老师留有足够的时间解答疑问。可见，教师和学生间的互动渠道不够畅通，教师对学生的指导还无法满足学生的需求。

（三）偏重理论学习

学生在学完教育学、心理学和学科课程等后，需要把以上内容相互融合，用教师的语言和形态展示出来，将内化于心的潜在知识转化成为外显于形的教学行为。《教师教育课程标准（试行）解读》指出，教师教育课程要求"实践取向"的基本理念，教师的专业是实践的专业，教师的专业发展必须落实到教师"育人实践"能力的提高上。所以将"小学科学课程与教学"设定为偏重理论学习的课程，是无可厚非的。而现今多数的教师教育课程教学，仍用大量的课时去阐述已经从教育学、心理学等基础学科中获得的知识以及解释教学原理和教学技能，只能陷入用理论说教去指导教学实践的怪圈里。问卷统计显示，有85.4%的学生希望在学习中获得更多的试讲机会，有75.7%的学生要求能够得到教师更多的单独指导。在收集到的今后希望学习的重点中，有绝大多数学生提到了希望老师能够有更多的机会指导学生的试讲活动，以保证他们能够顺利地参加教学实习。可见，学生在实习前，对于通过实践来提升他们的教学实践能力有相当大的意愿。

（四）课程内容陈旧

目前，小学科学教育专业的课程与教学教材有两本：一本是由张红霞主编，高等教育出版社出版的；另一本是由刘德华主编，中国人民大学出版社出版的。这两本教材分别是2010年版和2009年版，其内容更新速度无法适应小学科学的发展需要。特别是2017年教育部印发《义务教育小学科学课程标准》后，这两本教材均未进行相关修订，更无法满足现在的教学需要了。同时，从这两本教材的结构上看，它们均着重从理论层面介绍和分析科学的本质、科学教育的理论基础、小学科学教育的目标、小学科学教学理论等，对学生在实践中所遇到的小学课堂活动组织、小组学习指导、演示实验准备、教案书写等现实问题则很少提及。所以，在教学中需要任课教师根据实际需求，对教材中未涉及的内容进行补充，对过时的内容加以更正，对学生关心的问题做出着重解答，以保证课程适应时代的发展需要。

二 迎接"互联网＋"时代，积极展开探索

课堂教学是实施课程改革的主要场所。学生学习的过程是学生和教师互动，师生与教材互动，相互反思，共同完成课程改革和创新，建构能生长的课程的过程。2015年的《政府工作报告》提出了"互联网＋"概念，真是一石激起千层浪，各行各业均在不断解读和丰富其内涵与外延。教育也不能置身事外。教育教学改革需要拿起刀枪剑戟将原来的一切加以解构，建立新的结构。为此，笔者在自己的课堂教学中积极引入"互联网＋"思维。

（一）将课堂融入"网"

我们已经进入"互联网＋"时代，计算机科学和互联网技术的飞速发展，使人们生活在一张巨大的"网"里。手机、Ipad等移动设备得到极大普及。大学生人手一机已是事实，他们随时、随地、随意地使用身边的数字设备，通过各种APP进行阅读、社交和游戏。互联网和手机变成了生活的必需品。如何将学习融入"网"里？这是一项艰巨的任务。目前，我们有很多尝试。Mooc、微课和定制课等形式多样的课程被开发出来，为教育注入了新鲜血液。教师教育课程尤其是涉及实践技能学习的学科教法课在"互联网＋"的背景下进行创新和改革，是培养符合现代教育理念师资的必然结果。

我们在教材分析环节，将课堂融入互联网。教材分析是准备教案、实施教学的前提。传统课堂的教材分析，一般以作业的方式，学生完成作业，教师批改、评分，当作平时成绩，就算完成。使用学习平台后，学生在学习平台上提交电子作业。教师、学生都可以批改每一份作业，让学生评分后写下评语，提出改进建议，在修改后再次提

交作业，进行持续改进。这样作业以电子文档形式存在，学生可以随时查阅，学生之间也能相互学习，更好地促进合作学习。

（二）把课堂引入"平台"

微博、微信、飞信、QQ等新媒体社交工具，成为大众喜爱的社交平台，学生更是其忠实使用者。它们的技术较为成熟，对硬件要求不高，操作技术简单，使用成本低廉。可以说，每一个学生都能够很好地掌握使用方法。教师在学生试讲过程中，通过新媒体搭建试讲评价的新机制，将试讲的学生互评和教师评语及时放在网上，能够有效地提高评价过程的时效性和公开度。在公开的网络上，学生能够及时发表他们的观点，看到别人的评价，更容易形成互动交流，也有利于学生的反思和提高。教师可以通过手机端及时回答学生提出的问题，针对不同的学生开展个性化的指导。这样就消除了师生教学的时空距离，拉近了师生间的交流距离，能够激发学生学习、反思的激情。同时，每一次发言都记录在互联网上，也能帮助学生回忆之前的表现，为下一次的进步打下基础。

试讲环节是"小学科学课程与教学"课堂教学的重要环节。在传统课堂上，学生试讲完成后，整个试讲就告一段落了。引入学习平台后，教师在线设置讨论任务，要求学生在试讲后三天内完成对其自身和本组同学试讲情况的点评。学生在思考后，在线给出他们的点评，既是对别人试讲的评价也是他们对试讲本身的反思。

（三）让课堂倾向"实践"

课程与教学是一项目的性的专业实践，最终指向教育教学质量的提升，促进每一位学生的成长。"小学科学课程与教学"作为学生实习前完成理论知识和教学实习相融合的一门课，应该更加突出实践取向。在课时设定中，仅将课程放在思辨的框架内讨论，显得比较单薄，要注意分配更多的实践课时，让学生能多试讲几次，多互评几次，用真切的感受锻炼学生的教学技能和课堂反思能力，这样才能走出课程重理论、轻实践的旧貌。教师可以将理论知识编辑成为学生前置学习的资料，通过微视频、微文档、微知识点的形式分发给学生自己学习。将更多的课时留给学生进行实践。学生可利用实践中所遇到的具体问题来测试其学习效果。理论自学，实践互评，教师指导，突出"以人为本"的教学理念，形成理论与实践相互印证、相互支撑的学习循环。

（四）使课堂走向"生长"

有活力、有效力的课程是可以生长的。要构建能生长的课程，需要随时关注学生的动向。学习的主体是学生，教师是协助学生的。教师有义务为学生提供符合其学习发展需要的课程。一本教材打天下的时代已成过去，按部就班地逐章讲解教材内容已不合时宜，提供个性化的学习是教学发展的趋势。在教学过程中定期或不定期地开展问卷调查，了解学生的学习情况，以及征询学生的学习期待，应该成为课堂教学的常规动作。基于学生学习的实际问题展开探索，是摆脱仅凭经验、直觉和理念进行教育教学单一模式的有效方法，是向教育本质属性的回归，也是从行动上构建生成性课程的有效模式。随着信息技术的发展，基于互联网的问卷调查极大地方便了教师展开针对学生学情的及时调查，很多平台都能在收集完调查信息后及时反馈调查结果，指导教师调整课程进度，更新课程内容，建立起能生长、有活力的课程。学生也会因为教师行动的改善而更加爱学习。

"互联网+"思维在课堂教学中的使用，应该有更广泛更高效的方式。笔者所做的这一点探索还远远不够，希望在今后的教学和科研中能扩宽思路，利用好"互联网+"的刀枪剑戟，重构课堂，帮助学生更好地学习。

参考文献：

黄甫全：《当代课程与教学论：新内容体系与教材结构》，《课程·教材·教法》2006年第1期。

陶青：《教师教育与基础教育课程改革合流：反思、批判与重建》，《教育理论与实践》2008年第5期。

钟启泉：《教师教育课程标准（试行）解读》，北京师范大学出版社2013年版。

王高贺：《教师视角中的高校师生沟通》，《教育评论》2013年第3期。

虞天意、马志强、周文叶：《基于证据的课程与教学研究范式转型——第十四届上海国际课程论坛综述》，《全球教育展望》2017年第2期。

教育精准扶贫背景下高校体育教育专业人才培养模式研究

——以四川师范大学体育学院培养体育教育专业人才为例

邢崇智　刘琴[*]

党的十八大以来，以习近平同志为核心的党中央把脱贫攻坚作为关乎党和国家政治方向、根本制度和发展道路的大事，扶贫开发成为实现全面小康社会的底线目标。2015年12月，《中共中央国务院关于打赢脱贫攻坚战的决定》明确提出了"阻断贫苦代际传递"，"让贫苦家庭子女都能接受公平有质量的教育"的要求。由此可见，党中央、国务院高度重视教育在脱贫攻坚战役中的地位和作用，教育是最有效、最直接、最根本的精准扶贫。

一　问题的提出

古语云："十年树木，百年树人。"教育是国家发展的千秋大计，是社会进步的源泉活水，也是人才培养的基石和保障。"扶贫先扶智"决定了教育扶贫的基础地位；"治贫先治愚"决定了教育扶贫的先导性功能；"脱贫防返贫"决定了教育扶贫的根本性作用，教育扶

---

[*] 邢崇智：四川师范大学讲师，研究方向：体育教育。刘琴：树德中学一级教师，研究方向：体育教育。

贫显然已经成为实现中国特色社会主义全面小康社会的根本保障。

师范院校在国家打响教育精准扶贫攻坚战役中发挥着至关重要的作用。教育实施的主体是专业人才，人才的培养离不开高校科学合理、与时俱进的培养方式和教学理念。在一些落后地区经济发展水平、物质条件等均未达到一定要求的情况下，专业人才的数量和质量就显得格外的重要和可贵了。

四川师范大学作为四川省培养师范类教师最为重要的摇篮和基地，长期担负着川内乃至西南地区各学科教师培养的重任，每年向社会输送高品质优秀的师范类毕业生走入学校教学工作岗位，为各个地区学校教育战线注入新鲜活力，促进当地教育事业的蓬勃发展。体育教育专业人才的培养不同于其他学科，它不仅是一种身体教育同时也是一种文化教育。因此，体育教育人才的培养需要注重两个方面：其一是各项体育运动技能的培养；其二是综合文化素质的培育。四川师范大学体育学院作为体育教育专业培养单位，在招收体育教育专业生源方面注重运动技能水平和文化综合素质，保证生源的质量，为今后培养优秀的体育教育专业人才打下了坚实的物质基础。

二 四川师范大学体育教育专业人才培养模式

（一）体育教育专业人才培养模式的目标

四川师范大学体育教育专业的设定是依据高等教育发展的需要和当前社会对体育教育人才需求多元化要求设立的，在积极贯彻执行国家提出的"健康第一"指导思想的基础上，紧扣学科核心素质教育的要求，遵循德、智、体、美全面发展的方针，制定出培养"厚基础、宽口径、高素质、强能力、广适应、重创新"的人才培养目标。

从体育专业人才培养的目标可以看出，体育学院注重学生系统地掌握体育教育的基本理论、基本知识和基本技能，同时培养学生掌握学校体育教育工作的规律和方法，鼓励创新精神和参与社会实践的能力。在当前形势下，国家大力发展教育扶贫战略，以教育为脱贫攻坚的重要武器，体育作为教育的重要组成部分具有"排头兵""当头炮"的作用。贫困地区由于经济落后，学校体育教学师资力量、硬件设施等比较薄弱，体育较其他学科的开展更加困难，为解决这一在短时间内尚不能改变的实际问题，需要体育专业人才具备"厚基础"，因地制宜地开展各种适合当地发展的体育运动项目。因此，要求对体育专业人才的培养必须做到不受教学场地、器材等外界条件的影响，适应周边环境和创新教学方法与手段，以高素质强能力打响教育扶贫的第一枪。

（二）体育教育专业人才培养模式的任务分析

据文献资料和专家访谈可知，四川师范大学体育教育专业的学生在校期间主要学习的科目有教育学、心理学、解剖学、生理学、学校体育学、体育锻炼、运动训练和竞赛等方面的基本理论、基本知识和基本技能。同时，接受体育科学研究的基本能力训练，掌握能够从事学校体育科学研究的基本能力等。第一，掌握教育学、心理学、人体科学的基本理论、基本知识；体育教学的基本理论与方法；体育锻炼、运动训练、运动竞赛、裁判的基本理论知识。第二，具有较强的教学实践能力、自学能力和一定的创新、创造能力，有一定的科研能力。第三，熟悉国家有关教育、体育工作的方针、政策和法规，了解学校体育改革和体育科学的发展动态。第四，初步掌握一门外国语，掌握计算机应用的基本知识。

从体育专业人才培养的任务来看，注重学生的体育教学理论知识，遵循教学的原则与规律，丰富体育教学的外延知识，使学生的体育文化综合素质有很大的提高与进步。这些任务的设定符合2003年颁布的《全国普通高校体育教育本科专业课程方案》在培养目标和规格、课程设置上的创新性要求，适应了我国社会转型和教育改革对体育教育专业人才的需求，进一步缩小了与国外高等体育院系教育发展的差距。

通过查阅相关文献获知，国外体育教师大多来自综合性大学、文理多科性大学以及一些州市教育培训机构或是团体。国外体育教育专业培养具有以下特点：其一，培养目标多向化。其二，培养"通才型"人才。其三，培养方法手段灵活。其四，培养模式不固定。四川师范大学在体育教育专业人才培养上借鉴国外发达国家体育教师培养的模式，结合自身发展的实际情况，形成了注重师范化、基础化、选修化、针对化、综合化的特点，充分发挥师范类院校的微课教学资源优势，培养开放式复合知识型教育人才，满足不同经济发展地区对体育教育人才的需求。

（三）体育教育专业人才培养模式的课程

目前，四川师范大学在体育教育专业上的标准学制是4年，实行弹性学制，学习期限可控制在3—6年，毕业时授予教育学学士学位。在四年的课程设置中分为专业基础普修课程以及专业技能专修课程。专业基础普修课程包括田径、体操、篮球、排球、足球、武术、网球、健美操、运动解剖学、人体生理学、体育保健学、学校体育学、体育学概论、运动生物力学、体育保健学、运动训练学。学生经过专业普修课程的学习后，体育专业学生在大三根据其自身的发展与兴趣爱好选择专项进行专修，进行两年专业特长能力的培养。专修的项目有篮球、足球、排球、田径、武术、体育舞蹈、网球、健美操等。

从专业主干课程的分析可知，四川师范大学在体育教育专业课程的设置上注重基础性群众体育项目，如"三大球"、田径、武术及健美操。这些项目所要求的场地器材条件不高，便于在体育基础设施薄弱的贫困地区开展学校体育教学工作。贫困地区由于经济落后，群众体育健身意识淡薄，因此在培养体育教育专业人才的过程中应加强基础性、群众性、通俗性体育运动项目在中小学校园的开展，这有助于提高贫困地区全民健身计划落到实处以及《健康中国2030规划纲要》的顺利实施，保障教育精准扶贫要求的落实，促进贫困地区群众体育的发展进程。

（四）体育教育专业人才培养模式

陆游《冬夜读书示子聿》说："纸上得来终觉浅，绝知此事要躬行。"从书本上得来的知识毕竟不够完善，如要深入理解学习其中的道理，就应该亲自实践。我们党始终坚持"实践是检验真理的唯一标准"，"没有调查就没有发言权"，教育实习过程就是引导学生在具体教育实践中认真学习和研究体育教育科学，探索教学训练基本规律，将书本知识与实践结合，使学生受到独立从事教学与训练的实际锻炼，为学生毕业后从事教学、训练工作打下坚实的基础。

1. 校内教学训练

四川师范大学校内实习指的是体育教育专业学生在修满所学科目的学分后，在老师的指导下，将其所学的专业基础课程知识联系实践，以增强实践认知的一种校内教学形式。一般是先熟悉体育教学、训练的相关工作，在教师指导下能独立承担1—2次体育教学工作，为校外实习提供锻炼的机会，增加教学经验和素养。具体的校内实习要求是：第一，提前一周布置教学内容，提出指导意见。第二，在正式上课前两天检查上课学生的教案，并在教案上签字同意其上课，如果不符合要求将不允许其上课，责令修改或重写。第三，组织小组其他学生看课，并检查其教案，提出指导意见。第四，按要求填写课堂评价表。第五，进行课后讲评。第六，实习工作完成后，对每个学生进行书面评价并给出成绩。第七，所有实习文件在实习完成后的一周内交教材教法教研室。

通过指导老师的言传身教与学生的亲身参与，使学生能够把课本理论知识运用到现实教学过程中，实践在课本中所学到的体育教学的方法、组织手段、运动技能等知识，为接下来的校外实习及今后走向体育教学工作岗位打下坚实的基础。

2. 校外教学实习

四川师范大学每年都会安排学生进行校外的实习工作，经过多方面的努力充分满足在校学生校外实习的需求与愿望，与省内各个中小学建立起良好的合作关系，使其成为四川师范大学校外实习基地（见表1）。

表1　　四川师范大学校外实训基地情况

单位	承担工作	每次接受学生人数
成都市双流中学	体育教育见习、体育教育研习	10
四川师大附中	体育教育见习、体育教育研习	8
通江地区中学	体育教育学生顶岗实习	3
眉山地区中学	体育教育学生顶岗实习	3
雅安地区中学	体育教育学生顶岗实习	3
棠湖中学	体育教育见习、体育教育研习	10
成都市12中	体育教育见习、体育教育研习	10
崇庆中学	体育教育实习	9
成都市外国语学校	体育教育实习	5
龙泉航天中学	体育教育实习	8
温江中学	体育教育实习	10
成都七中	体育教育实习	15
田家炳中学	体育教育实习	8

四川师范大学的学生在进入教学实训基地前，负责校外实习的指导老师会与学生进行一场校外教育实习指导研讨会，本着对学生负责，对实习单位负责的态度提出以下要求：其一，端正实习态度，做到严肃认真，兢兢业业。其二，听从校外指导教师的安排，不得挑三拣四。其三，按照指导教师的要求，认真写好教案，上课前两天交指导教师。其四，上课时要严格按教学规范进行，运用普通话上课。其五，坚持课后讲评，要虚心向指导教师和其他老师请教。其六，没有上课的同学要认真做好看课笔记，课后与指导教师、实习同学交流。其七，没有上课的同学也要写出教案交由指导教师检查，并请其提出意见。其八，实习工作完成后的一周内将所有实习文件上交学校教学部门。

通过走访了解，经历了校内的教学训练和校外的实习历练，许多学生都能按要求高质量地完成校外实习任务，收获了教学实践经验，获得了长足的进步。四川师范大学体育教育专业人才的培养是建立在一切从实际出发，结合当地经济文化发展水平，因地制宜地开设教学体育运动项目上的。西南地区作为国家扶贫攻坚的重要阵地，切实做好教育精准扶贫工作有助于全面小康社会目标的实现，真正地将扶贫脱贫工作落到实处，让教育真正成为推动国家兴旺发达、民族文化复兴的不竭动力。

三 四川师范大学未来体育教育改革发展趋势概括

（一）深挖优势学科资源建设，强化体育教学实践训练

在学校领导的大力支持与高度关注之下，四川师范大学体育学院通过不懈努力，无论是在场地器材的硬件设施方面还是在师资力量等软件实力上都取得了巨大的进步，这些资源为体育教育专业的全面发展构筑了强有力的保障。同时，依靠四川师范大学学科优势资源，借鉴校内其他优势学科建设过程中所积累的经验，少走弯路，不做无用功，传承并发扬学校在教育专业注重实践教学的优良传统，确立起"教学要结合实践"的教育理念。教学计划要重视实践教学环节，做到时间有保证、内容有计划、目标有要求、规范有制度、实习重效果。体育教学专业不断加强实践条件建设，规范实践教学内容，形成了实验、实习、社会实践相结合的实践教学体系，为培养"通用型"体育人才打下了坚实的基础。

（二）注重地方区域的发展特点，培养"通用型"体育人才

为了适应社会对于不同体育人才的需求，实现培养"通用型"体育人才的目标，近年来体育教育专业建设目标具体明确，培养内容清晰，及时走上了一条可持续发展的道路。面向社会日益增长的体育需

求,依托学校优势学科的建设经验,注重地方区域发展特点,全面培养"通用型"体育人才,做到"到校不挑不拣运动项目,尽快适应学校体育开展环境"。为教育精准扶贫攻坚"不讲条件,不找借口,不怨环境",踏实努力、敢于创新、无私奉献,做好一名体育教师应尽的责任与义务,让教育成为精准扶贫的攻坚力量。

四 结语

教育精准扶贫工程是一项利国利民的民生工程,解决了贫困地区在教育上的落后与不足,帮助贫困地区通过科学文化知识、专业知识技能、用他们的双手去打破贫困落后的局面,早日实现社会主义全面小康生活。教育的根本在于人才,人才的培养在于高校。体育教育作为教育工作的重要环节,不仅起着身体教育的功能,也起着发展社会德智体美劳综合素质教学的功能。因此,高度重视高校体育教育专业人才的培养,大力发展体育教育事业是教育精准扶贫攻坚的发力点和增长极。

参考文献:

《中共中央国务院关于打赢脱贫攻坚战的决定》,http://politics.people.com。

钟宏武:《中国企业扶贫研究报告》,社会科学文献出版社2016年版。

许瑞勋:《中国体育教师教育的改革审视与创新研究——构建体育教师教育新体系的理论探索》,博士学位论文,福建师范大学,2007年。

崔衍衍:《体育人才培训一专多能》,《中国体育报》2009年11月10日第6版。

王嘉毅等:《教育与精准扶贫精准脱贫》,《教育研究》2016年第7期。

马敏:《教育扶贫:高校如何精准发力》,中国教育新闻网,2017年4月14日。

追求更加有效的教师教育
——基于师范生对教师专业能力的自我评估

侯小兵[*]

当前，我国教育事业发展已经进入"以提高质量和优化结构为核心的内涵发展新阶段"。这不仅是教育发展的"新阶段"，也是教育改革的"深水区"。教育质量提升受到多方面因素的综合影响，其中，教师无疑是首要因素。没有教师的质量保障，就没有教育的质量提升。《国家中长期教育改革与规划发展纲要（2010—2020年）》提出，要"深化教师教育改革，创新培养模式，增强实习实践环节，强化师德修养和教学能力训练，提高教师培养质量"。近年来，我国陆续颁行了《教师教育课程标准（试行）》《幼儿园教师专业标准（试行）》《小学教师专业标准（试行）》《中学教师专业标准（试行）》《中小学教师资格考试暂行办法》《中小学教师资格定期注册暂行办法》《关于深化中小学教师职称制度改革的指导意见》等一系列政策措施来保障教师质量。在此背景下，拥有师范专业的高等院校（本文简称"高师院校"）应当对政府、社会和中小学的现实需求做出积极响应，大力深化教师教育综合改革，培养更多能教、会教、爱教的高质量教师。

长期以来，高师院校处在一种保护性体制之下，对社会环境变迁的响应相对迟滞。教师教育改革大多停留在细节的修修补补上，对教师培

---

[*] 侯小兵：绵阳师范学院副教授，研究方向：教育原理、教师教育、创造教育。

养质量在主观上重视不够，客观上效果不彰。高师院校除了对师范生的学科专业教育之外，究竟在多大程度上促进了师范生的教师专业学习？如果对此的回答是负面的，那么，高师院校的教师教育就是徒有其表，新手教师只会依据其生活经验组织教学活动。这显然算不上有效的教师教育。是否有效的关键衡量标准"不是高师院校是否系统地'培养'了师范生，而是师范生是否'学会'了如何当教师"。由于教师的工作"不仅仅是教一点内容，而是用多样化的教学方法来促进学生的学习"，教学应由"传送式教学"（transmission teaching）向"调试型教学"（adaptive teaching）转变，从而要求教师成为"调试型专家"（adaptive expert）。因此，师范生是否学会当教师主要不在于学科专业教育的效果，而在于教师专业学习的效果。本文在对师范生的教师专业能力自我评估数据加以分析的基础上，进一步展开对有效教师教育的思考。

一　研究设计

运用自编问卷测量师范生的教师专业能力。问卷编制采用李克特五点计分法，分别给"非常差""比较差""一般""比较好""非常好"五个选项赋值1、2、3、4、5。得分越高，表示被调查者在这一项目上的学习效果越好；反之，学习效果则越差。在对试调查数据进行项目分析、因子分析和专家论证之后，正式问卷由27个项目构成，这些项目涵盖学生理解、教学实施、教学设计、教学反思、教育科研、实践指导、课程开发七个维度。"学生理解"主要反映师范生在认识学生发展水平、需求和障碍，以及引导和帮助学生健康成长方面的学习效果；"教学实施"主要反映师范生在有效组织教学过程方面的学习效果；"教学设计"主要反映师范生在合理设计教学目标、材料、程序和方法方面的学习效果；"教学反思"主要反映师范生通过学生反馈和自我反思促进专业发展方面的学习效果；"教育科研"主要反映师范生在运用科学方法探究教育问题并形成研究成果方面的学习效果；"实践指导"主要反映师范生在指导学生开展科技创新实践活动方面的学习效果；

"课程开发"主要反映师范生在自主开发课程方面的学习效果。

正式调查在天津、吉林、武汉和四川的6所高师院校进行，共发放问卷1450份，收回1438份，其中，有效问卷1385份，有效回收率为95.52%。在问卷信度方面，一般要求内部一致性系数（a系数）达到0.70以上。通过信度分析，问卷总体的a系数为0.931，剔除某个项目后的a系数介于0.928和0.930之间。学生理解、教学实施、教学设计、教学反思、教育科研、实践指导、课程开发七个分量表的a系数分别为0.740、0.687、0.711、0.597、0.741、0.660和0.717。

二 分析结果

（一）师范生对教师专业能力评估的基本概况

师范生对教师专业能力的自我评估涵盖了27项指标，每个项目得分的均值反映师范生在该项目上的学习效果。从对1385名师范生的调查结果来看，师范生在这27个项目上的得分均值介于3.376与3.718之间。其中，有1个项目的得分均值低于3.40，有6个项目的得分均值在3.40—3.50，有8个项目的得分均值在3.51—3.60，有11个项目的得分均值在3.61—3.70，有1个项目的得分均值大于3.70。从项目具体内容上看，师范生在"围绕特定主题建立跨学科课程"项目上的评价最低，在"准确把握教学内容的重点和难点"项目上的评价最高（见表1）。

表1 师范生对教师专业能力自我评估的维度、项目及水平

维度	项目编号	评估内容	M
D1：学生理解	X03	与家长进行有效沟通	3.457
	X22	帮助新同学融入班集体	3.624
	X09	识别不同学生的学习需求	3.583
	X14	对学生进行心理疏导	3.610
	X11	如何给学生写评语	3.548

续表

维　度	项目编号	评估内容	M
D2：教学实施	X04	维持良好的课堂教学秩序	3.617
	X10	在教学过程中培养学生的综合能力	3.570
	X02	合理运用现代教育技术辅助教学	3.672
	X16	在教学过程中引导学生的注意力	3.668
	X18	机智地应对教学过程中的突发情况	3.594
D3：教学设计	X01	设置合理的教学目标	3.541
	X17	准确把握教学内容的重点和难点	3.718
	X19	判断教学材料对学生学习的有效性	3.632
	X23	在教材之外寻找教学材料	3.654
	X27	以新颖的方式组织教学材料	3.552
D4：教学反思	X05	根据学生的反馈意见改进教学方案	3.637
	X15	通过自我教学反思改进教学工作	3.679
	X25	通过与学生的有效沟通认识自己	3.690
D5：教育科研	X07	合理地设计教育科研课题	3.465
	X08	规范地运用教育科研方法	3.510
	X24	撰写学术论文或调查报告	3.474
D6：实践指导	X06	组织学生参加班级活动	3.647
	X13	指导学生开展研究性学习	3.438
	X20	指导学生开展科技创新实践	3.450
D7：课程开发	X26	根据特定主题设计微型课程	3.518
	X21	根据学生需要开设选修课程	3.412
	X12	围绕特定主题建立跨学科课程	3.376

运用被调查者在各维度指标项目的得分均值表示师范生对教师专业能力自我评估的维度水平。分析表明，师范生对教师专业能力自我评估的总体水平一般，均值为3.568。在"学生理解""教学实施""教学设计""教学反思""教育科研""实践指导""课程开发"维度的效果评估均值分别为3.564、3.624、3.620、3.669、3.483、3.512和3.435（见图1）。从这七个维度来看，师范生对教师教育传

统项目的评价较好，如"教学设计""教学实施""教学反思""学生理解"，这反映出他们的基本功比较扎实。但是，他们对教师教育创新项目的评价较差，如"教育科研""实践指导""课程开发"，这反映出他们的创新教育能力相对不足。

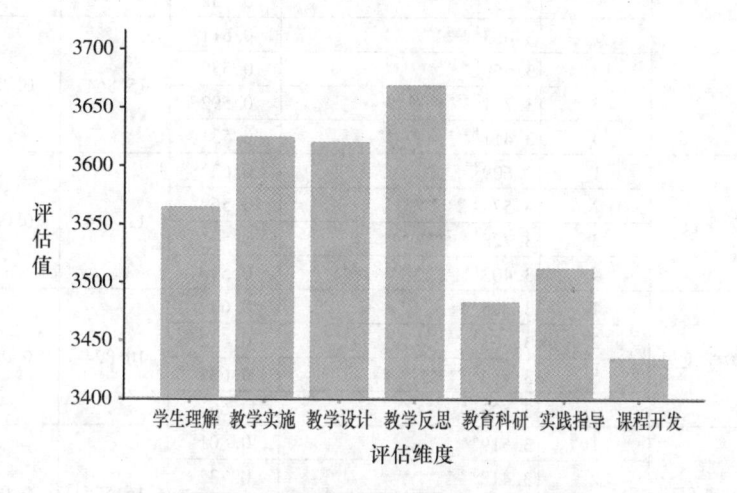

图1 师范生对教师专业能力各维度的自我评估

（二）师范生对教师专业能力评估的年级特征

在1385名调查对象中，有大一师范生190人，大二师范生576人，大三师范生491人，大四师范生128人。大一师范生对教师专业能力评估的总体水平为3.595，大二师范生为3.503，大三师范生为3.705，大四师范生为3.297。这使四个年级的师范生表现出了一个逐年"高—低—更高—更低"的变化趋势。F检验表明，这四个年级的师范生对教师专业能力评估总体水平间的差异非常显著（$F_{(3,1381)}=25.199$，$p<0.001$）。多重比较表明，任意两个年级师范生对教师专业能力评估的总体水平都存在着显著差异（详见表2）。

表2　　不同年级师范生对教师专业能力的评估

	年级①	M ②③	SD	F	p
D1：学生理解	1	3.591³*,⁴***	0.632	21.391	0.000
	2	3.509³***,⁴***	0.614		
	3	3.706¹*,²***,⁴***	0.627		
	4	3.233¹***,²***,³***	0.752		
D2：教学实施	1	3.663²*,⁴***	0.611	15.864	0.000
	2	3.559¹*,³***,⁴**	0.538		
	3	3.741²***,⁴***	0.592		
	4	3.411¹***,²**³***	0.531		
D3：教学设计	1	3.609³*,⁴**	0.622	12.414	0.000
	2	3.578³***,⁴**	0.569		
	3	3.728¹*,²***,⁴***	0.591		
	4	3.403¹**²**³***	0.590		
D4：教学反思	1	3.695⁴*	0.639	10.824	0.000
	2	3.593³***	0.622		
	3	3.786²***,⁴***	0.631		
	4	3.523¹*,³***	0.661		
D5：教育科研	1	3.519⁴***	0.801	16.505	0.000
	2	3.418³***,⁴***	0.732		
	3	3.631²***,⁴***	0.730		
	4	3.154¹***,²***,³***	0.740		
D6：实践指导	1	3.572²*⁴***	0.724	22.092	0.000
	2	3.414¹**³***,⁴**	0.709		
	3	3.684²***,⁴***	0.699		
	4	3.198¹***,²**³***	0.733		
D7：课程开发	1	3.461³*,⁴***	0.807	21.730	0.000
	2	3.359³***,⁴***	0.738		
	3	3.612¹*,²***,⁴***	0.757		
	4	3.057¹***,²***,³***	0.741		
总体水平	1	3.595²*,³*,⁴***	0.570	25.199	0.000
	2	3.503¹*,³***,⁴***	0.507		
	3	3.705¹*,²***,⁴***	0.538		
	4	3.297¹***,²***,³***	0.520		

注：①"1"代表大一，"2"代表大二，"3"代表大三，"4"代表大四。②上标表示该年级与上标数字所代表年级的师范生对专业学习效果评估均值的 LSD 检验结果。③ * 表示 $p<0.05$，** 表示 $p<0.01$，*** 表示 $p<0.001$，下文同。

如表2所示，不同年级师范生在学生理解（$F_{(3,1381)}$ = 21.391，$p<0.001$）、教学实施（$F_{(3,1381)}$ = 15.864，$p<0.001$）、教学设计（$F_{(3,1381)}$ = 12.414，$p<0.001$）、教学反思（$F_{(3,1381)}$ = 10.824，$p<0.001$）、教育科研（$F_{(3,1381)}$ = 16.505，$p<0.001$）、实践指导（$F_{(3,1381)}$ = 22.092，$p<0.001$）、课程开发（$F_{(3,1381)}$ = 21.730，$p<0.001$）七个维度上都存在非常显著的差异。在每个维度上，四个年级师范生的效果评估水平都无一例外地反映出逐年"高—低—更高—更低"的变化趋势。从大四师范生来看，他们只有在"教学反思"维度上与大二师范生没有显著差异，而在其他所有维度上都是非常显著地低于大一、大二和大三师范生（见图2）。

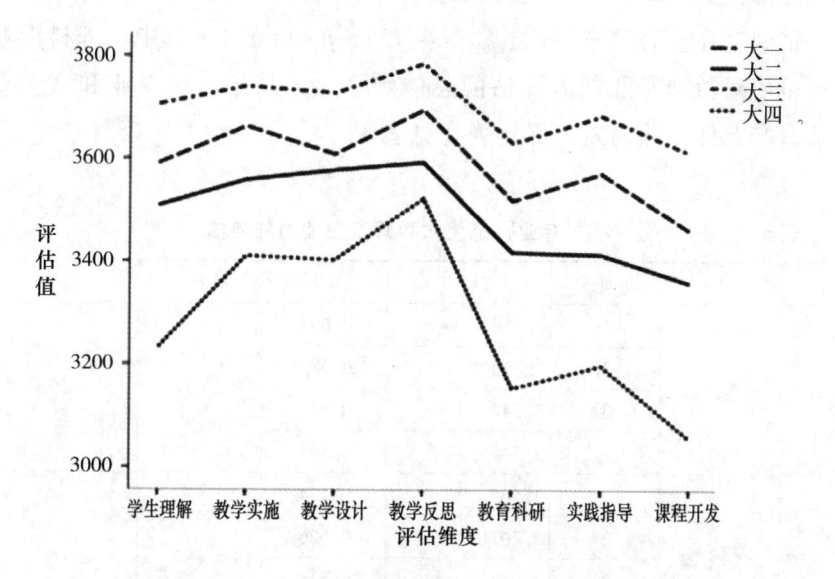

图2 四个年级师范生从七个维度对教师专业能力的评估

按照常理来讲，随着年级的增高，师范生的教师专业知识与能力都应当逐步提升。但是，他们在经过教学实习之后，为何对自身的专业学习效果评价更低？这值得深思。如果说师范生在大一时的"高"带有明显的非理性，那么，大二的"低"则体现出一种理性的回归，大三的"更高"则是高校教师教育之后的逻辑生成。这似乎可以理解为教师教育的"成功",但是,当他们在"遭遇"大四的教学实践之后,则对自身专业学习效果秉持了一种负向的评价。这或许成为反映当前教师教育实践性和有效性缺失的一个证据。

(三) 师范生对教师专业能力评估的专业特征

在1385名调查对象中,有415人就读于文科师范专业,有476人就读于理科师范专业,有232人就读于艺体师范专业,有262人就读于其他师范专业。文科专业师范生对教师专业能力评估的总体水平为3.512,理科专业师范生为3.640,艺体专业师范生为3.563,其他专业师范生为3.530。F检验表明,不同专业师范生对教师专业能力评估间存在显著差异($F_{(3,1381)} = 4.757$,$p < 0.01$)。其中,理科专业师范生对教师专业能力评估的总体水平显著高于文科专业和其他专业,与艺体专业的差异不显著(见表3)。

表3　　　　　不同专业师范生对教师专业能力的评估

	专业①	M②	SD	F	p
D1:学生理解	1	3.510[2]**	0.655	2.821	0.038
	2	3.632[1]**	0.683		
	3	3.547	0.617		
	4	3.545	0.595		
D2:教学实施	1	3.565[2]***	0.534	5.883	0.001
	2	3.701[1]***,[4]***	0.626		
	3	3.653[4]*	0.518		
	4	3.552[2]***,[3]*	0.580		
D3:教学设计	1	3.590[2]*	0.572	3.267	0.021
	2	3.688[1]*,[3]*,[4]**	0.636		
	3	3.588[2]*	0.528		
	4	3.571[2]**	0.594		

续表

	专业①	M②	SD	F	p
D4：教学反思	1	3.635²*	0.611	2.456	0.062
	2	3.732¹*,³*	0.676		
	3	3.625²*	0.607		
	4	3.645	0.630		
D5：教育科研	1	3.437²*	0.719	2.669	0.046
	2	3.560¹*,⁴*	0.815		
	3	3.473	0.709		
	4	3.426²*	0.724		
D6：实践指导	1	3.435²***	0.682	3.516	0.015
	2	3.590¹***	0.788		
	3	3.511	0.699		
	4	3.491	0.686		
D7：课程开发	1	3.333²***,³*	0.752	4.340	0.005
	2	3.513¹***	0.808		
	3	3.477¹*	0.701		
	4	3.420	0.778		
总体水平	1	3.512²***	0.510	4.757	0.003
	2	3.640¹***,⁴**	0.603		
	3	3.563	0.467		
	4	3.530²**	0.524		

注：①"1"代表文科师范专业（含中文、英语、政治、历史、地理），"2"代表理科师范专业（含数学、物理、化学、生物），"3"代表艺体师范专业（含音乐、体育、美术），"4"代表其他师范专业（含科学教育、艺术教育、学前教育、小学教育、教育技术、教育学等）。②上标表示该专业与上标数字所代表专业的师范生对专业学习效果评估均值的 LSD 检验结果。

如表3所示，不同专业师范生在学生理解（$F_{(3,1381)}=2.821$，$p<0.05$）、教学设计（$F_{(3,1381)}=3.267$，$p<0.021$）、教育科研（$F_{(3,1381)}=2.669$，$p<0.05$）、实践指导（$F_{(3,1381)}=3.516$，$p<0.05$）四个维度

上的差异比较显著，在教学实施（$F_{(3,1381)}=5.883,p<0.01$）、课程开发（$F_{(3,1381)}=4.340,p<0.01$）两个维度上的差异显著，在教学反思（$F_{(3,1381)}=2.456,p>0.05$）方面的差异不显著。从不同专业师范生在七个基本维度自我评估值的多重比较结果来看，理科专业师范生在所有维度上的评估值都高于其他专业师范生。其中，理科专业师范生在"学生理解"维度上显著高于文科专业，在"教学实施"维度上显著高于文科和其他专业，在"教学设计"维度上显著高于文科、艺体和其他专业，在"教学反思"维度上显著高于文科和艺体专业，在"教育科研"维度上显著高于文科和其他专业，在"实践指导"维度上显著高于文科专业，在"课程开发"维度上显著高于文科专业。文科、艺术和其他专业师范生对教师专业能力各维度的评估值多有交叉，但总体上，文科专业师范生相对处于劣势（见图3）。

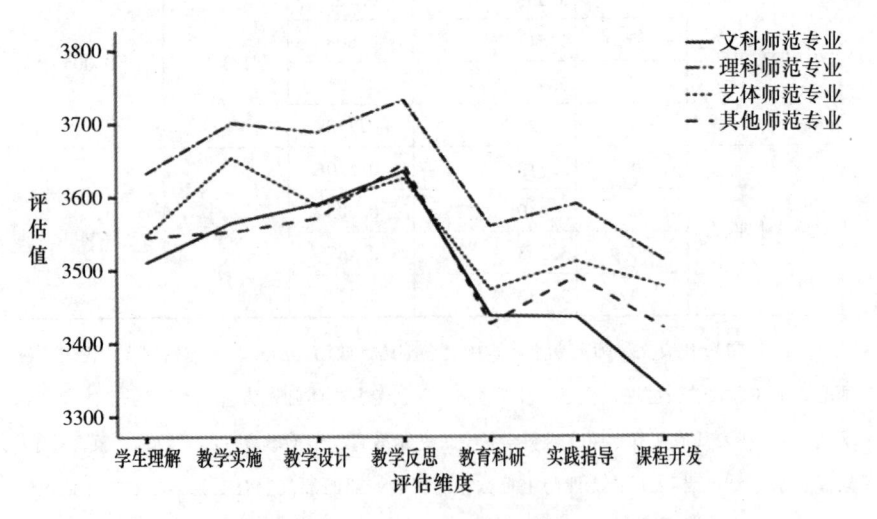

图3 不同专业师范生从七个维度对教师专业能力的评估

（四）师范生对教师专业能力评估的地区特征

在1385名调查对象中，有381人在东部地区学习，有469人在中部地区学习，有535人在西部地区学习。东部地区师范生对教师专业能力评估的总体水平为 3.820，中部地区师范生为 3.715，西部地区师范生为 3.260。F 检验表明，不同地区师范生对教师专业能力评估存在非常显著的差异（$F_{(2,1382)} = 183.173$，$p < 0.001$）。其中，东部地区师范生对教师专业能力评估的总体水平显著高于中部地区和西部地区，中部地区师范生对教师专业能力的总体水平显著高于西部地区（见表4）。

表4　　　　不同地区师范生对教师专业能力的评估

	地区①	M②	SD	F	p
D1：学生理解	1	3.808[2**,3***]	0.526	96.139	0.000
	2	3.685[1**,3***]	0.613		
	3	3.285[1***,2***]	0.657		
D2：教学实施	1	3.803[3***]	0.522	85.862	0.000
	2	3.753[3***]	0.551		
	3	3.384[1***,2***]	0.553		
D3：教学设计	1	3.839[2**,3***]	0.539	87.660	0.000
	2	3.720[1**,3***]	0.540		
	3	3.376[1***,2***]	0.589		
D4：教学反思	1	3.837[3***]	0.545	49.995	0.000
	2	3.767[3***]	0.613		
	3	3.463[1***,2***]	0.665		
D5：教育科研	1	3.819[2**,3***]	0.670	173.239	0.000
	2	3.690[1**,3***]	0.635		
	3	3.062[1***,2***]	0.711		
D6：实践指导	1	3.851[2***,3***]	0.556	177.248	0.000
	2	3.699[1***,3***]	0.641		
	3	3.105[1***,2***]	0.711		
D7：课程开发	1	3.794[2*,3***]	0.637	212.673	0.000
	2	3.678[1*,3***]	0.676		
	3	2.967[1***,2***]	0.700		

续表

	地区①	M②	SD	F	p
总体水平	1	3.820^{2***,3***}	0.421	183.173	0.000
	2	3.715^{1***,3***}	0.492		
	3	3.260^{1***,2***}	0.513		

注：①"1"代表东部地区，"2"代表中部地区，"3"代表西部地区。②上标表示该地区与上标数字所代表地区的师范生对专业学习效果评估均值的LSD检验结果。

如表4所示，不同地区师范生在学生理解（$F_{(2,1382)} = 96.139$，$p < 0.001$）、教学实施（$F_{(2,1382)} = 85.862$，$p < 0.001$）、教学设计（$F_{(2,1382)} = 87.660$，$p < 0.001$）、教学反思（$F_{(2,1382)} = 49.995$，$p < 0.001$）、教育科研（$F_{(2,1382)} = 173.239$，$p < 0.001$）、实践指导（$F_{(2,1382)} = 177.248$，$p < 0.001$）、课程开发（$F_{(2,1382)} = 212.673$，$p < 0.001$）七个维度上的差异非常显著。从不同专业师范生在七个基本维度自我评估值的多重比较结果来看，东部地区师范生在所有维度上的评估值都高于中部地区，而中部地区师范生在全部维度上的评估值又高于西部地区（见图4）。其

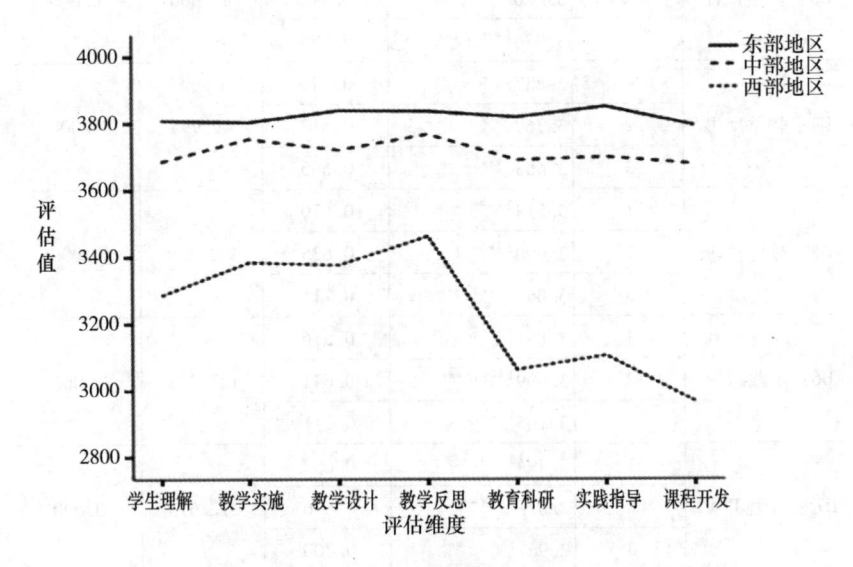

图4　不同地区师范生从七个维度对教师专业能力的评估

中，西部地区师范生在这七个维度上的评估值同时显著低于东部地区和中部地区师范生；中部地区师范生在"学生理解""教学设计""教育科研""实践指导""课程开发"五个维度上的评估值显著低于东部地区，而在"教学实施"和"教学反思"两个维度上的差异不显著。总而言之，在师范生对教师专业能力的自我评估方面，西部地区与东部地区、中部地区存在着较大差距。尽管中部地区也落后于东部地区，然而东、西差距远远大于东、中差距。

（五）师范生对教师专业能力评估的学校特征

在1385名调查对象中，有79人来自部属师范大学，有1076人来自省属师范大学，有230人来自省属师范学院。部属师范大学师范生对教师专业能力评估的总体水平为3.953，省属师范大学师范生为3.612，省属师范学院师范生为3.232。F检验表明，不同高校师范生对教师专业能力评估存在非常显著的差异（$F_{(2,1382)} = 75.066$，$p < 0.001$）。其中，部属师范大学师范生对教师专业能力评估的总体水平显著高于省属师范大学和省属师范学院，省属师范大学师范生对教师专业能力的总体水平显著高于省属师范学院（见表5）。

表5　　　　不同高校师范生对教师专业能力的评估

	高校①	M②	SD	F	p
D1：学生理解	1	4.010²***,³***	0.773	60.141	0.000
	2	3.608¹***,³***	0.595		
	3	3.210¹***,²***	0.690		
D2：教学实施	1	4.013²***,³***	0.728	45.390	0.000
	2	3.651¹***,³***	0.540		
	3	3.363¹***,²***	0.578		
D3：教学设计	1	3.927²***,³***	0.732	40.011	0.000
	2	3.657¹***,³***	0.554		
	3	3.342¹***,²***	0.623		

续表

	高校①	M②	SD	F	p
D4：教学反思	1	4.030[2***,3***]	0.792	27.632	0.000
	2	3.689[1***,3***]	0.606		
	3	3.451[1***,2***]	0.653		
D5：教育科研	1	3.789[2***,3***]	0.801	51.212	0.000
	2	3.552[1***,3***]	0.721		
	3	3.057[1***,2***]	0.735		
D6：实践指导	1	4.030[2***,3***]	0.805	59.821	0.000
	2	3.557[1***,3***]	0.678		
	3	3.123[1***,2***]	0.743		
D7：课程开发	1	3.814[2***,3***]	0.813	71.088	0.000
	2	3.515[1***,3***]	0.725		
	3	2.930[1***,2***]	0.753		
总体水平	1	3.953[2***,3***]	0.719	75.066	0.000
	2	3.612[1***,3***]	0.491		
	3	3.232[1***,2***]	0.542		

注：① "1" 代表部属师范大学，"2" 代表省属师范大学，"3" 代表省属师范学院。
② 上标表示该高校与上标数字所代表高校的师范生对专业学习效果评估均值的 LSD 检验结果。

如表 5 所示，不同地区师范生在学生理解（$F_{(2,1382)} = 60.141$，$p < 0.001$）、教学实施（$F_{(2,1382)} = 45.390$，$p < 0.001$）、教学设计（$F_{(2,1382)} = 40.011$，$p < 0.001$）、教学反思（$F_{(2,1382)} = 27.632$，$p < 0.001$）、教育科研（$F_{(2,1382)} = 51.212$，$p < 0.001$）、实践指导（$F_{(2,1382)} = 59.821$，$p < 0.001$）、课程开发（$F_{(2,1382)} = 71.088$，$p < 0.001$）七个维度上的差异非常显著。从不同专业师范生在七个基本维度自我评估值的多重比较结果来看，部属师范大学师范生在所有维度上的评估值都高于省属师范大学，而省属师范大学师范生在全部维度上的评估值又高于省属师范学院（见图 5）。在这三类高校之间，任意两类高校的师范生在七个维度上的评估值都存在着非常显著的差异。

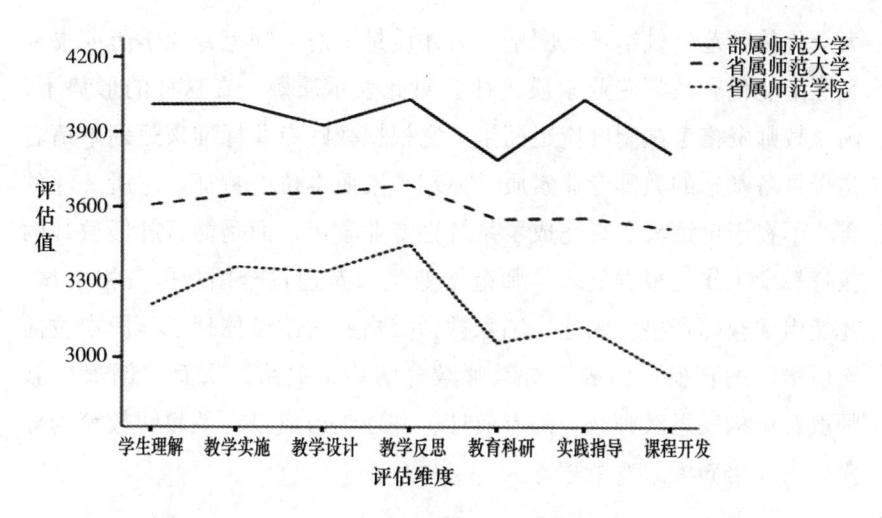

图5 不同高校师范生从七个维度对教师专业能力的评估

三 问题讨论

（一）有效教师教育适应教师资格从学历本位向素质本位的转换

有效教师教育要能够帮助师范生取得教师资格，从而打开进入教师职业生涯的大门。否则，无论从高校、社会还是从师范生的立场上看，都很难说教师教育是有效的。1993年《中华人民共和国教师法》和1995年《教师资格条例》确立了教师资格制度的基本框架。在这一框架体系中，教师资格表现为典型的学历本位，教师教育具有鲜明的学历教育特征。教师资格制度实际上成了"学历资格制度"，师范专业的学历证书和教师资格证书几乎是等值关系。尽管也有其他资格条件如身份证明、体检证明、品德鉴定，但一般不会构成实质性的门槛。就实际情势而言，几乎所有的师范生都能取得学历证书，最坏的情况也只是延期而已。因此，在取得教师资格的意义上，学历本位的教师资格制度根本不存在有效教师教育的问题。

学历本位的教师资格制度适应了"普九"阶段中小学教师供不应求的客观形势。但是，伴随着高等教育大众化进程的推进，一方面是中小学教师岗位需求规模下降，质量标准提升；另一方面是高等教育大众化使师范生供给规模剧增，人才质量下滑。师范专业学历证书究竟能不能代表教师专业素质，社会对此表示质疑。在这样的形势下，国家教师资格考试制度应运而生。它根据教师专业标准来甄别申请者是否具备基本的教师专业素质，体现了素质本位的特征。它所关注的重心不在于申请者是否完成了系统性专业学习，而是能否胜任教师的教育教学工作。根据要求，师范毕业生只有通过全国教师资格考试，才能申请教师资格。因此，国家教师资格制度改革体现了学历本位向素质本位的转换，构成了对教师教育的鉴定关系，从而"倒逼"教师教育机构反思教师教育的有效性，并逐步形成以有效教师教育为导向的人才培养模式改革理念。

（二）有效教师教育体现教师专业情感、知识与能力的和谐发展

有效教师教育的外在表现是师范生能够取得教师资格，而其内在实质是师范生在教师情感、知识和能力各维度的和谐发展。否则，他们即使能够取得教师资格，也算不上真正有效的教师教育。

教师情感维度要求师范生能够认同教师职业，热爱教师工作，立志终身从教，即"爱教"。教师职业是需要情感投入的，是要用一颗心去温暖另一颗心的。只有发自内心地喜欢教书育人，才能体会到自我实现所带来的成就感。教师教育需要对师范生进行教师情感的培养和熏陶，把那些不爱教的师范生培养得爱教，把那些原本爱教的师范生培养得更加爱教。否则，教师教育就是无效的。教师知识维度要求师范生能够准确、熟练地掌握教学内容，保证给学生提供正确的知识和指导，即"能教"。无论培养学生的实践能力和综合素质有多么重要，它们都是以知识学习为基础的，谁也不能否认知识教学在学校教育中的重要地位。如果教师向学生传递了错误的知识，那么，这必然是误人子弟，也没有谁能接受这样的教师。教师教育需要指导师范生进行教师知识的系统学习与研究，以保证教学内容的正确性。否则，教师教育也是无效的。教师能力维度要求师范生能够以适合学生接受水平的有效方式传递教学内容，并促进学生身心和谐发展，即"会

教"。教育教学是一门科学，也是一门艺术。它既有章可循，又教无定法。"能教"者精通学问，却未必真正"会教"。教师教育需要指导师范生练习教学技能，分析儿童学情，反思教学经验，实践因材施教，用正确的方法开展有效的教学，真正促进儿童的身心发展。否则，教师教育还是无效的。在"爱教""能教""会教"的三维框架下，"爱教"是前提，它决定方向正确与否；"能教"是基础，它决定材料充足与否；"会教"是核心，它决定方法有效与否。本文选取教师专业能力为观测点，师范生的教师专业能力水平一般，教育知识传递方面的专业能力相对较强，教学实践创新方面的专业能力相对较弱。因此，有效教师教育要在教师情感、知识和能力三方面促进师范生的和谐发展，尤其是要着力培养师范生的教师专业能力。

（三）有效教师教育要求学科教育、教师教育与生涯教育相融合

有效教师教育不仅体现在帮助师范生入职上，也要为他们的教师生涯发展提供持续支持。它需要学科教育、教师教育与生涯教育的有机融合。学科教育主要解决"教什么"的问题，从而实现"能教"的目标。所谓"学高为师"，有学问未必就能称师，但无学问断然不能为师。教师教育主要解决"怎么教"的问题，从而实现"会教"的目标。基于教育活动主体的复杂性，教育教学并非只是教学技法的简单移植与复制，更不只是那些"三笔一话"（毛笔、钢笔、粉笔、普通话）的师范技能，而是教师的教育理念、学生理解、课程理解、交往策略等方面的综合运用。那种将教师教育理解为师范技能训练的观点是狭隘的、有害的，也注定是无效的。生涯教育主要解决"为什么教"的问题，从而实现"爱教"的目标。盲目的教育爱可能会充满激情，但终究是难以长久的。生涯教育要引领师范生不断地反思教师工作的目的、价值与意义，从而寻求自我实现和自我满足。只有从认知方面理解了教师，从心理方面认可了教师，才能从情感方面热爱教师。

从现行混合式本科或专科教师教育的实际情形来看，在师范专业培养方案中，学科教育占据着绝对主导地位，教师教育始终难以摆脱非专业课的附属地位，而生涯教育则与其他专业的就业教育并无二致。如此培养出来的师范毕业生即使称得上"能教"，但还算不上"会教"，也谈不上"爱教"。这样的教师教育自然也就算不上有效教师教育。如何将学科教育、教师教育和生涯教育有机衔接与融合起来，让师范生们真正做到能教、会教和爱教？这是有效教师教育需要关注的焦点问题，当然也是教师教育改革过程中的难点问题。

（四）有效教师教育要求建构更加开放的教师教育资源共享机制

长期以来，师范教育饱受诟病之关节在于其封闭带来的质量争议。师范教育向教师教育转型的目标是提高教师培养质量，其途径是通过开放来整合教师教育资源。这不但体现在教师教育体系从封闭走向开放，从而形成高师院校与其他普通高等院校共同举办教师教育的格局上，更要求高师院校在办学目标定位、教育组织形式、人才培养模式、专业层次结构、课程知识结构等各个领域和环节的开放化。如今，教师教育资源不但分散在高校之内，也广泛地分散在高校之外，需要从更宏大的视野出发实现资源整合，"教师教育机构不再是一个独立的学校组织，也不是综合大学中的特定部门，而是一个由多种组织机构或部门组成的网络联盟"。它既需要政府、高校与中小学的合作，也需要综合大学与高师院校的"联姻"。

事实上，近20年的教师教育转型并没有充分发挥出开放化所带来的优势。在高校内部的不同院系、不同区域的不同高校之间仍然体现出严重的封闭性，因而能够看到不同专业、地区、高校师范生的教师专业能力水平之间存在着显著差异。在高校内部，学科—学院—专业的组织模式把学校划分为"一个个独立自主、相互区分的'学术部落'"。在教师和学生心里形成强烈的标签意识，学术活动往往局限于自己所属的"地盘"，从而导致不同专业之间的深厚壁垒。更严重的问题是，师范生所理解的专业往往是关于"教什么"的学科专业，而不是"怎么教"的教师专业。这种状况至今未有明显改善。

从高校外部来看，不同地区、不同高校的优质资源难以对师范生的教师专业学习发挥作用，因而导致师范生的教师专业能力水平间存在非常显著的差异。学校层次越高，地区经济越发达，师范生的教师专业能力水平越高。无论这种差距是天生的，还是人为的，我们都完全有必要努力将其弥合。因为他们将来的教育对象都是国家和社会的"花朵"，没有任何一位儿童是允许被落下的。因此，教师教育机构需要从更加开放的体系中思考教师教育改革，借助互联网的平台优势和思维模式，为师范生提供更加优质、共享、有效的教师教育资源。

参考文献：

钟秉林：《深化综合改革 坚持依法治教 提高教育质量》，《教育研究》2016年第2期。

侯小兵：《我学会当教师了吗——本科师范毕业生对教师教育有效性的反思》，《当代教师教育》2015年第3期。

周钧、李小薇：《关于高质量教师教育的阐释——评〈有效教师教育〉》，《高等教育研究》2008年第1期。

李子江、张斌贤：《我国教师资格制度建设：问题与对策》，《教育研究》2008年第10期。

侯小兵：《学校—大学—联盟：教师教育机构转型的基本轨迹》，《中国高教研究》2013年第7期。

李中国、辛丽春、赵家春：《G—U—S教师教育协同创新模式实践探索》，《教育研究》2013年第12期。

母小勇：《教师教育模式：走向开放》，《教育理论与实践》2005年第9期。

胡春光：《大学学科的"学术部落化"及知识危机》，《教育评论》2012年第2期。

师范生微格教学课堂导入技能研究
——基于试讲试教微课视频案例分析

代 丽[*]

课堂导入不仅是教师引导学生参与学习的开篇之作，而且是教师必备的教学技能。巧妙自然的课堂导入能激发学生学习的兴趣，将学生的注意力吸引到课堂教学之中，起到引人入胜和聚焦课堂主题的效果。师范生由于缺乏教学经验和教学技巧，以及心理过度紧张等诸多因素，他们在课堂导入环节所出现的导入生硬、衔接不自然、方法单一、时间控制不当等问题较为突出，致使课堂教学效果不尽如人意。本文从教育心理学理论、信息技术教育学及教师学科教学论视角，通过师范生试讲试教微课视频案例，就课堂导入所存在的问题，提出值得借鉴的课堂导入训练方法和技巧。

一 课堂教学能力的重要性

教学能力作为教师教学能力中最基本、最重要的内容之一，是教师从事教学工作必备的专门技能。虽然教师的教学能力表现为一系列的教学行为方式，但其间却折射出教师是否具有先进的教育教学理念，是否运用学科专业知识，是否顺利完成教学任务和有效促

---

[*] 代丽：乐山师范学院讲师，研究方向：课程与教学论。

进学生的全面发展。师范生是未来的执教者，必须具备过硬的课堂教学能力，只有这样，才能在未来的职业生涯中站得住脚。高师院校开展微格教学实践教学活动，目的在于训练师范生的课堂教学能力，提升他们的教师素质。师范生通过职前课堂教学能力的训练，能够使自身的语言表达能力、课堂组织管理能力和心理素质等方面得到提升，使得他们在就业面试中更加从容、更有优势。研究表明，用人单位在招聘时十分注重"师范生的教师素质"，尤其是语言表达能力、组织管理能力和课堂应变能力。笔者在教育实习座谈中了解到，师范生通过职前的微格教学实践训练，在教育实习中的语言表达、课堂讲解、组织教学等能力得到明显提高，增强了他们从师任教的职业信心。但是，他们这些能力的获得与提升是不断克服缺点与不足的结果。

二 课堂导入存在的问题

（一）导入生硬

良好的课堂导入能够吸引学生的注意力。但是，"为导而导"、生硬突兀的课堂导入也会让学生失去兴趣，甚至影响课堂的教学效果。笔者通过观察语文、英语、数学、音乐等学科30余位师范生试讲试教的微课视频，发现仅有35%的师范生能做到针对课程内容设计与之直接联系的课堂导入，导入自然顺畅，能够激发学生兴趣。有10%的师范生忽略了课堂导入环节，直接进入课堂内容的讲解。其余大部分师范生设置了课堂导入，但仅仅是将其作为一个教学环节来安排，导入显得生硬和刻意。这种拼凑式的导入自然就达不到预期的教学效果。师范生 A 在讲《在幻灯片中插入声音》时，以"有没有喜欢的明星"这一提问进行课堂导入，其所提问题与所讲主题联系甚少，生拉硬扯地将"喜欢的明星"与课文的主题"在幻灯片中插入声音"联系在一起，显得十分牵强。师范生 B 在讲语文课文《观潮》时，以"上节课所学内容的写作顺序是什么？"直接进入新课，没有做到旧知与新知的自然衔接，更谈不上引起学生的兴趣和注意了。

（二）方法单一

　　课堂导入既是引导学生聚焦课堂也是发现问题的过程。多种多样的课堂导入既能加深学生对课堂主题的理解，更能在后续的课堂教学中"驾轻就熟"，与教师"心有灵犀一点通"。在30份试讲试教微课视频案例中，语文、英语等学科的10名学生微课的课堂导入，采用了回顾旧知引入新课的方法。数学、物理、生物等学科的11名师范生在其微课中采用了对一类知识或现象进行归纳的方式来导入新课。科学教育、化学、物理、通用技术等学科的6名师范生采用了实验导入，并在此基础上用设问设悬念来导入新课。其余的4名师范生分别采用了幻灯片、视频等方式引入生活实例，以此创设情境。可见，在微格教学课堂导入时，虽然师范生有课堂导入的意识，但是约70%的课堂导入方法较为单一，且倾向于采用传统的方式导入。仅有少部分学生能做到结合多种导入方法，特别是利用现代化教学手段，以引起学生的注意和兴趣。

（三）时间不当

　　课堂导入是教师进行新知识教学的前奏。导入时间的合理分配直接影响着课堂的教学效果。课堂导入时间过短，使得课堂开篇教学显得刻意、生硬，不能很好地创设教学情境，吸引学生注意力。导入时间过长，就会导致课堂重心偏离，教学内容主次不分。正如张瑜萍、林诗游所言，导入虽然很重要，但它并不是"主角"，只是"配角"，所以导入时间不宜过长，要简洁明了。观察30份师范生的15分钟试讲试教微课视频后发现，学生课堂导入1分钟以下为8人，1分钟至2分钟为16人，2分钟至3分钟有4人，3分钟以上有2人。可见，仅有53.3%的师范生将课堂导入时间控制在课堂教学时间的10%左右，即1—2分钟的适当范围，其后续的课堂教学效果也较好。其余接近一半师范生的微课出现了导入时间过短或过长的现象，不同程度地影响了整个课堂的教学效果。

三 微格教学的理据分析

（一）教育心理学理论

微格教学是利用现代视听技术对师范类学生掌握教学技能进行训练的"微型"教学方式。建构主义学习理论认为，学习是学习者认知结构重新建构的过程。师范生在微格教学中训练课堂教学技能的过程本质上是一种学习过程。微格教学中的一系列实践训练，使师范生在课堂上学到的教育教学理论和心理学理论得到了充分的贯彻和应用。微格教学作为一种视听教学和教学微技能专项训练手段，为师范生提供了一个具有独立性、重复性、探究性的教学情境，让他们学会信息的收集与处理，学会独立思考和解决问题的能力。师范生录制微课，对自己的微格教学视频进行课堂观察，发现自身课堂教学中存在的问题，并针对问题不断改进和提高。师范生长时间地沉浸在"课堂观察—发现问题—学习知识—改进提高"这个探究式学习过程中，通过"做中学，学中做"，反复操练和强化，从而找到最适宜他们的教学方法，促进教学技能螺旋式的提升。

（二）信息技术教育学

在网络信息时代，微课是"点"，慕课是"线"，翻转课堂是"面"，将微课与慕课有机整合应用到课堂教学中，可以真正实现课堂的翻转。如果说微课和慕课是线上教育，那么翻转课堂则是线上教育与线下教育的结合。微课、慕课和翻转课堂是当前信息技术应用到课堂教学的新型教育教学模式。这三类课堂因其侧重点和课堂开展的主要形式不同，各自有着不同的特点。优质的微课教学是慕课和翻转课堂取得良好教学效果的前提。微课既是一种独立的课程，又是慕课的教学元素之一。翻转课堂的前提和基础便是优质的微课，微课是以知识点为单位呈现的。微课形式上以视频教学为主，内容上以课程中的分块知识点为主，具有主题突出、目的明确等特点。微格教学正是采用微型课堂的形式对教学技能进行实践训练，其最大的优点是采用信息技术将教学过程记录下来，可供师范生反复观摩，及时做到教学反馈，不断提高他们的教学技能。

（三）教师学科教学论

教师不仅要掌握必备的学科知识、教学技能，还必须具备一定的信息素养，具备运用信息技术来支持教育教学的能力。教师要有效地使用技术进行教学，就要深入理解信息技术、学科内容和教学法三者间的关系，即具备整合技术的学科教学知识（TPACK）。TPACK是在教师的具体学习或实践中通过反思、共享与交流而不断增强的。教师TPACK的形成是教育教学实践和反思的结果。师范生只有将已掌握的理论知识融于实践教学之中，才能在潜移默化中完成自身显性知识和缄默知识的相互转换。微格教学作为师范生的重要实践教学活动，集情境教学与反思教学于整个过程之中。师范生在分项技能训练中，将理论知识融于实践教学，在技术知识、教学法知识与学科知识融合的同时对这三类知识进行有效整合。师范生反复观看他们的微课视频，对他们的教学过程和行为进行探讨和反思，通过经验反思促进可传递和可表达的显性知识的习得，使师范生增加TPACK运用能力。由此可见，微格教学对教学技能训练和反馈具有可视化特点，凸显出单项技能聚焦、教学主题突出、教学目标明确等特点。

四 课堂导入方法与应用

（一）导入技巧

师范生在课堂导入时不仅要彰显足够的学科文化知识和丰富的联想创造力，还应注意导入的情趣性、诱导性、目标性和迁移性。课堂教学的导入，首先要根据教学目标来设定。与教学内容无关的导入，即使生动、精彩，也不可取。导入包括方法技巧和语言技巧。技巧的掌握并不是一朝一夕的，而是源于反复的实践训练和经验积累。师范生在微格教学的实践训练中，充分应用在课堂上所学到的教育学和心理学理论知识。针对导入方法，师范生可以对同一主题进行同课异构式的课堂导入，不断总结各自不同的优缺点，掌握主题适宜或最佳的导入方式。针对导入语言，师范生则可以通过微格教学对同一事物同一观点采用不同的表达方式，反复锤炼语言的清楚准确和自然流畅，练就"先声夺人"和"言为心声"的表达技巧。

（二）方法多元

课堂导入并没有固定的模式和方法。常用的课堂导入方法有知识导入、知识或现象归纳导入、提问设悬念导入、生活实例导入、实验导入、游戏导入、视频导入等。随着新课程改革的不断深入，单一的导入方式已不能满足课堂教学的需要，教师应重视学生学习和思考的过程，在课堂导入的设计上应采用与现代信息技术相结合的多元化导入方式，让学生从多个角度理解课堂主题，以便更好地激发学生探求新知识的热情，增强其对课堂内容的关注度和期待感。同一教学主题采用不同的导入方法，会收到截然不同的课堂教学效果。微格教学为师范生课堂导入方法的优化提供了可比较、可对比、可量化、可探究的环境。师范生对同一课堂内容采用多种导入方法进行微格教学，通过视频观察，对比分析不同导入方法的优缺点及对应产生的课堂效果，结合课堂主题进行反复实践，找到能激发学生兴趣、变被动学习为主动学习的多元化导入方法。

（三）时间把控

课堂导入是课堂教学的第一个环节，也是课堂教学的重要环节之一。引入时间是否得当直接影响着整堂课的教学效果。研究发现，时间控制在整节课堂教学时间10%左右的课堂导入属于引入时间比较得当、紧凑的课堂导入。这样的课堂导入能更好地服务于本节课的教学内容，提高学生对新知识的关注度。导入时间过长，学生不能快速进入教学主题。导入时间过短，学生不能充分激活认知图式。但导入时间不是单纯训练一两次就可以把控好的，而要将导入的单项训练和完整课堂的综合训练相结合，通过微格教学的反复实践和探索。一方面，通过微格教学导入技能的专项实践训练，总结得出各个主题教学的最佳课堂导入时间；另一方面，通过微格教学完整课堂的综合实践训练，记录课堂导入与整节课课堂教学的占比，结合其对应的教学效果，做到对相应主题课堂导入时间的合理有效把控。

（四）教学反思

教学反思既是教师对自身教学行为的监控和监督，也是教师彼此间相互学习和相互促进的重要途径。师范生在微格教学中，通过对自身或同伴微格视频的课堂观察，依据观察记录对他们的导入技能进行较为全面的反思。师范生利用微格教学的信息技术将导入技能的专项训练过程记录下来，以此作为课堂观察的素材；依托导入技能评价量表确定课堂观察的点，根据课堂观察点对课堂教学进行记录；在此基础上依据之前所学的教育教学理论知识对导入环节的教学行为进行分析、评价和反思，从而发现他们在导入技巧、导入方法、导入时间等方面所存在的问题；进而针对问题不断改进和实践，提高自身导入技能，形成自身的一套课堂导入模式与方法。

五 结语

课堂导入对课堂教学效果具有定调和导向的作用。强化师范生导入技能，促其在课堂开篇时先声夺人、吸引注意力、开宗明义，是高师院校培养和提高师范生教学能力不可或缺的方法。微格教学作为训练师范生课堂教学能力的有效途径，被广泛运用于师范生教学能力训练之中。高师院校充分运用微格教学系统，以微格专项与综合测评相结合的方式，训练师范生的各项教学技能，为他们创设教师角色体验和独立探究的环境，能够切实有效地提高师范生的教师素养和课堂教学能力，促进他们的职业规划和职业发展。

参考文献：

杨燕滨、刘芙萍：《试论高师院校提高师范生课堂教学改革能力的途径》，《黑龙江高教研究》2013年第8期。

赵丽娜、赵思惠、叶引姣、李恒：《教学技能竞赛对师范生就业力的影响研究》，《才智》2014年第11期。

张瑜萍、林诗游、李丽：《数学微格教学导入技能初探及运用》，《湖南广播电视大学学报》2014年第1期。

范宏：《浅谈微格教学在师范生导入技能训练中的应用》，《出国与就业》2011年第12期。

陈吉利、曾超益：《微格教学与师范生课堂教学技能的培养》，《韩山师范学院学报》2002年第2期。

张雪婷：《奇思妙想：微课、慕课与翻转课堂的关系》，《学周刊》2016年第2期。

丁伟：《教学改革动态初探——以微课、慕课、翻转课堂为中心》，《开封教育学院学报》2016年第2期。

卢强：《TPACK视域下职前教师教育模式的重构》，《信阳师范学院学报》（哲学社会科学版）2011年第1期。

董艳、桑国元、蔡敬新：《师范生TPACK知识的实证研究》，《教师教育研究》2014年第3期。

刘佳龙、叶昕、聂丽：《反思性教学理念实际应用的问题与对策》，《教学与管理》2015年第2期。

农村小学全科教师培养的问题及对策研究

罗小芳　王芳[*]

乡村教师队伍建设问题由来已久。为解决乡村教育的师资困境，教育部通过《关于大力推进农村义务教育教师队伍建设的意见》《乡村教师支持计划》等一系列改革措施来推进乡村教师队伍建设。尤其是2014年教育部《关于实施卓越教师培养计划的意见》明确指出：要培养一批热爱小学教育事业、知识广博、能力全面，能够胜任小学多学科教育教学需要的卓越小学教师，由此开启了全国各地高校农村小学全科教师的培养进程。

在这样的背景下，不少学者开始关注对全科教师的培养研究。笔者对相关文献进行梳理和分析发现，对于农村小学全科教师培养的研究相对较少，且培养质量备受质疑。因此，笔者选取山东省L大学为对象开展个案研究，一方面通过相关文献梳理，从政策层面了解其全科教师培养方案、招生途径等内容，揭示农村小学全科教师培养状况；另一方面通过对该高校任课教师、全科师范生以及农村承担多科教学教师的访谈，了解教师和学生对全科教师培养的认识、建议与期望，以此分析农村小学全科教师培养问题，并提出相关的优化改良意见。

---

[*] 罗小芳：四川师范大学在读硕士研究生，研究方向：比较教育。王芳：四川师范大学副教授，四川省教师教育研究中心研究人员，研究方向：教师教育、比较教育。

一 农村小学全科教师培养过程中的问题

在教育政策的指引下,各地高校陆续开始探索农村小学全科教师的培养方式。本文选取了山东省 L 大学为研究对象。L 大学前身为一所地方师范院校,小学教育专业相对成熟,多年来小学教育都实行不分科培养,在全科教师的培养上有一定的经验,从 2016 年开始免费定向培养农村小学全科教师。因此,L 大学在全科教师培养方面有一定的代表性。笔者在对该校的招生机制、培养方案、质量评估等情况进行深入了解的基础上,选取该校 2014 级小学教育毕业生和 2016 级(首届)定向培养的全科师范生进行访谈。2014 级小学教育毕业生经过 4 年系统的专业学习和实习支教,2016 级定向培养的全科师范生也经历了一年的专业学习,他们均能结合自身专业成长经历较为真实而全面地反映该校全科教师培养状况。调研发现,该校在招生机制及培养目标定位、课程设置及实施、培养质量的评估上均存在一定的问题。

(一)招生机制不完善

一个完善合理的招生选拔机制,有利于选拔基础好、潜力大的适宜培养人才,以提升人才培养的质量。但在调研中发现,全科师范生的招生机制存在一定的问题。

其一,缺少严格的面试环节。对于学校是如何选拔适宜全科教育专业人才的问题,L 大学的 G 教师说道:"学校的定向师范生,为高考志愿的提前批,录取完全参照分数,没有单独的面试环节,签合同时会简单交谈,但主要是确定他们的意愿而没有着重观察其是否合适。"缺少严格的面试环节导致难以测评学生的口语表达能力、心理素质和分析处理问题的能力,不利于培养人才的选取。

其二,缺少职业能力倾向测验的环节。对自身适宜性的不自知和对全科教师的认识不足,导致不少学生因农村小学全科教师免费、定向、成绩要求偏低的特征而报考。针对为何要选择报考全科教育专业问题,C学生坦言是因为父母的要求和考虑到就业压力大才选择报考的;D学生说道:"我高考分数不高,想报的英语专业分数偏高,该专业分数较低,而且免学费、包就业,我就报考了。"因此,缺少职业能力倾向测验环节是全科师范生招生的一个重要问题。

(二)培养目标不明确

有学者认为,"农村小学全科教师是专门教育机构培养的,具备小学教师的基本素养和完整又有所侧重的学科知识结构,能够承担小学多门学科教学,热爱乡村教育事业,适应乡村生活,能够做到'下得去、留得住、教得好'的政策要求,能适应农村全科教学需要的小学教师。"也有学者指出:"一个优秀的全科教师应具备'全科综合'的专业素质,'跨学科'的理论品格以及能胜任'多层性'学科教学的'专业人'属性。"

《山东省师范生免费教育实施办法》指出:根据山东省农村中小学教师队伍建设需要,免费师范生重点培养学有专长、胜任多学科教学的小学全科教师。然而,山东省L大学小学教育专业的目标为:培养德、智、体、美全面发展的能适应小学教育改革和发展需要,具有较为深厚的小学教育专业知识和扎实的专业基本技能,从事小学学科教学及管理工作的高素质应用型专门人才。它对于定向培养的全科教师的培养目标没有做单独的说明。

根据以上内容可以看出,农村小学全科教师需要掌握多学科知识和教育教学知识,要求其知识系统的广博性、综合性,具有学科融合的能力以及热爱乡村教育事业,这对小学全科教育专业的培养目标提供了借鉴。而L大学的小学教育专业培养目标对知识的综合性、学科融合能力、乡村教育情感等方面的要求没有做出说明。因此,培养目标的界定不够清晰。

（三）课程体系不合理

农村小学以及全科教师职业的特殊性要求农村小学全科教师培养的课程设置要突出基础性、综合性、实践性和地方性的特点。但从山东L大学小学教育专业的培养方案中了解到，其开设的50门专业教育课程划分得过于详细，没有做到课程的整合。

从表1也可以看出，第一，教育实践类课程的比重较小。为了增强学生的岗位适应能力，让学生能够把所学的理论知识与教学中的实际工作情况联系起来，应该突出实践性课程的比重。第二，学科基础课程的比重较小。对农村小学全科教师的要求是掌握小学多门学科教学，所安排的学科基础课程的学时过少，全科师范生学习效果较差，从而导致培养质量较低。第三，缺少专业特色课程。为了保证全科毕业生更好地适应乡村教学，培养学生的乡村教育情感，应该因地制宜，挖掘地方文化，构建特色课程。因此，L大学已有的课程体系不能适应农村小学全科教师培养的需要。

表1　　　　　小学教育专业各类课程的学时、学分比例

课程类别			学时比例（%）		学分比例（%）	
教育理论课程	通识教育课程		24	77	28	81
	专业教育必修课程	学科基础课程	13		13	
		专业核心课程	17		17	
	专业教育选修课程		23		23	
教育实践课程	实践教学		23	23	19	19

（四）教育实习无针对性

全科师范生的实习要求科目全面、实习地为农村小学和经历完整的学期实习期，以期达到"提升学生理论联系实际和分析解决具体教育问题的能力，缩短从教适应期，为今后的工作打好基础"的教育实

习目标。

据了解,山东 L 大学师范生在大三进行集中实习,实习地点多为有教师缺额的乡镇小学。笔者对 50 名小学教育师范生的任教科目情况进行了统计,与其中的几名实习支教生进行了深入的访谈。如表 2 所示,小学教育师范生在实习支教期间多担任某一学科的教学工作,最多也只是承担非主要科目的两科教学,不能让全科师范生得到全面的锻炼提升,导致上岗后很难快速适应多科教学的需要。针对实习是否满意和胜任的问题,W 学生说:"因为实习的教学点人数较少,整个学校的美术和音乐课教学都由我承担,一周 10 个课时,能够胜任教学,但整个实习期间都没有带过主要学科,对于实习不满意。"D 学生坦言:"因为自己分到的实习学校不是农村学校,且只承担了三年级语文和音乐的教学,对于实习很不满意。"笔者进一步了解到,实习单位也没有做好针对全科教师学生的实习接待工作,甚至有些学校不欢迎实习生,实习生上课的机会较少,实习的效果较差。因此,教育实习没有针对性,实习的目的难以达到。

表 2　　　　　50 名小学教育师范生实习任教科目情况

科目	语文	数学	英语	音乐	科学	语文音乐	体育品德	美术科学	综合实践科学	美术音乐
人数	7	5	7	3	5	2	5	4	6	5

(五)质量评估体系欠缺

要培养一名合格的农村小学全科教师,把握好培养输出的质量是关键。但在调研中发现,还缺少相应的质量评估体系。

首先,未建立全科教师资格认证考核制度。当前,小学教师资格证考试分笔试和面试两个环节,笔试为"教育教学知识与能力"和"综合素质"两大门,面试为分科目试讲。在面试合格后,将取得与所报专业相对应的小学教师资格认定证书,这说明小学教师资格认证还是单科证书的形式,缺少对于全科教师的认证制度。

其次，高校内部无全科师范生培养的评价体系。以山东省L大学为例，一方面，对全科师范生学习效果的评价体系不完善。其主要在学期末对全科师范生进行终结性评价，以学业成绩为主要依据，评估没有涉及情感、态度、教学实践等内容，评估指标过少，难以评估学生的真实学习效果。另一方面，对任课教师的评价体系不完善。采用学生匿名网络评分的形式对全科专业任课教师进行评价，评价主体单一，评价结果的可信度较低，教师难以发现在教学中所存在的真正问题，使教学难以优化。

二 农村小学全科教师培养存在问题的成因

根据调研所发现的农村小学全科教师培养过程中存在的问题，笔者决定从全科师范生、教师、培养学校和社会的角度来探寻问题产生的原因。期间，笔者了解了国家的政策支持、社会宣传以及高校的培养情况。在此基础上，对高校教师、全科师范生、农村多科教师进行了进一步的访谈，了解他们对于全科教师培养的认识、期望和建议，以多方的调查结果为依据探寻问题产生的原因。

（一）全科师范生的学习动力不足

从访谈中了解到，很多学生因为全科教师免费、定向的特征而报考，学习动力不足，严重影响了学习的质量。学习动力可分为主观型动力和客观型动力，主观型动力的核心部分是内在的学习动机，例如学生对所学专业的认可和热爱、学习兴趣、求知欲等；客观型动力是指外部因素所激发的学生的学习动力，例如家庭、学校施加的各种压力和各种激励措施。

一方面，主观型学习动力较差。通过访谈了解到，一些全科师范生的报考动机以外部动机为主，本身对于教育教学没有兴趣，报考原因多是为家里减轻经济负担和顺利就业，对小学全科教师的职业认可度较低，缺乏主观型学习动力。另一方面，客观型学习动力有减弱的趋势。针对是否有大学四年的学习计划这一问题，L学生说道："我平时上课认真听，考试前认真复习，就能有不错的学业成绩，也不用担心就业，因此没有其他同学那么大的压力，也没有做细致的计划。"由于农村小学全科教师的培养有定向就业、免费学习、生活补贴的规定，与其他普通师范生相比，全科师范生在四年的学习过程中无经济和就业压力，这也可能会造成客观型学习动力的减弱。

（二）教师对全科教师培养的认同度较低

从访谈中了解到，教师自身对于全科教师的培养存在不自信，这严重影响了其相关工作的投入力度，教学质量难以得到保障。

一方面，高校教师担心全科教师培养的质量而对学校的全科教师培养持怀疑态度。针对是否赞同学校培养全科教师的问题，高校M老师说道："首先，学校没有专门的全科教育专业的教师队伍，培养就不能很好地开展。其次，我认为在有限的学习时间里要掌握多学科知识以及保证各方面能力的提升，是很难做到的，培养的质量难以保障，我对全科教师的培养表示怀疑。"高校教师的低认同度使得高质量的全科专业师资队伍难以创建。

另一方面，农村小学教师对高校培养全科教师的认同度较低。原因多为工作量和收入不成正比、不能适应、晋升机会少等。针对是否赞同高校培养全科教师的问题，农村教师B说道："你看我承担三个科目的教学，但是工资和其他老师带一个班的一样，不知道你说的全科教师怎么算课时费，会不会工作量太大了，但我感觉是不可行的。"农村小学多科教师的低认同度导致其自身专业发展困难，教育教学质量难以提高。

（三）学校对于全科教师培养的管理不到位

高校没有科学的管理方法，专业教师团队就难以建立，课程体系难以完善，人才培养目标也难以实现。

第一，师资整合力度不够。首先，缺少专业的师资队伍。对于学校是否有专业的教授全科师范生的师资队伍问题，L高校D老师说道："因为师资有限，且全科师范生人数较少，学院没有此专业专门的教师队伍，学科和艺术课的教学老师都是其他学院的，他们只负责每周来上课，或许对我们的全科专业也不是很了解。"其次，缺少对授课教师的专业培训。从访谈中得知，一些任课老师来自其他学院，在担任多科教育专业教师之前没有接受过专业培训，对全科教师不是很了解，上课的效果较差，教育教学的质量难以提升。因此，缺少专业的教师团队就很难构建整体优化的课程体系，人才培养的目标难以实现。

第二，高校与小学缺乏共生发展理念。在国内，重庆市通过组建由"高校—区县政府—研训机构—小学"共同组成的UGIS人才培养联盟，实现高校、政府、小学的共同培养，以提升农村小学全科教师人才培养的质量。但在具体实施过程中，还存在一定的问题。山东L大学与小学联系的主要方式是实习支教，高校教师很少有主动深入农村小学学习实践的经验，农村小学优秀教师也缺少到高校交流学习的机会。针对是否到农村小学了解情况和学习的问题，L高校W老师说道："我通过文章和报纸了解到一些相关情况，没有深入小学进行细致的观察了解，了解得不是很全面。"一方面，高校教师不了解当地农村小学的真实情况，影响教学目标设置的合理性，导致培养的学生难以适应农村小学的需要。另一方面，农村优秀教师的实践经验和乡村教育情感不能很好地传递，造成了教育资源的浪费。

（四）社会对全科型教师培养的重视度不够

缺少全科教师资格制度，实习单位欠缺，农村教师职后满意度低等，在一定程度上反映了社会的重视度不高，这不能吸引更多的人关注全科教师，不利于优化对全科教师的培养。

第一，关于全科教师的政策宣传不到位。一方面，对全科型教师的培养多通过教育部相关文件进行宣传，很少通过电视节目、社会公开讲座进行社会宣传，使得对全科教师培养的认识多停留在高校。另一方面，政府没有出台相应的政策文件以吸引中小学加入全科教师的培养中，没有明确规定全科教师培养主体的责任与义务，导致高校难以找到全科师范生实习单位。

第二，全科教师职后发展无保障。从访谈中了解到，一方面，工资待遇与工作量失调。另一方面，在职称评定时全科教师也没有优势，接受职后培训的机会较少，职后发展困难。针对是否接受职后培训的问题，乡村 B 教师坦言："在入职后很少接受教师培训，感觉自身能力很难再提升，和在城市任教的教师的差距越来越大，工资福利待遇也不是很好，如果有机会会考虑换个条件好的学校。"因此，社会的重视度不高，也是造成全科教师培养出现问题的重要原因。

三 农村小学全科教师培养的优化策略

针对调研发现的在全科师范生的招生、培养、质量输出上所存在的问题，笔者将在对实际调研结果进行分析和国内已有研究的基础上，结合部分全科教师和高校教师对于全科师范生培养的建议以及国外优秀全科教师培养的经验，从完善系统的招生机制、建立健全的质量评估体系、创设特色的培养体系、创设良好的支持环境四个方面，对全科教师的培养提出具体的优化建议，以期提升农村小学全科教师培养质量。

（一）完善系统的招生机制

1. 增加职业能力倾向测验及面试环节

一方面，增加职业能力倾向测验在一定程度上能避免盲目报考。职业能力倾向测验有助于发现人的潜在能力，预测个体在将来的学习和工作中可能达到的成功程度，帮助个体了解自身情况。另一方面，增加面试环节能更好地挑选出适宜培养人才。面试环节能更好地测评学生的口语表达能力、分析处理问题的能力以及仪容仪表，在一定程度上可以弥补笔试的不足。根据加德纳的多元智力理论，人的智力是不可能平衡发展的，是有所侧重的，在短时间内掌握过多内容很困难，特别是音乐、美术、书法等艺术类学科，很多学生没有基础，短时间内又很难学好。因此，在面试环节对于此方面有特长的学生可适当加分。

2. 吸引本土化优质生源

"本土化"是着眼于培养有深厚的农村情谊和丰富的农村生活经验，能快速适应农村教学生活的高水平乡村小学全科教师队伍。一方面，农村来源的师范生乡土情结较浓厚，职后跨区域流动的可能性较小，避免了人才流失。另一方面，农村生源的师范生生长在农村，了解乡村学生的生活背景和生活经验，能更好地对学生进行情感教育，熟悉乡村教育的特殊性并能较快适应。因此，地方政府和师范院校在招生和就业政策上就要倾向于本地农村生源的学生。

（二）建立健全的评估体系

1. 建立完善的全科教育专业教师资格制度

专业的全科教师资格制度不仅有利于筛选人才，也有利于提升全科师范生的专业归属感。建议建立三级考核认证程序，包括专业笔试、专业面试、定向实习三个阶段。首先，专业笔试内容要保留现有的教育知识与能力和综合素质方面的考察，还要增加本地乡村地域文化知识和综合学科教学知识的比重。其次，在面试环节主要考察语言表达能力和分析处理学生问题的能力，同时对在音体美方面有特长的师范生给予一定的加分。最后，在定向实习环节要求在一学期的实习生涯中，全科师范生必须接触所有的科目教学，在实习过程中由农村教师、高校教师和班级学生共同对全科师范生的定向实习进行评分。在这三个阶段都合格后发放小学全科教师资格证。

2. 完善高校内部质量评价制度

灵活多样的学校评价体系，是保障人才培养质量的关键。一方面，对全科师范生的评价要做到终结性评价和形成性评价相结合，特别注重形成性评价，因其更有利于及时了解教与学的进展情况，使教师和学生及时获得反馈信息。评价的内容要由单一的学科知识领域转向全科师范生全面发展的各个方面，如学习态度、学习能力、身体素质、情感态度、思想道德素养等。另一方面，要加强对该专业任课教师教学质量的评价，如教师自评、学生反馈、同行评价、专家点评，增加考评渠道，听取来自多个主体的意见，以改进高校教师的教学。

（三）创设有特色的培养体系

1. 准确定位培养目标

培养目标在人才培养过程中起着定向、调控、评价的作用，培养目标制定的适宜性直接影响人才培养的质量。高校在培养农村小学全科师范生时，一定要根据当地农村小学的实情，明确全科师范生的特殊要求，从情感要求、功能定位、职业认同等多个方面制定培养目标。结合现有研究与被访谈教师的建议，我们对农村小学全科教师的培养目标提出建议（见表3）。

表3　　　　　　　　农村小学全科教师培养目标的建议

情感要求	热爱农村教育事业，具备献身农村教育的崇高理想，关爱乡村学生
信念要求	具有改造农村教育的理想，实现教育公平的决心，终身学习的理念
功能定位	胜任农村小学多科教学、服务农村
职业认同	对全科教师职业身份的认同
能力结构	具备农村生活的能力、学科融合的能力、课程开发的能力、多学科教学的能力
知识结构	具备农村生产生活知识、教育基础知识、多学科知识

2. 构建整体优化的课程体系

为了适应农村小学全科教师工作"多学科性、综合性、实践性、地方性"的特殊要求，建议构建整体优化的课程体系。第一，要打破学科界限，实现课程整合，凸显课程的综合性。第二，要注重教育实践课程，加强学生实践性知识的获得。同时开展校内实践课程和校外实践课程，校内实践课程要包括教育教学技能训练课、微格教学、舞蹈课、美术课、教学设计课等，校外实践课程主要为教育见习和教育实习，进一步完善和强化面向农村小学的"顶岗支教"实习方式。第三，要合理安排通识教育课程。通识教育课程的学时过高，必然导致专业学习的时间不足。这就要求高校缩减不必要的通识教育课程的学时，如高等数学、军事理论、形势与政策等课程的课时数。第四，要开设地方文化教育课程和职业思想素养养成课程，旨在让学生更加了解其工作地的风土人情，培养全科师范生的乡村教育情感。

3. 建立高素质的师资队伍

师资是教育的基础，是否有一个完整的师资队伍，是提升农村小学全科教师培养质量的关键。首先，要整合高校内部各院系力量，组建专业的教师团队。可以按照小学学科分类在全校范围内组织一支全科教师队伍，特别是音乐、美术、书法等艺术类学科，要请相应学院的教师进行讲授。其次，要聘请校外农村优秀小学教师授课。相比高校教师，农村小学教师具有更加丰富的农村教学经验，熟知农村学校的现状，熟知农村小学生的心理发展特点。不仅有利于全科师范生更好地掌握学科知识和教学技能，而且有利于对全科师范生形成潜移默化的影响，使全科师范生养成乡村教育情感。

4. 建立大学与小学合作培养机制

大学和小学合作培养机制的建立有利于两者的优势资源互补，不仅解决了大学全科师范生的实习问题，也能扩充小学的师资。以英国师范教育为例。其师范教育发展的特色就是政府督促大学和小学建立伙伴关系，一是通过政府颁布纲领性文件——教师教育课程标准和资格标准；二是政府通过财政拨款吸引中小学与大学合作。所以，一方面，我国政府应该以文件的形式明确规定全科教师培养主体的责任与义务，并相应地增加培养的财政支出，积极督促小学参与全科师范生的养成教育，保证全科师范生有相应的实习学校。另一方面，高校教师与小学教师要多交流沟通、相互学习，高校全科教师要主动到小学学习经验，学习优秀的教育教学方式。

（四）创设良好的支持环境

良好的社会支持环境有利于提升公众对于全科教师培养的认可度。第一，要做好政策宣传。通过网络、讲座等各种途径宣传讲解全科教师的优惠政策，改变社会对于农村全科教师工作环境差、工作量大、工资待遇低的刻板印象，让公众了解培养农村全科教师的必要性和可行性，提高社会各界对于农村小学全科教师的认同度。第二，改善全科教师的工作环境。当地政府要相应地增加财政支出，完善农村小学的硬件设施，给予全科教师一定的生活补贴，在工资上要与分科教师有一定的区别，在就业时给予照顾，编制指标优先用于招聘农村小学全科教师，以保证其在岗在编。第三，对全科教师进行职后培训。要通过网络课程、假期培训、交流研讨会、学习观摩课等多种形式对全科教师进行职后培训，满足职后培训的需要，促进自身知识体系的更新，让其感受到专业发展的可能，提升职后生活的满意度，增加其投身农村教育事业的积极性。

参考文献：

陈琦、刘儒德：《当代教育心理学》，北京师范大学出版社2007年版。

黄俊官：《论农村小学全科教师的培养》，《教育评论》2014年第7期。

黄玉楠：《全科型教师培养研究：基于课程的视角》，学位论文，河南大学，2014年。

刘倩：《服务农村的"全科型"小学教师培养的问题与对策研究》，学位论文，杭州师范大学，2014年。

柳海民：《教育学原理》，高等教育出版社2011年版。

马文起：《论高校培养农村小学全科教师模式的优化》，《教育评论》2017年第1期。

牛震乾：《论乡村教师培养的"本土化"立场及培养途径》，《天水师范学院学报》2017年第7期。

蒲淑萍：《免费定向农村小学全科教师培养的调查研究》，《基础教育》2015年第6期。

陶青、卢俊勇：《免费定向农村小学全科教师培养的必要性分析》，《教师教育研究》2014年第6期。

温颖：《小学全科教师培养的路径探索》，《教学与管理》2018年第1期。

吴仓丽等：《农村小学包班教学对教学质量及教师发展的影响》，《新课程研究》2012年第6期。

肖其勇、张虹：《免费定向农村小学全科教师职前培养的意义、困境与策略——以重庆市为例》，《教育评论》2014年第10期。

肖其勇：《农村小学全科教师培养特质与发展模式》，《中国教育学刊》2013年第3期。

谢慧盈：《"全科型"优秀小学本科教师培养思考》，《海南师范大学学报》2012年第5期。

许红敏：《小学全科教师的内涵辨析与培养策略》，《教育理论与实践》2016年第6期。

张松祥：《小学全科教师的价值辨析、实施阻抗与突破策略》，《教育理论与实践》2016年第26期。

《〈山东省师范生免费教育实施办法〉政策解读：九所高校承担培养任务》，中国教育在线，http://www.eol.cn/shandong/shandongnews/201605/t20160527_1403283.shtml.

周德义等：《全科型小学教师培养的思考》，《当代教育论坛》2007年第9期。

朱昆：《高师教育实习模式探究》，《教育管理》2009年第2期。

专科层次农村小学体育教师培养模式的实践研究

南天涯　杨风[*]

一　研究背景

　　小学体育推进基础教育发展，是实施素质教育的重要环节，让小学生真正喜欢体育运动，是身心健康发展的需要，也是体育教师的基本准则。2012年教育部颁发的《关于大力推进农村义务教育教师队伍建设的意见》指出："扩大体音美薄弱学科教师培养规模，为农村培养高素质优秀教师。"2015年国务院办公厅印发的《乡村教师支持计划（2015—2020）》指出："根据乡村教育的实际需要，鼓励高等师范院校采取多种方式培养一专多能的教师。"因此，在新时期要重视农村小学体育发展，了解农村小学体育教师的特质，认真思考农村小学体育的战略地位。如何使农村小学体育资源最优化？如何提高教师素质？如何发挥体育教师的更大作用？这些是农村基础教育中所面临的重要课题。四川幼专作为四川省幼儿园教师和小学教师培养基地，在农村小学体育教师培养模式上做出了积极有效的探索。

---

　　[*] 南天涯：四川幼儿师范高等专科学校讲师，研究方向：幼儿教育。杨风：四川幼儿师范高等专科学校讲师，研究方向：幼儿教育。

二 农村小学体育教师的主要特质

（一）具有扎根农村，服务农村的情怀

一个有情怀的教师必定会坚持不懈地为自己那份初心，那份信念去付出和努力，以实现心中的梦想。面对农村小学艰苦的教学环境，只有对农村有情怀、有感情的教师才能够"扎下根，留得住，干得好"，把满腔热忱贡献给农村教育。即使有最先进的教学方法，最好的器材设施，没有一颗扎根服务农村的心，不愿意付出，那么一切都是枉然。优秀的农村小学体育教师具有坚定不移的情怀，倾心于农村小学体育教育，关爱农村儿童的身心健康，提高身体素质，以期改变农村儿童的命运，为农村小学体育发展贡献力量，改变农村落后的体育观念。解决农村体育的突出问题，以最新、最先进的知识带动农村小学体育教育，不断完善农村小学体育课程，均衡城乡体育教育区域发展。这恰恰体现了"物竞天择，适者生存"这一法则，教师具有能够适应环境，扎根农村，服务农村，改变农村的强烈信念，是从事农村基础教育教师所特有的灵魂与核心。

（二）热爱体育教育事业

热爱体育教育是教师从事体育教育事业的内源和动力，对一名体育教师来说，能够抛开同学与朋友的期望和自身的无奈，自愿地投身于农村小学教育，安于教学，乐于育人，热爱是其中的重要组成部分。农村小学体育教师被称为"太阳底下最光辉，最可爱的人"，闪耀着儿童的纯真笑容，闪耀着对这片特定场域热爱的光辉，如春蚕吐丝，织玉帛，改变着农村小学体育的落后现状，培养学生的运动兴趣，似蜡烛，燃赤心，育英才。关心照顾留守儿童身心的健康成长，促进农村教育的公平发展，严寒酷暑都不能动摇农村小学体育教师热爱体育教育事业的信念。

（三）良好的专业知识与综合素质

农村小学存在体育教师数量不足，资源短缺，教学设备落后，教学场地特殊等各种问题，这就要求教师具有扎实的专业知识结构，掌握小学体育主要科目的专业知识和技能，如田径、武术、体操、跳绳、游戏等，具备关于学校体育的教育学、心理学基本理论知识。能够适应甚至改变农村小学复杂多变的体育教育现状，在不同的场地情境下，运用灵活、有效的教学手段，把知识传授于学生，特别要关注困难儿童、留守儿童的身体情况，培养他们的兴趣，提升其身体素质，让他们感受到体育运动所带来的快乐。

农村小学教育"自然小班化"现象严重，学校要求全科教学或者复式教学，这种形势下的农村教师需要兼有更多科目教学和多项职能。教师除体育教学工作外，还要从事语文、数学、劳动、社会品德等各科教学，甚至要胜任农村小学的学校管理、班级管理以及沟通协调等多项管理工作。这就要求教师具有较强的综合素质与广博的文化知识，注重自身专业成长，根据实际情况开展教育教学，满足学校的现实需求。

三 农村小学体育教师培养标准的指标体系

根据对农村小学体育教师特质的分析，四川幼专农村小学体育教师所需的主要特质形成了可测评的个人素质标准、专业知识标准、综合素质标准三个维度。个人素质标准既是学校人才培养的重要基础，又是未来教师能够"下得去，留得住"的关键。具体表现为个人道德与修养，对农村小学体育教育的观念与行为，对农村小学教师概念的理解。专业知识标准指培养的人才能够适应农村小学体育教学所具备的条件和所要达到的标准；是一个内涵化、具体化的进程，根据学校体育教育专业的目标要求和"干得好"的总体理念，对农村小学体育教师的培养体现出"综合＋特长"的要求。综合素质标准指适应当前农村小学全科教师教学各类课程所要达到的要求。根据教育部《小学教师专业标准（试行）》的要求和农村小学体育教师的特质，综合素质标准主要体现为体育专业知识＋教育理论知识＋通识知识＋农村小学生身心发展规律认知的标准知识体系（见表1）。

表1　　　　　　　　农村小学体育教师培养标准指标

个人素质标准	专业知识标准	综合素质标准
个人品德与修养 1. 有爱心、童心、热情乐观 2. 衣着整洁得体，语言规范健康，举止文明礼貌 3. 具有明确的职业规划，有成为优秀教育家的情怀	体育教学设计 1. 分析、了解农村小学生的特点，制定科学教学计划 2. 根据农村小学特定条件，编写有效的教学方案 3. 根据农村小学环境，设计出符合农村小学教育并有农村特色的体育活动	学科知识全面 1. 根据农村小学教育的要求，掌握语文、数学、思想品德等多科知识 2. 了解各学科与社会实践的关系
对农村小学体育教师的理解与认识 1. 热爱体育教育事业 2. 有强烈的责任感与使命感 3. 熟知农村小学体育的特殊性 4. 注重自身专业发展的意识	组织与实施体育教学 1. 具有良好的心理素质，语言表达清晰，树立良好的师生友谊关系 2. 掌握体育教学中的多种方法 3. 熟知教学环境与学生特点，具有开展集体活动的能力	掌握教育教学理论 1. 掌握农村小学生品德的形成规律 2. 掌握多学科的课程标准与教学方法 3. 掌握农村小学教育教学的基本知识
对农村小学生的态度 1. 尊重和热爱小学生，有教育公平的意识 2. 了解农村留守儿童身心成长规律与特点 3. 具有因材施教，利用特定区域和器材营造体育课堂的能力	激励与评价 1. 运用多学科知识，对小学生进行观察与正确判断 2. 掌握多种评价手段，对学生、班级进行激励与评价 3. 不断反思、学习、改进教学方法，提升自身专业素质	熟悉教育通识性知识 1. 了解相应的人文社会科学和自然科学 2. 了解农村小学教育情况 3. 有适应农村教学内容、手段、方法的现代化技术 4. 有农村小学教学管理能力
对农村小学体育教育的态度 1. 了解农村小学生的特点，培养体育运动兴趣 2. 重视学生的身体健康，提供有效学习方法 3. 具有引导学生体验体育运动乐趣的能力	沟通与合作 1. 与留守儿童进行语言沟通与有效课堂交往 2. 与农村教师协作，共同进步，提升教师队伍整体实力 3. 多与学校领导、家长沟通，使其对体育有正确理解	

四 农村小学体育教师培养模式的探索与实践

根据农村小学体育教师要求的个人素质标准,安排合理的公共基础知识和相应的课程体系;根据专业知识标准,完善相应的体育知识课程。根据综合素质标准,设计出第二课堂,建立实习基地学校,团委活动等实践性教学技能课程。通过对这三个标准的合成,可以设计出完整的人才培养基本模式。四川幼专体育教育专业就是按照这样的流程对课程改革与管理制度进行探索的。

(一) 体育教育专业综合培养与专项发展的课程改革

国家所规定的高校师范教育课程设置是学科专业课程+教育学科课程的结构模式。四川幼专对农村小学体育教师培养的课程改革是完全符合当前体育教学发展方向的,兼顾体育专业课程+教育理论课程,并找到综合素质与体育专业发展的均衡点。培养学生体育师范技能,具有优秀的体育专业知识,能够适应农村小学体育教学环境,具有体育教学、班级管理与课程开发等综合能力的优秀农村小学体育教师。

1. "定性农村小学教育"的培养目标

四川幼专体育教育专业人才培养目标是:"培养德智体美全面发展,具有扎实的体育与健康教育专业理论与技能,能够胜任农村小学体育课程教学、训练与组织体育活动等工作,具有实践能力与创新精神的应用型农村小学体育教师。"这一目标决定了体育教育专业课程改革应定位于"农村小学体育",明确了人才培养方向是小学体育教师,而不是专业竞技运动员,也不是体育学术型专家。因此,课程体系主要体现出"体育教育的特点""师范教育的综合""小学教育的个性"的"三教融合"。将"专业能力""教学理论知识""综合素质"培养一体兼顾,所有课程改革以进入农村小学与服务农村小学为核心而推进。

首先，培养学生的语言表达（普通话）、书写能力、实践能力、现代教育技术等农村小学教育必需的公共基础知识。熟悉小学语言、小学英语、小学实用数学等课程。其次，定位农村小学体育教学，培养从事小学体育健康课程的能力。在课程设置上，注重小学体育的示范与教学，主要课程如武术、游戏、花样跳绳等与农村小学体育密切相关，并且符合农村小学特殊场地和儿童身体素质发展的需要。最后，更加注重小学教育学、心理学、体育教学论、学校体育学、小学实践活动指导、小学少先队管理等符合农村小学教育的相关理论课程。体育教育专业课程改革始终以"进入农村小学，服务农村小学教育"为目标，围绕农村小学体育教师所需知识与能力来构建课程体系，综合考虑农村小学体育教学现状与在校学生的学习兴趣，开设与小学教育相对应的选修课程，满足学生全面发展与农村小学体育教学的需要。

2. 定位"热爱农村，服务农村小学"的综合培养目标

农村小学体育教师队伍建设存在着自身的规律，只有了解现状与规律，找准问题，体育教育专业课程改革才能有效推进。笔者通过对农村小学体育的调查与分析，得出以下结论：（1）体育教师严重不足，有的农村小学甚至没有开设体育课程，课外体育活动主要由班主任带着玩耍，完全丢掉了体育教师的价值与功能。（2）体育教师结构失衡，现有的农村小学体育教师大多年龄偏大，多数为中专学历，教学观念相对落后，教学手段与方法缺乏创新，对新事物或者新政策不甚了解。（3）学校场地陈旧，器材设施严重缺乏，农村小学教育"自然小班化"情况严重，失去了农村教育特色。丧失生源的农村小学处于教育行政部门管理的边缘，财政拨款、企业资助等受到限制，体育场地设施不能得到有效改善。

综合上述情况，专科层次体育教育专业学生要完成"进入农村、服务农村"的目标，就必须进行综合培养课程改革，以改善农村小学体育现状。四川幼专定向培养农村小学教育所需的综合技能，开设的专业课程主要包括专业课程、实践课程、公共基础课程、选修课程四

大课程群。

专业课程的学习除所需体育教育专业知识技能外，还让学生掌握农村传统体育项目，同时加强适合农村小学体育教学的项目学习。如花样跳绳、武术、广播体操、体育游戏等，这些课程不受场地限制，能够满足农村小学设施落后，设备不足的教学条件。实践课程包括农村小学每学期教学见习、顶岗实习、微格教学、教育实习、体育教学调查与心得报告。主要培养学生实践能力，锻炼心理素质，让毕业后的学生迅速站上讲台。公共基础课程包括计算机应用基础，小学教育学，教师口语、美术、书写、英语、语文等小学教师所需掌握的课程，教师掌握多门科目的教学，主要是针对农村小学教育的特殊现状而采取的适应性策略。选修课程主要培养教师职业道德、小学班级管理、小学教育法规等小学教学所需的素质与知识。

3. "定位农村小学体育教师"的专业发展

体育课是农村小学生最喜欢的课程，但由于农村小学体育教师严重不足，水平发挥受限，体育教育也是农村小学最缺失的环节。四川幼专体育教育注重专业发展，充分利用体育教育专业学生入校前受过体育训练，身体素质较好，接受能力强，可塑性强的特性，全面培养具有扎实的体育与健康教育专业知识与技能，以及胜任农村小学体育教学、训练与组织体育活动等所需要的体育专业素质的小学体育教师。课程设置主要包含专业必修课与专项选修课两大类。专业必修课开设时间安排在一年级，包括篮球、足球、排球、田径、体操、武术、学校体育学、运动生理、运动解剖。二年级专项选修课包括足球、篮球、排球三项选择一项，武术、田径、体操三项选择一项，花样跳绳、健美操、体育游戏三项选择一项。这些课程既满足了农村小学全能型体育教师的需要，也让学生掌握了自身感兴趣的运动项目。同时在体育普修课基础训练上，进一步提高体育技能，强化体育专项能力和体育理论培养，让学生能够适应基础教育改革对体育教育的要求，克服农村小学体育教学的各种困难，成为优秀的乡村小学体育教师。

（二）制定科学的实践体系和管理制度

有些高校体育教育专业强调"理论与实践"紧密结合，强调实践的重要性，但据了解，每学期一周的小学见习时间，实际上只安排一天，甚至仅听一节课就返回学校了，这就不得不让我们思考：学生实践落实在哪里了？学生毕业后进入教学一线怎么能站稳讲台？

四川幼专与农村小学进行长期合作，在农村小学建立实践基地，能够使学生进入一线实习，熟悉农村小学体育教学的现状与需求；并且根据在校学生的自身发展特点，建立相对科学的实践体系，主要包括实践课程，实践教学计划，实践教学方案，实践教学考核评价。体育教育专业在校内实践方面，主要有每日早操带队，每周课堂教学实践，每期运动比赛，每年综合测评，体现了规范化、系统化、标准化。在校外实践方面，主要有学生每学期进入小学见习一周。二年级定岗实习12周，三年级教育实习12周。学校做到有方案，有标准，教师做到有监督，有指导，有考核，学生做到有总结，有收获，有回报，真正做到"教、学、训、评"一体，理论与实践紧密结合。

学校为使体育教育专业学生专业培养落到实处，制定了《体育教育专业校外实践大纲》《体育教育专业毕业论文设计要求与细则》《体育教育专业校外实践的考核标准》等一系列管理制度，为学生校内外实践规范化、有效性提供了保障；从往届毕业论文（设计）中看到，90%以上的选题来自农村教学实践。

（三）建立"双向、互通、融合"的农村小学体育教师培养模式

四川幼专经过长时间的实践与探索，建立了"高教与基层融合"的机制，在地方县（区）小学建立了稳定的、长期的教育实践基地，并聘请优秀的农村小学教师作为在校学生实训的指导老师，让农村小学教师共同带动学校体育教育人才培养，逐步形成"双向、互通、融合"的农村小学体育教师培养模式。"双向、互通、融合"即高校主要负责教授体育专业知识和技能，小学体育教师应具备的基本素质。

实习基地小学主要负责常规见习、教育顶岗实习、教育实习等各方面的安排与指导。使体育教育专业人才培养的整个过程在实习基地小学与高校交替进行，并规范实践内容与考核方式。

（四）农村小学体育教师培养模式的实践效果

"双向、互通、融合"的培养模式有效地改善了农村小学体育教学需求与校内人才培养方案之间的矛盾，并取得良好的效果。

1. 学生对农村小学的情感得到提升。学生不仅接受高校教育培养，小学也更多地参与了体育教育专业人才的培养，学生对农村小学有了更多的接触和感情，收获更多的感悟。农村小学体育教学场景，具有特色的乡村体育文化，教师与儿童对体育运动的热爱，为培植学生的教师意识，树立正确的人生观、价值观、教育观打下基础，也使学生对农村体育、教师、儿童的现状有更深刻的了解和热爱。

2. 学生的专业知识与技能得到丰富和提高。农村小学参与体育教育专业人才培养，使学生能够把校内所学知识与小学实践相结合，了解农村小学体育一线教学的技能要求，在学习专业知识、技能时积极性、针对性更加突出。四川幼专参加全国跳绳锦标赛、四川省高职院校体育教师说课比赛、市高校健美操比赛、"三大球"比赛、学校内体育运动会、学生小学实习调查报告评比等竞赛活动，有数百人获奖。这体现了"以赛代练"的效果，也充分展现了体育教育专业学生较强的专业能力，毕业后能够迅速胜任农村小学的体育教学工作。

3. 学生的综合素质得到提高。通过"双向、互通、融合"培养模式，学生的体育专业知识与综合素质得到较大提高，体育教育专业培养了一批2015年全国九届残运会和第六届特运会优秀大学生志愿者，四川省优秀毕业生，绵阳市高校三好学生等典型的高素质人才。这两年通过对毕业生就业学校与在校学生定岗、实习学校跟踪了解到，四川幼专体育教育专业的学生吃苦耐劳，踏实能干，思想成熟，掌握了小学体育专业知识与技能，具备从事农村小学体育健康课程的能力与素质，能够熟练地组织与开展各种小学体育教学活动。

参考文献：

张松祥：《老中师综合培养模式对乡村全科小学教师培养的启示》，《教育发展研究》2016 年第 10 期。

潘超、徐建华：《农村小学全科教师培养的途径》，《教育探索》2016 年第 4 期。

朱纯洁、朱成科：《农村小学全科教师的特质结构及培养路径探析》，《教学与管理》2015 年第 10 期。

肖其勇：《农村小学全科教师培养特质与发展模式》，《中国教育学刊》2014 年第 3 期。

肖其勇：《本科层次农村小学全科教师职前培养标准研究》，《教育理论与实践》2014 年第 20 期。

王文君：《农村小学音乐教师培养新机制探索》，《中国教育学刊》2016 年第 12 期。

姚磊：《农村小学体育教师成长之我见》，《教育教学论坛》2014 年第 7 期。

史敏：《湖南省农村小学体育教师课程资源开发现状研究》，《运动》2014 年第 5 期。

王春明：《当阳市农村小学体育教师队伍现状调查与对策研究》，《三峡大学学报》（人文社会科学版）2013 年第 6 期。

中职教师教学能力评估指标建构的研究报告

夏晓辉 罗天豪[*]

一 问题的提出

(一) 研究背景

联合国教科文组织(United Nations Educational, Scientific and Cultural Organization, UNESCO)在1966年《关于教师地位之建议书》中提出:"教书应被视为一种专门职业:它是一种公众服务的形态,它需要教师的专业知识以及特殊技能,这些都要经过持续的努力与研究,才能获得并维持。"此一教育专业史的重要文献,第一次经由国际教育学者和政府人士共同讨论与合作,对于各国的教师地位,给予了专业的确认和鼓励。20世纪以来,虽然对于教师专业的争论不断,但是教师应该朝向专业发展则是不争的事实。"教师专业发展"是指教师在教学工作中逐渐增长专业智能,发挥效率与功能,扮演成功的角色,成为自我实现者。韦登(M. F. Widden)认为,教师专业活动具有下列五个特性:第一是协助教师改进教学技巧的训练活动;第二是学校改革整体活动中的一个方面,以促进教师个人的成长;第三是

---

[*] 夏晓辉:成都中医药大学附属医院针灸学校讲师,研究方向:职业教育。罗天豪:成都师范学院讲师,研究方向:职业教育。

一种成人教育，增进教师对其工作和活动的了解；第四是利用最新教学成果改进学校教育的一种手段；第五是协助教师在受尊敬、受支持、积极的气氛中，促进个人的专业成长。因此，教师专业发展（Professional Development）是奠基在教师原有专业基础上不断研究改进的过程。在前述专业原则或特征中，其"独特而系统的学理，高度的知识权威"需要接受不断的、随时的、长期的在职进修教育。对于中职教师而言，如何让学生具备与时俱进的知识与素养，关乎教师本身持续的终身学习与增加学科知识的专业成长。中等职业教育的培养目标在于"全面贯彻党的教育方针，转变教育思想，树立以能力为本位的观念，培养与现代化建设要求相适应，德、智、体、美、劳五育全面和谐发展，具有综合能力，在生产、服务、技术和管理第一线工作的高素质劳动者和中初级专门人才"。《国务院关于加快发展现代职业教育的决定》提出，"到2020年，中等职业学校在校生达到2350万人"。根据这一发展规划，未来的10年将是中等职业学校规模不断扩大，教学任务逐年增加的井喷之年，中职学校的教师队伍将面临着前所未有的巨大挑战。在现行的教师教学评价机制中，教师们往往觉得只是为了完成学校规定的工作，不仅评价过程不规范，且评价的方式非常单一，目标也不明确，甚至评价的角度不够准确，严重影响了教师的专业发展。

（二）研究的目的与意义

本文旨在通过对教师教学能力结构的分析，促使教师们认识到自身成长的必要性，促使学生在教师不断进步的教学环境中增强个人学习的动力，完善企业或岗位所需的专业知识与素养，在不断变化的社会经济发展大潮中，快速而高效地适应社会的新要求。

（三）理论与政策依据

教育部职业教育与成人教育司2015年、2016年连续两年下发的《职业教育与继续教育的工作要点》都明确要求深化教育教学改革，同时印发指导意见，科学规范职业学校课程设置和教学实施等工作。2017年的工作要点也强调要加强专业、课程和教材建设。综上所述，这三年国家在职业教育指导方针上都把教育教学改革放在非常重要的位置上，这无疑对教师的综合教学水平提出了更高的要求。

　　教学质量是教育的生命线，人才的培养必须依托于严格把控的教学各环节，促进教师教育教学能力的发展则是提升教学质量各环节的重中之重。因此，提升中等职业学校教师教学能力，让教师们明确教学环节的考核标准，对不断提高中等职业学校教师的教学水平有着重大意义。我们要在认清教师教学及其评价环节现状的基础上逐渐明晰问题并加以逐步调整、改善。华东师范大学职业教育与成人教育研究所的调查发现，职业教育中的专业教师存在对师范教育知识不够重视，教学能力考核标准和方法不够明确，自身专业发展目标混乱等问题。奖惩性的评价机制是中职学校教师最主要的评教机制，调查发现，有80%的教师认为教学评价是为学校管理决策服务的，只有20%的教师认为评教机制是出于教师发展的需要，这种忽视教师发展需要，只重鉴定、检查与监控的评教机制难以促进教师的专业发展和工作积极性。

　　面对如此巨大的挑战，2013年教育部颁布的《中等职业学校教师专业标准（试行）》，从专业理念与师德、专业知识、专业能力三个维度，将教师标准具体分为对学生的态度与行为、教育教学态度与行为、个人修养与行为、教育知识、职业背景知识、课程教学知识、通识性知识、教学设计、教学实施、实训实习组织、班级管理与教育活动、教育教学评价、沟通与合作、教学研究与专业发展15个方面，向中等职业学校教师提出了60条基本要求。这个专业标准充分体现了中职教师既要有较好的通识性知识、教学设计能力、实训实习组织能力、教育评价能力，还要有教学研究和专业发展能力，为学校构建优质的教师团队做出了非常明确而细致的要求。只有可以充分激励教师内在动力的评教机制，才能充分调动教师的教学热情，提高教学综合素养，培养出优秀的职业专门人才。

二 研究内容

(一) 教育教学环节以培养"学生能力为导向"

我国的职业教育为适应社会、企业急速变化的需求，转向以"能力取向"为主的课程发展模式，主要以"工作角色"（work roles）来定义学生个人的能力，具有社会期望工作者所应具备的"职场功能"，因此企业对于职业教育的期待乃是培养具备工作能力与职业智能的复合型人才，中职教育是职业教育阶段的基础，所以只有提高中职教育的教学质量，才有可能培育出符合企业期待的生产者。

(二) 中职教师的教学综合能力

中职教师除了自身必备教师教学能力外，还要从教育培养目标上更精确的定位：中职教育致力于培养在生产、服务、技术和管理等相关领域所需要的中、初级人才；从培养对象上看，中职学校的生源主要为初中毕业生，且学生的学业成绩、综合素质相对不高，因此，中职教师在教学中不仅是学生专业知识与技能的指引者，也是学生在专业领域中如何做人做事的榜样，是学生综合素养成长的领航人。

(三) 研究目标

为了顺应我国第八次课程改革的需要，在《中等职业学校教师专业标准（试行）》的指引下，将过去不被重视的教师反思能力、研究能力、合作能力、信息能力等教师教学的综合素养纳入中职教师的教学能力评估系统中，具体化中职教师的教学专业能力及科学人文素养，建立较为科学而全面的中职教师教学能力评估指标。

三 研究方法

1. 文献分析：本文首先以文献分析法收集整体文献资料，以掌握中职教师教学能力评估指标相关议题，厘清相关的基本概念、教师有效教学行为；其次将教学能力评估指标对于教师教学及对学生学习表现上的影响，作为本书之理论基础。

2. 焦点团体法：Krueger 把焦点团体访谈称为"将探讨焦点环绕在单一论题，进行有组织的团体式讨论"。焦点团体访谈法是一个质性研究方法，其最大的特点在于资料以文字呈现而非以数字呈现，因此焦点团体的资料整理与分析是在原始中寻找意义解释呈现。本文以新手或具有资深教龄的中职教师为对象进行焦点团体讨论，以获取更广泛、多元的意见，并根据结果归纳出初步成果。本文所进行的中职教师焦点团体的访谈大纲见文后附录。

四 研究对象

本文的主要研究对象是在中职学校任教的一线教师群体，其中焦点团体访谈邀请 7 位不同教学年资之中职教师实施专家访谈，访谈对象基本资料见表 1。

表 1　　　　　　　　访谈专家之基本条件说明

受访者	受访时间	职务	任教科目	教学年资
A	2017 年 5 月 19 日	教师	思修	37
B	2017 年 5 月 19 日	教师	体育	39
C	2017 年 5 月 19 日	教师	法律	3
D	2017 年 5 月 19 日	教师	药理学	15
E	2017 年 5 月 19 日	教师	中药学	2
F	2017 年 5 月 19 日	教师	心理健康	10
G	2017 年 5 月 19 日	教师	推拿学	7

说明：本文根据访谈者的资料进行访谈资料的编码，例如 A－170519，表示 A 教师，受访时间为 2017 年 5 月 19 日。其他编码以此类推。

五　研究创新点

　　由于国内相关的教学能力评估指标研究大多聚焦在中小学教师或是高校教师的教学能力与质量的探讨上，较少针对中职教师个人的教学质量做进一步的探究，本文所建构的教学能力评估指标旨在鼓励中职教师不断提升自我专业成长，以符合《中等职业学校教师专业标准（试行）》的要求，制定个人专业发展规划，增强专业发展的自觉性；主动参加教师培训和自主研修，提升专业素质水平；针对教育教学一线的实际，积极开展教育教学改革创新，细化中职教师教学能力评估指标，促使教师自我省察，促进教师自我成长，提高教师教学效能。

六　研究结果

　　本文根据访谈结果与实际职业教育现状，归纳、分析并进行分类后，形成本文所建构之中职教师教学能力的初步指标。其指标主要领域包含课程设计与教学、班级经营与管理、研究发展与进修和敬业精神与态度四个方面。以下针对访谈结果，分为几个向度进行分析。

（一）中职教师需要具备与时俱进的教学能力

　　教师的教学方式太过简单、单调，影响了学生的上课态度。（C-170519）
　　教师的教学手段应多样化，依照学生个体的差异来调整教学。（D-170519）
　　鼓励教师学习吸引学生的教学技巧。（E-170519）
　　依照不同学生的需求，时代不同，教学方法需要与时俱进，并且能掌握学生的爱好。（F-170519）

从上述访谈资料中可以发现，中职教师十分重要的一项教学能力乃是不断地更新自身的教学方式，不能只靠一套教材或教法"行走江湖"，"教师的教学方式太过简单、单调，会影响学生的上课态度"（E-170519）。尤其是中职学校的学生对新知识新技能的掌握更能帮助他们在进入职场后立刻适应岗位要求，所以中职教师必须持续学习、进修。

（二）中职教师不仅是教师，而且需成为人师

可以了解学生；愿意鼓励学生；教师很严肃，上课时学生就会认真；在课程进行中，强调动手做。（A-170519）

抽象概念具体化，语言幽默，教学目标需要明确，提供具体的榜样。（C-170519）

教师需要及时给予反馈，与学生保持良好的互动。（D-170519）（E-170519）

根据访谈资料可以得知，中职教师在教学过程中，除了要教会学生学科知识外，还需传授给学生为人处世的道理。由于中职学生大多是初中毕业，人际交往技能还需提升，所以中职教师在教学过程中这个环节是不可或缺的。

（三）中职教师需要明确自身的教学目的与目标

抽象概念具体化，语言幽默，教学目标需要明确，提供具体的榜样。（C-170519）

在教学目的上需要确认学生对象，在考试内容上也可以发现学生的学习态度，课堂上听课情况，作业完成情况。（E-170519）（F-170519）

在教学技能上要能够处理知识点方面的时间安排，教学的重难点可以有效掌握。（D-170519）

从访谈资料中不难发现，中职教师在教学时，对于自身的教学目标若是不清楚，就无法有效把控教学节奏，学生在课堂学习中是否能掌握重点与教师的教学目标是否明确密切相关。

（四）中职教师需要建构良好的班级学习风气

教会学生守规矩，中职学生要继续学习，鼓励学生继续深造（中专毕业—大专—本科）。（D-170519）

教学的时候可以设定一个简单的目标，让学生容易达成。（C-170519）

一个班处在升学状态，就可以多讲授教学知识点。在第七、八学时，可以采用场景教学启发学生的思考，透过场景的安排，让学生知道知识的重要性。（E-170519）

中职学生大都缺乏学习兴趣，中职教师需要根据学生的能力，制定符合他们能力水平的标准，并且循序渐进地让他们培养学习的兴趣与养成态度，营造好的班风是中职教师教学能力的另一个体现。

依据教育部颁发的《中等职业学校教师专业标准（试行）》，结合实际访谈，本文从教学目标、教学准备、专业发展、教学能力、教学环境、教学沟通与表达、教学评量与反馈等方面，建构了一套中职教师教学能力评估指标（详细内容见表2、表3）。

由表2可以发现，从"课程设计与教学"及"班级经营与管理"两个领域对中职教师进行教学能力评估，教师借由教学能力评估指标能帮助自身理清个人的优缺点及特殊才能，使教师可以通过"教师教学能力评估指标"达到自我省察的作用，以提升教师自我教学质量。

另外，表3所呈现的则是教师还需结合学校、家长等各种资源，促使教学更加有效的开展与运作，同时学校也可以从教学能力评估指标方面安排教师参加合适的进修，以促进教师潜能的发挥。

表2、表3的指标设置是以"勾选方式"确定最合适的评估结果，最终结果不仅可以协助教师本人进行自我省察，也可以帮助教师提升在教学过程中加强班级管理、提升沟通能力等方面的教学综合素养。学校可以将其运用在教学督导的过程中，帮助提升教师团队的整体教学水平。

表2　　　　　　　中职教师主要教学能力评估指标一览

领域	标准构架		成效评估			
	评估指标	评估细化指标	值得推荐(2.5分)	达成(1.5分)	待改进(1分)	未通过(0分)
A 课程设计与教学	A-1 展现课程设计能力	A-1-1 选用合适的教材				
		A-1-2 拟任教科目授课大纲或教学进度				
	A-2 研究拟订合适的教学计划	A-2-1 符合课程单元既定的教学目标				
		A-2-2 依据既定的教学目标和学生程度，规划适合的学习教材和教学资源				
		A-2-3 依据既定的教学目标、教材性质和学生程度，规划合适的教学（实践）活动和进度				
		A-2-4 依据既定的教学目标、教材性质和学生程度规划合适的学习成果评估方式				
		A-2-5 依学生学习发展和个别差异设计教学计划				

续表

领域	标准构架		成效评估			
	评估指标	评估细化指标	值得推荐(2.5分)	达成(1.5分)	待改进(1分)	未通过(0分)
A 课程设计与教学	A-3 精熟任教学科领域知识	A-3-1 正确掌握任教单元的教材内容				
		A-3-2 有效连接学生的新旧知识				
		A-3-3 能结合学生的生活经验				
	A-4 清楚呈现教材内容	A-4-1 说明学习目标或学习重点				
		A-4-2 有组织有条理地呈现教材内容				
		A-4-3 正确而清楚地讲解重要概念、原则或技能				
		A-4-4 举例说明或示范以增进理解				
		A-4-5 能提供适当的练习以熟知学习内容				
		A-4-6 能设计学习情境来启发学生思考或讨论				
		A-4-7 能适时归纳总结学习重点				
	A-5 运用有效教学技巧	A-5-1 能引发并维持学生学习动机				
		A-5-2 善于变化教学活动或教学策略				
		A-5-3 教学活动转换与衔接能顺畅进行				
		A-5-4 有效掌握教学节奏和时间				
		A-5-5 善用问答技巧				
		A-5-6 善用计算机网络或教学媒体，有助于学生学习				
	A-6 善于运用学习评估与反馈	A-6-1 适时检查学生的学习进度				
		A-6-2 依据实际需要选择适切的评价方式				
		A-6-3 根据学习评价结果分析学习成效				
		A-6-4 根据学生评价结果调整教学				
	A-7 应用良好沟通技巧	A-7-1 板书正确、工整有条理				
		A-7-2 口语清晰、音量适中				
		A-7-3 教室走动或眼神能关照多数学生				
		A-7-4 师生互动良好				

续表

领域	标准构架		成效评估			
	评估指标	评估细化指标	值得推荐（2.5分）	达成（1.5分）	待改进（1分）	未通过（0分）
B 班级经营与管理	B-1 建立有助于学习的班级常规	B-1-1 约定合理的班级规范与奖惩规定				
		B-1-2 维持良好的教室秩序常规				
		B-1-3 适时鼓励学生的良好表现				
		B-1-4 妥善处理学生的不当行为				
		B-1-5 实施生活教育或机会教育				
	B-2 营造积极的班级学习气氛	B-2-1 善于运用学生自治组织				
		B-2-2 布置或安排适当的学习环境				
		B-2-3 教师展现教学热忱				
		B-2-4 能引导学生专注于学习或积极参与学习活动				

表3　**中职教师辅助教学能力评估指标一览**

领域	标准构架		成效评估			
	评估指标	评估细化指标	值得推荐（4分）	达成（2分）	待改进（1分）	未通过（0分）
C 研究发展与进修	C-1 参与教学研究工作	C-1-1 参与校内各种教学研究会议				
		C-1-2 与校内外教师同行分享教学或专业工作心得				
		C-1-3 发现教学问题并进行研究				
		C-1-4 将研究或进修成果应用于教育工作				
	C-2 研发教材、教法或教具	C-2-1 根据教学需要，自制教具或教学媒体				
		C-2-2 掌握教育新知以改进或创新教学				
		C-2-3 能与校内外教师同行一起研发教材				

续表

标准构架			成效评估			
领域	评估指标	评估细化指标	值得推荐(4分)	达成(2分)	待改进(1分)	未通过(0分)
	C-3 参与校内外教师进修研习	C-3-1 从事教师个人的自我成长活动				
		C-3-2 参与校内专业进修研习或成长团体				
		C-3-3 参与校外专业进修研习或成长团体				
	C-4 反思教学并寻求专业成长	C-4-1 进行自我教学反思,了解自己的教学优缺点				
		C-4-2 根据学生反馈意见,强化教学反思				
		C-4-3 根据同事反馈意见,强化教学反思				
		C-4-4 根据家长反馈意见,强化教学反思				
		C-4-5 整理教学文件及反思结果,建立个人教学档案				
D 敬业精神与态度	D-1 信守教育专业伦理规范	D-1-1 遵守教师专业伦理道德				
		D-1-2 遵守教育相关的法令规定				
		D-1-3 尊重学生及家长资料的隐私性				
	D-2 愿意投入时间与精力奉献教育社群工作	D-2-1 参与学校各项教学事务				
		D-2-2 参与学校各项专业辅导工作				
		D-2-3 参与校内教育行政工作,协助推动教育革新				
		D-2-4 参与校内外相关专业社群活动				
	D-3 建立与学校同事、家长良好的合作关系	D-3-1 与学校同事维持良好的互动关系				
		D-3-2 与学校教师同行合作,形成教学伙伴关系				
		D-3-3 与家长维持良好的互动关系				

七 讨论与反思

本文所建立的评估指标除了可以评估中职教师的专业表现，帮助建立教师的专业形象外，还可作为教师自身专业对话、内部（教师、学生）与外部（学校、家长）沟通的依据，同时可以作为中职学校教学管理部门检查以及教师自我教学反思的参照。综上所述，本评估指标使中职教师在教学专业表现的实质内涵具体化，可以帮助中职学校建设符合国家要求、社会期待的教师队伍。

本指标主要适用于评估课堂教学环节中的教师教学素养，特别是理论教学部分，因此并未涉及中职教育中的实践操作部分，对于实训教师的教学并未有更具体的评估指标，下一步的研究将针对实训操作部分，特别是对各具专业特色的操作部分做出更加细化的指标建构。

参考文献：

黄居正、薛化元译：《关于教师地位之建议书》，《现代学术研究专刊》1989年第1期。

王尊永：《加强实践教学 提高学生操作技能》，《吉林广播电视大学学报》2012年第6期。

《国务院关于加快发展现代职业教育的决定》，中华人民共和国国务院新闻办公室网站，http：//www.scio.gov.cn/ztk/xwfb/2014/gxbjhzyjyggyfzqkxwfbh/xgbd31088/Document/1373573/1373573_1.htm。

《教育部关于印发〈中等职业学校教师专业标准（试行）〉的通知》，http：//www.borun-edu.com/XWOneID640.html。

《关于印发〈职业教育与继续教育2015年工作要点〉的函》《关于印发〈职业教育与继续教育2016年工作要点〉的函》，www.moe.edu.cn。

汤霓：《关于中职专业教师教学能力标准的调查报告——以汽车运用与维修专业为例》，《职教论坛》2010年第12期。

杨遐：《中职学校教师评价现状及对策探究》，《职教论坛》2008年第6期。

黄立晴：《中职教师教学能力现状及对策研究》，《教育评论》2015 年第 8 期。

郑兴华：《中职教师教育教学能力的基本构成与提升途径》，《吉林教育》2013 年第 2 期。

Krueger, R. A. (1986). "Focus Group Interviewing: A Helpful Technique for Agricultural Educators." *The Visitor*, 73 (7): 1-4.

Wideen, M. F. (1987). "Perspectives on Staff Development." In M. F. Wideen (ed.). *Staff Development for School Improvement* (1-16). New York: The Falmer Press.

United Nations Educational, Scientific and Cultural Organization, UNESCO. Recommendation concerning the Status of Teachers. http://www.unesco.org/education/pdf/TEACHE_E.PDF.

【附录】焦点团体访谈大纲

1. 您认为受学生欢迎的中职教师都具有哪些特点？
2. 您认为优秀的中职教师应该具备哪些教学技能？
3. 您认为中职教育课堂教学的目的是什么？
4. 您认为影响课堂教学目标达成的关键因素有哪些？
5. 在您的教学生涯中，哪一个阶段改变最大？您认为促使您改变的关键因素是什么？
6. 请谈谈您教师生涯中印象最深刻的一次教学体验。

学前教育专业学生故事表演能力存在的问题及提升路径

全晓燕[*]

随着《幼儿教师专业标准（试行）》的实施，师德为先、幼儿为本、能力为重和终身学习的幼教先进理念已深入人心，国家从法规层面对幼儿教师的专业化提出更为科学的要求。北京师范大学教育学院冯晓霞教授在解读该文件时明确指出："应提升幼儿教师队伍的整体水平，提高幼儿教师的学历和技能水平，逐步形成较稳定、素质较高的幼儿教师队伍。"2016年国家启动了第二期学前教育三年行动计划，要全面提升幼儿园科学保教质量。为积极响应国家教师教育政策的实践导向，满足幼儿教师实践性知识和能力养成的价值诉求，当代学前教育师资培养院校应积极关注人才综合实践能力的提升，因而实践教学课程体系构建便走进了我们的视野。

一 问题的提出

《幼儿园教育指导纲要》关于语言的总目标明确指出："应引导幼儿喜欢听故事、看图书，引导幼儿接触优秀的儿童文学作品，使之感受语言的丰富和优美。"《3—6岁儿童学习与发展指南》也明

---

[*] 全晓燕：川南幼儿师范高等专科学校教授，研究方向：幼儿教育。

确指出:"鼓励幼儿用故事表演、绘画等不同的方式表达自己对图书和故事的理解。给幼儿读书时,通过表情、动作和抑扬顿挫的声音传达书中的情绪情感,让幼儿体会作品的感染力和表现力。"幼儿园故事教学能够促进幼儿语言能力发展,启发思维,增强自信心和表现力,形成良好的个性,故事表演技能是幼儿教师不可缺少的基本技能。《幼儿教师专业标准(试行)》对学前教育专业学生提出了更高的发展标准,要求把学前教育理论与保教实践相结合,突出保教实践能力。其中,着力提升学前教育专业学生的故事表演技能,使之成为一名合格的幼儿教师,是当下学前教育师资培养院校迫切需要解决的问题。

二 问题的现状

课题组通过问卷"学前教育专业学生故事表演技能的现状以及存在的问题"(374份)和"幼儿教师故事表演技能的现状以及存在的问题"(100份)调查发现:无论是川南幼儿师范高等专科学校学前教育专业学生,还是川南县在职幼儿教师,其整体故事表演技能水平不高,甚至堪忧。

(一)故事表演目的不明确,兴趣不浓厚

据表1所示,就"出于什么目的学习故事表演"这一问题,有82.62%的人选择了"为就职于幼儿园做准备条件"。选择"课程学习必须完成的任务"的人也较多,占79.68%。而认为学习故事表演是"好玩"或者"培养活泼开朗的性格"只占45.19%和50.53%。由此可见,绝大部分学生学习故事表演都是在未来工作或者现实课程的要求下,不得已才进行的,而不是他们喜欢学习的。

学生们普遍存在畏难情绪,绝大部分学生觉得故事表演难,只有极个别的学生觉得故事表演容易。同时,只有少数学生接触过故事表演,有64人,占总人数的17.11%;其他310人都没有接触过故事表

演,占总人数的82.89%。由于对故事表演没有深入的认识和了解,导致很多学生对它敬而远之,对故事表演没有产生浓厚的兴趣和爱好。

表1　　　　　　　　学生学习故事表演的目的、兴趣

题目	选项	频次（Frequency）	百分比（%）（Percent）
您出于什么目的学习故事表演?	课程学习必须完成的任务	298	79.68
	好玩	169	45.19
	为就职于幼儿园做准备条件	309	82.62
	提高自己的口语表达能力	201	53.74
	培养活泼开朗的性格	189	50.53
	其他	106	28.34
您觉得故事表演难吗?	容易	10	2.67
	一般	157	41.98
	挺难	207	55.35
您接触过故事表演吗?	没有	310	82.89

（二）在集体面前表演故事胆怯不自信

根据表2所示,有310名学生觉得自己不能够站在台上大方地表演,占总人数的82.89%。同时,有324名学生觉得自己的故事讲述不够吸引人,占总人数的86.63%。总的来说,学生认为故事表演普遍存在的问题有角色深入不够;无表情,动作不够夸张;不形象,不生动等。这和我们传统的教育方式有关,即理论讲解→学生练习→老师抽查→学生表演,导致学生精神压力大,容易造成紧张、拘谨的学习氛围,不利于学生自由主动的发挥。

表2　　　　　　　　学生故事表演的能力自评

		选项	
		能	不能
您觉得自己能够站在台上大方地表演吗?	人数（个）	64	310
	占比（%）	17.11	82.89

续表

		选项	
		能	不能
您觉得自己的故事讲述能够吸引听众吗？	人数（个）	50	324
	占比（%）	13.37	86.63

（三）缺乏故事表演的技巧

表3　　　　　　　　学生把握故事表演技巧情况

	不能	勉强	可以	容易	其他
故事讲述的节奏	47（12.57%）	226（60.43%）	97（25.94%）	3（0.80%）	1（0.27%）
故事的角色语言	37（9.89%）	161（43.05%）	150（40.11%）	11（2.94%）	15（4.01%）
故事的表情变化	60（16.04%）	165（44.12%）	123（32.89%）	11（2.94%）	15（4.01%）
故事表演时的肢体语言	56（14.97%）	169（45.19%）	123（32.89%）	14（3.74%）	12（3.21%）

如表3所示，在把握故事讲述的节奏上，大部分学生觉得自己勉强能够把握故事讲述的节奏，仅有3名学生觉得能容易地把握故事讲述的节奏，而有12.57%的学生觉得自己完全不能把握故事讲述的节奏。在把握故事的角色语言上，有150名学生觉得自己可以把握故事的角色语言，占总人数的40.11%；有161名学生觉得自己勉强可以把握故事的角色语言，占总人数的43.05%；有9.89%的学生完全不能把握故事的角色语言。在把握故事的表情变化上，有123名学生觉得自己可以把握故事表演时的表情变化，占总人数的32.89%；有165名学生觉得自己勉强可以把握故事表演时的表情变化，占总人数的44.12%；有16.04%的学生认为自己完全不能把握故事表演时的表情变化。在把握故事表演时的肢体语言上，有123名学生觉得自己可以把握故事表演时的肢体语言，占总人数的32.89%；有169名学生觉得自己勉强可以把

握故事表演时的肢体语言,占总人数的 45.19%;有 14.97% 的学生认为自己不能把握故事表演时的肢体语言。由此可见,学前教育专业的学生故事表演技能水平普遍较低,表演技能亟须强化、提升。

三 问题的解决路径

实践教学是学前教育专业课程教学的重要组成部分,是培养学生实践能力和教育教学技能的主要途径。基于此,课题组积极搭建校内外实训平台,结合专业课程方案,通过纵向和横向两个维度,分阶段探寻构建学前教育专业学生故事表演技能训练体系的方法和途径。其中,纵向主要以时间为线索,把入校到毕业三年的时间分为三个阶段,第一阶段为激发学生兴趣,增强语言表现力阶段,主要以个人或小组的方式进行"故事配音"等;第二阶段为表演技巧的训练阶段,增强学生故事表演力以及改编创编故事的能力;第三阶段为故事表演技巧的综合训练阶段,最后通过故事会演以及见习实习进行检验,由简到难,层层递进,实践性比较强,使学生的故事表演能力得到有效提高。横向则是通过社团活动、技能比赛等形式在各阶段中形成良好的氛围以及为学生故事表演能力训练提供辅助或扩展的机会等。通过研究,课题组总结了如下提升路径。

(一)强调课堂教学基础作用,从纵向和横向两个维度完善故事表演能力训练课程方案

1. 调整课程设置方案

课题组将学校 2014 级学前教育专业的故事表演技能相关课程进行了微调,把培养学生的故事表演技能融入相关课程中,在选修和必修课程中拓宽课程总类,增加课时量。具体为:第一学年开设《普通话》《幼儿教师一般口语训练》(包括演讲、辩论、儿歌表演、故事表演训练)课程,每学期每周两课时,旨在培养学生的口语表达能力和表演能力;第二学年开设《幼儿教师职业口语训练》(包括故事的导入语、提问语、过渡语、结束语的训练)、《幼儿文学》（改编和创编故事）课程，每学期每周两课时，旨在培养学生的职业口语运用能力和选择、改编故事的能力；第三学年开设《语言活动指导》（包括幼儿园故事教学设计、看图讲故事教学设计）课程，每学期每周两课时，旨在培养学生故事表演在幼儿园语言教学活动中的运用。通过每学期的课程教学，循序渐进，培养和提高学生故事表演的技能，并在每学年期末进行各年级段技能水平检测，使学生的故事表演技能真正达到了真实性、实践性和操作性要求。另外，课题组成员还积极开设选修课和专题讲座，如童话剧表演、经典绘本、课本剧排练、故事讲演艺术等，拓展课堂教学，让学生课内课外兼修，进一步培养了学生故事表演的能力。

2. 确定纵向研究方案

在专业课程设置的指引下，以时间为单位，确定将纵向研究分为三个阶段，经过前期调研在职幼儿教师与在校学前教育专业学生故事表演技能情况，将故事表演技能应具备的四大技巧分学年度分解为三个阶段，从一年级到三年级，由简到难，层层递进，形成纵向训练方案，并落实相应课程。第一至第三学年与故事表演技能四大技巧相对应的课程分别为：第一学年是《普通话》《幼儿教师一般口语训练》（包括演讲、辩论、儿歌表演、故事表演训练），对应口语表达技巧训练和表演技巧训练；第二学年是《幼儿教师职业口语训练》（包括故事的导入语、提问语、过渡语、结束语的训练）、《幼儿文学》（改编和创编故事），对应选择、改编故事的技巧训练；第三学年是《语言活动指导》（包括幼儿园故事教学设计、看图讲故事教学设计），对应故事表演在教学中的技巧训练，且每一项技巧均落实到具体课程中，并在每学年期末进行各年级段技能水平检测，使其真正达到了真实性、实践性和操作性。

3. 确定横向研究方案

第二阶段至第四阶段以分阶段目标为指引，确定各课程的具体训练内容和方法，并且从任课教师和学生两个层面共同寻求提升途径和方法。

第一阶段：口语表达技巧训练。

本阶段应是整个课题研究实施的基础阶段，重点训练内容是普通话训练，为第二阶段的表演技巧打下基础。所以阶段目标是掌握普通话语音表达技巧，能综合运用各种技巧进行多种文体的朗读和即兴说话。具体实施方法：

（1）字、词的朗读——主要通过"口腔操"的练习，让学生将口腔位置调整到最佳状态，然后从最简单的声母、韵母、声调开始，通过对比、辩证、类推、记少不记多等方法，让学生发准字、词的读音。

（2）多种文体的朗读——主要通过唱歌、绕口令等形式练习气息；通过儿歌、表演等方式练习表情；通过配音、创设情境等方式练习发声，让学生体会"情、气、声"三者之间的关系：有什么样的感情，就会产生什么样的气息，有什么样的气息，就会有什么样的声音状态，并综合运用重音、语气、节奏、停连等表达技巧，着重进行故事朗读的训练。

（3）即兴说话——结合普通话测试的30个题目，采用新编成语故事、连缀物件说话、创设情境等方式提高学生的心理素质和即兴的语言表达能力。

（4）多种活动——开展错别字纠正比赛、普通话经典诵读表演大赛、绕口令比赛等。

第二阶段：表演技巧训练和选择、改编故事技巧训练。

在第一阶段口语表达技巧训练的基础上，本阶段主要侧重指导学生能准确运用肢体语言表达幼儿故事内容，力求做到形象化、生动化、幼儿化，富有感染力、吸引力，基本具备表演技巧。教师指导学生如何选择适合幼儿具体年龄段的故事，能根据本班幼儿的实际情况创造性地加以改编和创编，并在幼儿园语言教育故事教学活动中能够将故事表演的技巧灵活地加以运用，从而提升学生的职业口语表达水平，最终提高学生的教学水平。通过课堂教学，结合幼儿的实际情况，指导学生如何进行故事的选择，如主题单一明确，有一定的教育意义；情节具体生动有趣，有起伏，人物形象鲜明突出等，并结合具体的幼儿故事加以阐述。

在课外指导学生如何将已有的故事素材进行合理改编和创编，使之更具童趣，通过有针对性的课外练习达到人人都能改编故事，创编故事，培养幼专生的创新能力和想象能力。具体实施方法有：

（1）观看优秀的故事表演视频。

（2）分组训练幼儿故事表演。

（3）教师分组或个别指导。

（4）开展"故事表演艺术""经典绘本故事赏析"等专题讲座。

（5）举行幼儿故事表演比赛。

（6）学生搜集经典故事，进行改编或创编，形成故事集。

（7）在幼儿园见习中学习幼儿园教师的故事表演技巧。

第三阶段：故事表演在教学中的技巧训练。

在前两个阶段研究的基础上，本阶段主要侧重于在故事教学活动中，引导学生如何通过运用惟妙惟肖、富有感染力的故事表演引起幼儿听故事的兴趣，并学会理解和讲述故事、续编和表演故事，使整个故事试讲活动的质量得到提高。具体实施方法有：

（1）开展"幼儿园故事教学活动设计教案集"原创教案设计比赛。

（2）开展语言领域故事、绘本教学试讲比赛（将在下一阶段进行）。

（3）开展与幼儿分享好故事的活动。

（4）把学校的年级段技能考试、毕业技能考试和幼儿园的见习实习作为检验本次研究的具体手段，并形成较科学的评价体系。

（二）利用校内实训室，分阶段开展学生故事表演技能训练

课题组充分利用学校的学前教育专业校内实训基地，让学生在模拟幼儿园场景中进行模拟训练、角色扮演或实践，培养学生的故事表演技能。在绘本实训室，教师应着重培养学生选编故事、创编故事、讲演故事的能力，提高学生选材、改编、创编故事的水平，以及故事表演的专业技能；在幼儿园仿真实训室，让学生分小组讲故事，制作

微课。开展"微型故事教学",通过幼儿园故事教育活动的模拟教学,让学生在不断的实践练习中强化他们的故事表演技能;在奥尔夫音乐实训室,音乐不再仅仅是旋律和节奏,而是与儿歌说白、律动、舞蹈、戏剧表演甚至是绘画、雕塑等视觉艺术联系在一起,使学生进入丰富的艺术世界。学生可以丰富故事的艺术表现手段,如配乐、节奏感、角色语言表现等,这是学生故事表演技能的综合训练,学生可以组织小型的故事表演展,使其在组织能力、表演才能、语言艺术、艺术表现力等方面有了初步的锻炼和实践。

(三)分阶段开展故事讲述比赛,以活动促学生故事表演技能的提升

每学期学生都可以参加一些技能比赛,如年级的故事配音比赛,全校性的故事表演比赛等。最后将优秀故事配音音频以及故事表演视频收集起来制作成光盘或 CD 等,用作教学资料、教学展示等。根据以上对策与建议,本文设计出学前教育专业学生故事表演能力训练安排(见表4)。

表4 学前教育专业学生故事表演能力训练安排

课程类型	时间	课程	组织形式	地点	能力训练
共同性实践课程	大一	故事配音	个人/小组	教室/实训室	激发兴趣、语言表现力
	大二	故事表演	小组	实训室	故事表演能力、改编创编故事能力
	大三	故事汇演	班级	演播厅	综合能力训练:组织能力、宣传能力、艺术表演能力

1. 故事配音,激发学生兴趣

儿童故事配音是以儿童故事为题材的配音服务,主要以讲故事的方式,融入各种音效,形象、生动地进行声音演绎,读者对象定位为幼儿园适龄儿童。例如,《喜羊羊与灰太狼》《乐比悠悠》《快乐星

猫》等深受儿童喜欢的动画作品均可进行故事配音，还有对寓言故事、童话故事等进行配音录音。针对刚入学不久的新生普遍存在不敢上台进行故事表演，对故事表演兴趣不浓等现象，在大一开设故事配音的课程。结合故事配音不需要学生在众人面前表现，只是以个人或者小组的形式进行的特点逐步增强学生的自信。首先通过欣赏优秀的故事配音，激发学生故事讲演的兴趣；然后以个人或小组的形式，寻找搭档，找好素材（素材可以是已有的故事，也可以是自己创作的故事，鼓励学生自己创作），开始录音，形成学生作业；教师通过对学生作业进行评价，最后学生将自己认为最满意的一个作品作为期末作业。这样不仅使学生讲演故事的能力得到有效提升，同时将优秀的故事配音进行汇总，形成丰富的电子故事资源库。总的环节为学生欣赏—录音—评价—提升—汇总。同时，还可以组织一些小型的故事配音比赛，优秀的配音将在校园里播出并予以奖励。

2. 利用实训室多角度训练学生的故事表演技能

针对学前教育专业学生普遍不懂故事表演技能基本技巧的现状，结合在大一时对故事表演有了一定的讲演基础和兴趣，大二开始进入实训室进行能力训练。幼儿绘本阅读实训室是学前专业的学生进行故事讲演活动训练的场所，以收藏国内外经典绘本为主，同时配备一些儿童早期教育书籍，藏书丰富，品种多而齐全，经典的绘本契合了幼儿的审美及生理发展特点，能有效地吸引儿童和学前教育专业的学生，让他们置身于绘本的海洋，激发对故事的喜爱，养成良好的阅读习惯，从而促进幼儿语言、思维、记忆等能力的发展。通过绘本实训室的个人反复训练、小组研讨和专业教师的指导，逐步掌握故事表演的基本技能。

3. 故事会演，综合能力展示

以班级或年级为单位在全校举行学期末的故事会演，这是学生综合能力的一次展示和训练，使学生在环境创设、道具、布置等方面的能力得到提升，利用灯光、舞台、多媒体等先进设备，强化学生故事表演的表现力。

分阶段的技能训练目标，即"三位一体"——"多听、多看、多讲"来达成，需要进行故事表演技能训练模式的探索。为学生提供故事配音、创编故事、讲故事比赛、制作微课等丰富的实训活动，使学生讲演故事的能力得到全方位的提升，同时教师将形成许多的视频、图片以及书本等形式的资源。

（四）开展丰富多彩的社团、社区活动，提升学生故事表演能力

学校通过开展丰富多彩的社团活动，让学生在社团讲故事系列活动中提升心理素养，增强艺术表演能力，习得基本的故事表演技巧。如"森林童话社""故事姐姐""故事汇"等社团活动，主要排演各种童话剧和故事，在学校定期表演或重大节日、表演时加以展示；积极开展各种形式的讲故事活动，走出校门，走进社区、图书馆、游乐园等场所，组织周末亲子故事会、假期讲故事等活动；把舞台建立在校外的广场、幼儿园、小学等，既给孩子们带去欢乐和视听盛宴，又促进了学前教育专业学生故事表演能力的提升。

（五）与幼儿园进行深度合作，积极构建学习共同体，检验和提升学生的故事表演能力

校外实训是学前教育专业人才培养的必要环节。随着学前教育改革的不断发展，学前教育机构除了要求学前教育专业学生具备基本的保教能力外，还应在环境创设、课程开发、教学科研等方面具备相应的技能，而这些职业能力的获得既需要学生在校内加强基础知识、基本能力的训练，又需要学生通过校外实训来培养和提升实践操作能力。校外实训不单是在幼儿园、早教机构，学生还要走出校门，广阔的社会就是他们的实训平台，包括图书馆、游乐园、公园、广场等，只要是跟学前教育有关的，都应该是他们锻炼自己，将自己所学应用于实际的一个平台。校园合作主要体现在两个方面：一是请进来；二是走出去。请进来就是将幼儿园优秀语言教师请进学生课堂，让她们通过大量的幼儿园实践案例，加深学生对幼儿园教学的了解，实实在在地指导学生做好故事讲述，为教学注入新鲜血液和活力。走出去就是让学生走进幼儿园,感受丰富的教育实践,在真实的幼教场景中检验他们的故事表演讲述水平,不断调整和修复技能,从而提升自己。幼儿园为学生提供了"实习场"的条件和资源,使学生获得有效调控教学、故事讲演技巧、教育机智等专业知识与教学智慧,积累实践经验,提高教育教学实践能力。

总之,在以能力为重的今天,学前教育师资培养机构应积极构建学前教育专业学生故事表演的课程体系,寻找适合学生技能提升的多种通道,切实促进学生自主发展,能力提升,成为符合《幼儿教师专业标准(试行)》技能需求的专业教师。

参考文献

[苏]苏霍姆林斯基:《把整个心灵献给孩子》,毕淑芝、赵玮等译,《育人三部曲之一》,人民教育出版社1998年版。

[苏]苏霍姆林斯基:《和年轻校长的谈话》,江苏教育出版社1998年版。

[美]卡洛琳·爱德华兹等:《儿童的一百种语言》,罗雅芬等译,南京师范大学出版社2006年版。

孙敬修:《和幼儿教师谈谈怎样讲故事》,《幼儿教育》1984年第1期。

姚继斌:《学前教育专业儿童故事技能训练策略》,《齐齐哈尔师范高等专科学校学报》2009年第1期。

李素华:《幼儿师范学校讲故事中存在的问题及对策》,《经济研究导刊》2010年第11期。

马晓嘉:《幼儿故事表演艺术的指导层次及方法》,《黑龙江科技信息》2010年第32期。

吴美玉:《幼儿园故事教学初探》,《幼儿教育》1988年第z1期。

顾明华:《浅谈儿童故事剧表演指导策略》,《学期课程研究》2007年第2期。

刘桂凤:《幼儿园表演游戏的优化策略》,《江苏教育报》2010年11月29日第7版。

林崇德:《中国学生发展核心素养:深入回答"立什么德、树什么人"》,《人民教育》2016年第19期。

基于教学资源整合和课堂改革的幼专生音乐素养提升研究
——以川南幼专为例

李 洁[*]

学前教育是一个人接受教育的重要起点，在整个教育中具有"根基性"的地位。脑科学的研究表明，生命最初几年是大脑发展的关键期。发展学前教育既是整个教育事业发展的需要，也是提高国民素质，促进经济、社会持续、健康发展的需要。而对于培养幼儿教师的摇篮——各级学前教育师范院校来说，如何进一步修订人才培养方案，提高课程教学水平，培养出适应时代、社会发展需要的高素质、高水平的幼教师资成了首先需要解决的问题。面对新的形势，就需要幼儿师范学校对原有学前教育专业的课程设置、课程结构等一系列问题进行重新建构。特别是在学前教育中，音乐教育有着相当重要的地位，高素质的幼儿教师必须具备相应的艺术素养和艺术教育技能，这样才能满足当前社会对人才的需求。

一 幼专音乐教学资源整合和音乐课堂的改革现状

（一）幼专音乐教学资源整合

1. 幼专音乐师资现状

通过对川南幼专音乐教师的统计和分析，通过"调查研究"，我

---

[*] 李洁：川南幼儿师范高等专科学校讲师，研究方向：幼儿教育。

们可以发现，在该学校的音乐任课教师中，教师的整体学历水平偏低，在整个川南幼专音乐教师中，拥有研究生学历的音乐教师只有12名，其余70%的教师都是本科学历。对于现代化的高校来说，这样的师资力量和师资水平显然是非常薄弱的，艺术系相对专业性强的高学历教师，更是寥寥无几。没有雄厚的师资力量，就无法教出更优秀的学生，川南幼专在师资方面略显单薄。

2. 课程设置现状

对川南幼专学前教育系上课情况的分析及从抽样性现场听讲的情况来看，通过"个案分析法"进行具体的实例分析，该校的学前教育专业的音乐课程教学效果差强人意。就拿音乐课上的琴法课课程举例而言，每个班每周虽然安排了两节琴法课，在电钢教室上课，但是琴法上的是大课，按照一个班平均60—80人计算，每个人能够得到教师指导的时间不到5分钟，而这5分钟需要讲解的内容太多，没有时间怎么办？只能把原本应该详细讲解的东西简单讲，因此远远达不到琴法教学应有的效果。琴法是一门技术性和实践性很强的课程，对于从事专业音乐的基础性技能来说，这种课程设置完全达不到应有的教学效果。

（二）音乐课堂的改革现状

1. 幼专音乐教学模式现状

川南幼专和很多幼儿师范类院校在音乐教学模式方面都存在着同样的问题，通过"访谈法"，以口头形式对川南幼专的教师、学生和学生家长进行相关预定问题的访问与交流，普遍反映的情况就是教学模式相对机械，还延续着多年前中等师范院校的教学方法，对于学生的学业素质和接受能力采取"一刀切"的古板式教学形式，教师教学的针对性不强，教学效果与专业水平相差甚远。

2. 学生音乐学习的现状

川南幼专的学前教育系学生，音乐学习效果参差不齐、水平不一。有些音乐基础好的学生对于教师的讲课内容能够很快接受并掌握,学习动力也比较足。而有些学生因为高中时期的学习成绩不好,或家庭条件不好,音乐接触得不够全面,导致音乐专业知识的学习比较吃力,还有的学生先天性音质、乐感不行,音乐课程的学习对于他们来说比较困难。这些学生在学习音乐课程时就普遍兴趣不足、应付了事,专业知识学习不到位。

二 幼专音乐教学资源整合和音乐课堂改革问题成因分析

(一)资源配置视角的分析

由于川南幼专是从四川省隆昌幼儿师范学校发展而来的,2014年才升级为"川南幼儿师范高等专科学校",升格的时间比较短,发展得还不够强大,虽然在硬件设施上已经有了很大的改善,和专业类院校相差无几;在音乐专业教学的教室分配和乐器数量上,相较于以前也有了很大的提升,但是在优秀教师资源和专家演讲培训上,还需要进一步吸引人才、增加交流与合作的机会。

(二)师资视角的分析

由于幼儿师范专科学校毕业的学生,在从事本专业的前提下,往往只能在幼儿园就职,晋升的空间很小,最多只能成为幼儿园园长,进入教育局的可能性微乎其微。所以,很多学历高,并且愿意从事教育行业的师范类毕业生首选小学、中学的教师行业,幼师院校则是其他成绩不好、毕业学校档次稍低的学生的选择。此外,幼专教师的薪资待遇也不及其他教育类行业的教师待遇,无法吸引更多的优秀人才进入学校。

(三)学生视角的分析

由于川南幼专是幼儿师范类的专科院校,本身的生源素质就不太高。很多考上专科的学生在高中时段的学习成绩不理想,他们都是因为没有考上大学,所以才上的专科学校,加上川南幼专以四川南部的学生为主,其中不乏一些偏远地区、贫困地区、少数民族聚居地的学生。学生的音乐基础薄弱,进入大学以后,很多都跟不上教学的进程,从而影响学习的积极性和主动性,体会不到音乐课程带给他们的乐趣和成就感。

三 优化幼专音乐教学资源整合与音乐课堂改革,提升幼专生音乐素养的对策建议

(一) 强化音乐课程与资源的整合

首先在师资力量的吸引上,学校应该积极争取更多的财政投入。可以采用提高幼专教师工资收入,为外来教师入户本地提供便利、快捷的条件,增加福利待遇,学校简单岗位优先安排职工家属等方式吸引更多的优秀人才进入川南幼专从事教育工作。只有充足的高级教学人才,才能够提升幼专生的音乐素养,进而培养出类拔萃的幼师人才。

(二) 更新教育理念,拓展培养渠道

面对相对落后的教学模式,川南幼专的教师们,首先应该转变教育观念,虽然对于现有的教材教学,他们能够比较熟练地讲解,但还是沿用多年前的教学方法,应该紧跟时代的步伐,积极改进、勇于创新。通过激发学生的自主性学习,加强学生的合作协调能力,培养学生的探索求知欲望等教学方法,多方面提升学生的学习兴趣并增强学生的音乐素养,培养出自学能力强、综合素质高的幼专毕业生。

(三) 提高教师教学素质与教学能力

在教师队伍中选拔一些"高精尖"的教师人才,通过这些高素质、高水准的教师带动其他教师的整体教学水平。可以定期举办一些

学校范围的高级教师个人讲座、教学座谈会等,把先进的教学理念分享给所有的教师;还可以举办音乐交流表演,通过不同教师的组合表演,增强教师的自我提升热情和不断上进的状态;充分利用"微信""QQ"等"教师交流群",加强教师之间的交流,遇到难题、产生困惑之处,集思广益、共同讨论、吸取精华、优化教学。

(四)改革教学手段,提高教学质量

在教学方法上,幼专的教师应该不断改革教学手段,吸取先进的教学方法,"因地制宜""因材施教"地完成教学目标,就拿音乐学习中的声乐课为例,可以通过"分层次"教学,实现对不同层次的学生"分类式"教学。根据不同学生的实际情况,可以把相近水平的学生分到一组,通过小组训练、发声练习、"优组"带"良组","良组"带"差组"等方式进行分层教学,选出小组当中的组长或学习委员,利用课下零散的时间对其他学生进行指点评价,形成共同进步、其乐融融的学习氛围。

(五)赏识激励增强学生的成功体验

努力找出学生可赏识、可激励之处,用多种方式进行赏识激励,这是一名教师的基本能力。一个人要拥有自信心,发挥主动性和积极性,除了自我鼓励外,还需要外界的认可。对于一名心理尚未完全成熟的学生来说,教师一个充满激励的眼神,一句由衷的赞美,一个适时的赏识举动,都可以使他们强化自我认同感,树立信心,形成"我能行"的心理暗示。在教学中,教师或者学生间的赏识,都能使学生改变"我不行"的心态,争强自信心,提高主动性。当然,赞扬并不等同于简单的肯定与表扬,可以运用多种策略和手段,在学生正确时激发其潜力,在学生犯错误时帮助其树立信心,为其指明前进的方向。只有这样才能既保护学生的自尊心又将其学习的积极性调动起来。

运用赏识教育,对学生要有正确客观的认识,要了解学生的身心

需要、心理状态，根据其真实需要予以重视和赞赏，而不能为达到某种目的而进行牵强的赏识。不然的话，不仅对受赏识者起不到真正的作用而且会影响其他的学生，给他们一种虚伪的感觉，同时会降低教师的信任度。赏识不能过度，否则会导致学生对自己认识不足，产生自满自傲的心态，稍遇不顺，便可能一蹶不振。赏识还要注意学生的不同性格，如对胆小的学生要多肯定、鼓励；固执的学生要给予其更多的尝试与引导；自卑的学生要多让他获得成功的体验和老师、同学的关爱；对调皮好动的学生，在充分发挥其积极主动性的同时，赏识要适当，要提出新的要求等。

四　总结

总之，通过文献资料法、调查研究法、访谈法、个案分析法、经验总结法等对幼专音乐教学资源加以整合和对音乐课堂的改革现状进行调查，在对幼专音乐教学资源整合和音乐课堂改革问题的成因进行分析的基础上认真总结、梳理。我们可以看出，川南幼专等国家高等师范类专科院校在音乐教育上普遍存在师资力量薄弱，学生生源良莠不齐，教学模式落后，人才培养目标定位不明确，音乐专业学习不精等多方面的问题。教学资源整合和课堂改革不是一蹴而就的，而是一个需要长期坚持的过程，是需要校方、教师、学生等多方面共同努力、合力完成的一项艰巨任务。所有相关人员都应该以先进的理念、热情的态度，分析、研究并做好深化教学改革工作，开拓出更好的教学资源整合和课堂改革渠道，为幼专生的音乐素养有更大的提升献计献策，竭尽所能地完成这项艰巨的工作。

参考文献：

鲁霏飞：《探析高职院校舞蹈选修课的教学困境和对策》，《艺术科技》2014年第5期。

栾利涛：《分析中专幼教音乐教学中存在的问题和对策》，《音乐大观》2014

年第 4 期。

童艳:《学前教育大专音乐课程结构优化研究》,《艺海》2013 年第 5 期。

黄煜淇:《关于建立新型师幼互动的思考》,《中国教育研究论丛》2007 年第 00 期。

王丽师:《师幼互动中的公平解析》,《长春教育学院学报》2009 年第 2 期。

好幼儿教师的基本特质及实现路径
——关于幼儿教师素质的质性研究

王建　余传丽[*]

一　问题的提出

习近平总书记在第三十个教师节到来之际与北京师范大学师生代表座谈时曾指出："教师重要，就在于教师的工作是塑造灵魂、塑造生命、塑造人的工作。一个人遇到好老师是人生的幸运，一个学校拥有好老师是学校的光荣，一个民族源源不断涌现出一批又一批好老师则是民族的希望。"这充分说明了好老师对学生一生的发展乃至整个国家的繁荣都具有重要的作用。幼儿期是人发展的奠基时期，是人的思维和意识发展的起步和初始阶段，也是人的性格和品质塑造的关键时期，幼儿期所获得的最基本的素质培养，对幼儿一生的发展都会产生重要的影响和作用，而这种影响和作用对幼儿来说是基础性与长久性并存的。因此，高素质的好幼儿教师对幼儿至为重要。鉴于此，有必要对好幼儿教师的基本素质及怎样培养好幼儿教师等一系列问题进行深入的探究，以实现幼儿教师的基本价值和意义。

---

[*] 王建：内江师范学院讲师，研究方向：幼儿教育。余传丽：川南幼儿师范高等专科学校讲师，研究方向：幼儿教育。

二 研究对象与方法

（一）研究对象

我国城乡差异比较显著，有着典型的城乡二元结构特征，城市和农村的教育各具特色，好幼儿教师素质的表现并未达到统一标准。本文选取了N市的一所农村幼儿园（以下简称"A园"）和一所城市幼儿园（以下简称"B园"）作为研究对象。通过询问幼儿"哪位老师是你最喜欢的好老师"以及询问幼儿教师和幼儿园园长"哪位老师是该园的好老师"将研究对象确定为A园的王老师及B园的余老师和贾老师。其中，王老师是幼儿、幼儿教师和幼儿园园长公认的好老师，余老师是幼儿心目中的好老师，而贾老师则是幼儿教师和幼儿园园长眼中共同的好老师。这三位老师既有来自农村的，也有来自城市的，这样既保证了研究对象的全面性，又考虑到了城乡差异，同时也确保了研究资料的可靠性。

（二）研究方法

教师素质是在动态的教育过程中表现出来的，鉴于本文的目的是对好幼儿教师的素质特征做出归纳和总结，笔者不仅要了解他们的外在行为特征等显性表现，还要了解他们的思想、情感及价值观念等隐性表现，如此一个发现、理解和解释的过程，采用以"扎根"为基础的质性研究比采用大量统计数据的量化研究更为适合。因此，走进这两所幼儿园，首先，在毫无假设的前提下，对真实教育情境中幼儿和教师发生互动时的反应进行观察并记录幼儿及幼儿教师当时的言语和行为表现；其次，通过与幼儿、幼儿教师和幼儿园园长的有效对话，总结出他们对好老师的基本态度和看法。最后，将搜集到的第一手资料进行归纳和整理，在对各种信息进行描述和分析的基础上，得出本文的结论。

三 研究发现

（一）与幼儿对话中发现的好老师

1. 温柔体贴的余老师

余老师是一位刚参加工作的大学生，二十来岁，每天都把自己打扮得很漂亮，非常阳光、开朗和活泼。在与 B 园幼儿交谈时，一位幼儿激动地说："我最喜欢余老师了，余老师对我们可好了，她不会骂我们，对我们也很温柔，经常表扬我们，有时甚至还会给我们买糖吃，大家都非常喜欢她，都愿意和她在一起。"另一位幼儿也说："余老师在我们睡午觉的时候总给我们讲故事，还会给我扎小辫子，把我打扮得漂漂亮亮的，我最喜欢她了。她对尿湿了床的小朋友一点也不凶，还总是很关心他们，就像我们的妈妈一样。"余老师以她的温柔体贴和对幼儿无限的关爱受到了幼儿的喜欢，也得到了幼儿的认同。

2. 多才多艺的王老师

王老师是一位非常有才的老师，她不仅手工做得相当不错，而且能歌善舞，得到了很多幼儿的青睐。在与 A 园幼儿交谈时，一位幼儿说："我最喜欢王老师给我们上课了，她可以教我们做手工和画画。有一次王老师在幼儿园教我们画的大象，我拿回去给妈妈看，得到了妈妈的表扬，还给我买了一个冰淇淋，把我高兴坏了。"还有一位幼儿说："王老师真有才，跳舞跳得很棒，比电视里放得还要好，我以后也要像王老师一样。"王老师以自身的才能征服了所有的幼儿，是 A 园所有教师当中大家公认的最受幼儿喜欢的好老师。

（二）与幼儿教师对话中发现的好老师

1. 富有耐心、爱心和童心的王老师

王老师是 N 市一所农村幼儿园的女幼儿教师，将近 40 岁，是一位有着丰富教学经验的好老师。通过与王老师的接触和了解，发现她不仅性格开朗活泼，而且善解人意，总给人一种平易近人的感觉。王老师在幼儿园日常教育活动中是一位非常有耐心的老师，她对幼儿提出的各种问题都给予解答，从来不扼杀幼儿的好奇心，有时甚至还将幼儿有意义的问题专门拿出来与其他小朋友一起讨论和分享。在对王老师进行访谈时她说道："因为我特别喜欢孩子，所以当我毕业的时候就毫不犹豫地选择了当一名幼儿教师，而要当好一名幼儿教师，首先就是要有爱心，要爱孩子。爱心是教育好幼儿的关键，也是教育幼儿的法宝。"王老师不仅是一名有耐心和爱心的幼儿教师，而且是一位非常有童心的老师。通过对王老师几个星期日常教育活动的观察发现，她在组织和设计教学活动及游戏时，总是站在幼儿的角度去思考问题，把她自己当成幼儿中的一员，充分考虑到了幼儿的生理和心理特点，知道他们喜欢什么，需要什么，与幼儿真正打成一片，得到了许多幼儿的喜欢与爱戴。

2. 尊重幼儿的贾老师

贾老师是 N 市一所城市幼儿园的幼儿教师，三十几岁，是学前教育专业毕业的本科生，在多年的幼儿教育实践当中，积累了很多宝贵的教学与管理经验。通过对贾老师的接触与了解，我们发现她是一个能为幼儿着想，关心幼儿，经常与幼儿沟通交流，尊重幼儿的好老师。在与贾老师的访谈中，她谈道："为什么有很多幼儿不喜欢老师，而老师也找不到教育幼儿的好方法呢？这是因为我们老师总喜欢用自己的思维方式去左右幼儿的成长，没有站在幼儿的角度去考虑他们是怎么想的。我们都忽视了幼儿的选择能力，幼儿是有判断力的，甚至有时候会远远超出我们大人的想象。"因此，尊重幼儿的身心发展规律和学习特点，尊重幼儿的人格和权利，尊重幼儿的一些天马行空的想法和创意，尊重幼儿已有的知识和经验，挖掘幼儿潜力，并在此基础上发挥幼儿的主观能动性，只有这样才能成为幼儿的好朋友，才能成为一名受幼儿喜欢、同事认可、园长赞赏的好老师。

（三）与幼儿园园长对话中发现的好老师

1. 了解幼儿的王老师

通过与 A 园园长的对话，发现王老师之所以是 A 园园长心目中的好老师，是因为她除了具备基本的幼儿教师素质之外，还明显地表现出"了解幼儿"这一典型特征。王老师所表现出的"了解幼儿"不是一般意义上的了解，也不只是对某个幼儿有所了解，而是对其所教幼儿都有一个整体的感知与深入的了解，并且能够在充分了解幼儿的基础上，发挥她的教育机智，挖掘幼儿潜力，在幼儿原有水平上促进幼儿更好的发展。正如 A 园园长所说："王老师在日常工作当中，不仅能够对幼儿进行基本的生活照料，从容地处理幼儿游戏及教育活动中的各种问题，更难能可贵的是，她还能够充分了解幼儿的基本需要与要求，尊重幼儿的主体地位，关注幼儿的健康成长，最大限度地促进幼儿全面和谐的发展。"

2. 善于思考的贾老师

通过与 B 园园长的对话，发现贾老师之所以是幼儿园园长和幼儿教师心目中共同认可的好老师，不仅是因为她具有活泼开朗、勤奋上进、做事认真负责等外在行为表现，而且是因为她还具有善于思考的内在品质。通过对贾老师的观察，发现她很有创新能力，能用不同的方式教育幼儿，让幼儿在体验中获得知识，收获学习的乐趣。因为幼儿的思维方式主要以具体形象思维为主，所以贾老师针对所教幼儿及内容特点，自己亲手制作了很多教玩具（例如小汽车、青蛙等），以培养幼儿的思维能力，促进幼儿智力水平的发展。

四　研究结论

好幼儿教师除了必备的专业知识和专业技能之外，还具有以下几个方面的特质。

（一）热爱幼儿教育事业和幼儿是好幼儿教师的基本前提

教师这个职业最根本的东西，是热爱自己的学生，热爱自己所从事的教师这个职业，这样才会全心全意地投入培养学生的过程中，否则一切都谈不上，这是做一个好老师的前提。就像俄国教育家乌申斯基所说:"如果教师不爱学生,那就最好让他离开教育岗位。"因此,好幼儿教师一定要热爱幼儿教育事业和幼儿,对幼儿教育事业要有无私的奉献精神,这是成为一名好幼儿教师的前提条件。如果一位幼儿教师不喜欢幼儿教育,对幼儿没有爱,那么她从事幼儿教师这一职业将是非常痛苦和受煎熬的。无论是在毕业时毅然决然地选择当幼儿教师的王老师,还是从温柔体贴的余老师及善于思考的贾老师身上,都能发现她们具有热爱幼儿教育事业和幼儿这一内在品质。

(二)尊重和了解幼儿是好幼儿教师的重要条件

儿童是有其特有的看法、见解和感情的,如果想用我们的看法、见解和感情去替代他们的,那简直是愚不可及。所以,成为一名好幼儿教师的一个重要条件就是尊重和了解幼儿,尊重幼儿的主体地位,适应幼儿的天性与个性特征,做到因材施教。尊重和了解幼儿这一基本特质在王老师及贾老师身上得到了很好的印证与体现。幼儿是幼儿园教育和培养的主体,幼儿的身心发展特点和实际需要应是幼儿教师首要考虑的问题,我们绝对不能忽视这一点。只有当一个教师非常清楚幼儿阶段应该学习什么,幼儿是怎么学习和发展的,她才会对幼儿的发展需要和行为水平,以及影响幼儿发展的因素十分敏感,才能更好地促进幼儿的成长与发展。正如贾老师所说:"把幼儿当作学习的主人,做幼儿的知心朋友,才能真正地走进幼儿的内心世界,成为幼儿的良师益友。"

(三)重视幼儿已有经验和挖掘幼儿潜力是好幼儿教师的重要品质

儿童的学习过程是认知的重组过程,是总结个人经验而不断重构个人对知识的理解和问题解决的过程。在教育活动中,学习是建立在幼儿已有知识和经验基础之上的,教师的角色就是要充分挖掘幼儿潜能,根据每个幼儿独特的经验来赋予这些经验以社会意义。当然,关注幼儿生活经验的过程，也是幼儿教师自身不断成长、充实、发展和完善的过程。王老师之所以得到了 A 园园长的认可，主要是因为她能够在充分了解幼儿的基础上，发挥她的教育机智，挖掘幼儿潜力，帮助幼儿在可能的发展空间里获得最大限度的发展。而贾老师也是一位非常注重幼儿已有知识和经验的老师，她以"尊重幼儿"这一典型特征成为幼儿眼中的好老师。由此可见，重视幼儿已有经验和挖掘幼儿潜力是好幼儿教师必备的重要品质，也是发挥教师价值的一个重要因素。

（四）爱心、耐心、童心、细心和责任心是好幼儿教师的核心素养

爱心、耐心、童心、细心和责任心被简称为"五心"。我们通过研究发现，"五心"是一个好幼儿教师的核心素养。如果一个幼儿教师不具备"五心"，那么她一定是一位不合格的幼儿教师，更不用说成为一名好幼儿教师了。"五心"这种品质与素养在王老师、余老师和贾老师身上都得到了很好的体现。好幼儿教师要对幼儿一视同仁，要让所有的幼儿都能感受到教师对他们的关心和爱护；能全心全意地投入自己的工作当中，发自内心地爱孩子，事事为孩子着想；有耐心，有亲和力和一颗纯真的童心，把自己当成幼儿这一大家庭中的一员；对幼儿的日常行为所体现出的发展水平和发展需要，能够随时做出准确分析和判断；能够随时发现和利用可以影响幼儿发展的教育因素……这些素质特征都是这三位教师内在品质的真实写照和日常行为的切实表现。总而言之，"五心"是好幼儿教师的重要表现，也是幼儿教师专业素质必备的核心要素。

五 关于培养好幼儿教师的思考与建议

好幼儿老师一词是一个蕴含着教师成长"动态"和"状态"融合的词语。因此，培养一名或者成为一名好幼儿教师不是一朝一夕的

事情，而是一个循序渐进，不断积累、充实和提高的过程。

（一）教师自身：不断地自我学习和自觉进行实践追求

内因是事物变化的依据，它规定着事物发展的方向，是事物发展的根本原因，外因只有通过内因才能起作用。因此，要想成为一名好幼儿教师离不开自身的努力和实践，幼儿教师自身的努力和实践是根本，是关键，任何有效果的方法或途径都必须以幼儿教师自身的意愿作为内因才能起作用和产生效果。因为幼儿教师的成长和幼儿的发展是一个连续体，只有幼儿教师持续的发展，广泛地学习相关知识及各种技能，并牢固掌握所学知识和技能，才能不断地为幼儿提供有意义的学习经验，才能较好地满足幼儿求成长的好奇心，顺利地开展幼儿教育活动。所以，要成为幼儿心目中的好老师，教师首先要成为自我提高的"成长者"和"践行者"。作为幼儿教师应清楚地认识到，好幼儿教师的空间是无限的，成熟是相对的，成长则是绝对的，这就需要我们在长期的教育教学实践当中不懈地学习，艰苦地实践，才能不断地完善和提高，才能尽快地成为大家公认的好老师。

（二）师范院校：文化科学知识和教育专业知识并重

与一般教师职业不同的是，幼儿教师不是某一学科的教师，而是担负着幼儿全面的教育工作，幼儿教师对幼儿的教育内容涉及自然、社会、语言、艺术、健康等各个领域，教师需要有比较广阔的多学科知识和教育艺术，才能满足幼儿发展的需要，才能胜任幼儿园的工作。由于好幼儿教师不仅表现为具有过硬的专业技能，而且需具备扎实的教育知识，是文化知识和教育知识的统一体。所以，作为培养幼儿教师的师范院校应向着好幼儿教师的培养目标对教师教育的课程与教学进行改革和创新，以培养幼儿喜欢、社会需要的好幼儿教师。师范院校应根据教师职业发展的需要，对原有学科内容进行改进，增补新的教育类课程，引进先进的教学方法，注重学生见习的时间与质量，帮助学生建立起正确的教育观和儿童观。同时，为巩固和拓展学生所学到的文化知识和专业技能，师范院校也可以开展一些相关的活动，给学生提供施展才能、锻炼提升的机会。

（三）所在学校：注重幼儿教师专业素养的发展与提升

幼儿园是幼儿教师每天工作的地方，是幼儿教师提升自己的主要阵地，更是好幼儿教师成长的主要场所。因此，幼儿园应特别注重对幼儿教师专业素养的培养，为他们的成长营造良好的环境和条件，促使幼儿教师向着好老师的方向不断迈进。为了更好地提升幼儿教师专业素养，培养出大家公认的好教师，幼儿园应多开展一些与之相关的活动，如论文大赛、技能大赛等。教师在准备论文时，能开阔他们的视野，在阐述其观点时，能进一步理清思路，在总结时，能更好地审视自己，从而更好地调整和改进他们的教学活动；在开展技能大赛时，教师在比赛中不仅能够提升自己的专业技能，而且知道自己存在的不足，为以后的发展找到了起点和提供了可能。这一系列活动促进了教师之间的良性竞争，营造了积极向上的氛围，发展了教师的专业能力，成就了以后的好老师。

（四）职后培训：进一步提高幼儿教师的专业化水平

幼儿教师肩负着培养人的历史重任，要出色地完成这样的重任是很不容易的，职前系统的师范教育只为做好幼儿教师工作提供了可能性，在科技迅速发展，文化知识不断更新，教育改革不断深化的今天，要成为一名好幼儿教师及完成培养人的重任，需要将职前学习和职后培训有机地结合起来。教师的职后培训主要是为了适应教育改革与发展的需要，为在职教师提供适应于教师专业发展不同阶段需要的继续教育，同时也是培养好幼儿教师的重要途径。《学记》曰："学然后知不足，教然后知困。"解决"困"最有效的方法就是职后培训。职后培训应从幼儿教师的实际出发，以好幼儿教师的标准和幼儿教师在实际工作中所遇到的现实问题为出发点，坚持"因地制宜，分类指导，按需施教，学用结合"的原则，采取多种有效的方法，去帮助幼儿教师发现问题、分析问题和解决问题。幼儿教师通过职后培训可以将日常教育活动中所遇到的疑难问题或者教学困惑得到有效的解决，提高自身的专业素养，逐渐达到专业成熟，成为追求教育理想，具有强烈敬业精神、良好个性品质和广泛知识的教育专业人员。

参考文献：

姚梅林、郭芳芳：《幼儿教育心理学》，高等教育出版社2012年版。

童庆炳：《做一个有仁爱之心的好老师》，《北京师范大学学报》（社会科学版）2015年第1期。

赵立伯：《教师论》，教育科学出版社1992年版。

［法］卢梭：《爱弥儿》，李平沤译，商务印书馆1978年版。

李季湄、冯晓霞：《〈3—6岁儿童学习与发展指南〉解读》，人民教育出版社2013年版。

牟映雪：《学前教育学》，南海出版公司2009年版。

陈幸军：《幼儿教育学》，人民教育出版社2014年版。

以问题为中心促进中小学干部自主生成

戴长志 罗本志[*]

"十五"期间,国内学者把国外的问题中心培训引进中小学校长培训中,虽然各地都进行了尝试,但对于如何构建一种以问题为中心,确定教学目标和内容,探索适合农村中小学干部(指中小学校级和中层干部,下文同)自主生成的培训方式这方面的认识不多,研究成果、典型报道很少见。本文从理论上对之进行了研究,形成了对"问题中心、自主生成"农村中小学干部培训的基本认识,提出了培训应把握的三个基本原则,界定了"问题中心·自主生成"的内涵,明确了"问题中心"是方法和途径,"自主生成"是目的和追求;并且从中小学干部培训的实践上进行了探索,提出了"适应需求"的中心问题形成策略,建立了以问题为中心的培训内容序列,形成了自主生成的教学组织形式。

一 "问题中心"是提高中小学干部培训质量的有效方法和途径

传统的培训大多以课程为中心,追逐高质量的课程和名牌教师,

---

[*] 戴长志:四川省安岳教师进修学校高级教师,主要研究方向:教师教育。罗本志:四川省安岳教师进修学校高级教师,主要研究方向:教师教育。

因人设课，缺乏针对性和实效性。"问题导向"也是以解决问题为方向。我们认为，培训是为了有针对性地解决中小学干部在管理中所面临的问题或困惑，因而培训方案的设计应以问题为中心，围绕问题展开课程设置和组织教学，将需求调研作为培训方案设计的开始，厘清问题，明确培训目标，有效地将培训目标转化为培训内容，并将培训目标与培训的内容和方法有机结合。

"问题中心"就是从问题出发，以问题为中心。这包括三个层面：从培训目标、结果来看，使学员问题意识得到培养，管理能力得到提升；从培训内容来看，就是将学员在管理中需要研究讨论并加以解决的困惑以及在培训中生成的经验，作为学员学习活动的视觉聚焦点和内容重点；从培训组织形式来看，"先问题，后学习"，提供具有任务特点的问题情境，使培训过程贯穿于完成一个由"中心问题"转化的任务解决中，提高知识的整体性，以及学员学习的目的性、趣味性，有利于学员知识的建构。

二 "自主生成"是中小学干部培训的目的和追求

传统培训问题解决的途径主要是讲授，而以问题为中心的培训问题解决的途径主要是在研究探讨中生成经验，然后解决问题，它更关注在培训动态过程中，增强参训者的主体意识，培训者与参训者共生培训内容，使培训内容不断丰富，体现出共生性。

我们认为，"自主"有三层意思：第一，学员具有主动意识；第二，是一种有目标的学习；第三，在导师的引导下解决问题。

我们认为，"生成"有三层意思：第一，生成是共同的，"问题"是培训机构、培训者、学员共同生成的；第二，生成是动态的，因为生成是个性化的，加之培训预期的目标和达成的目标是有差异性的，所以培训过程中要不断生成新的"问题"；第三，目标是在生成中达成的，通过任务型的培训途径，在师生对话、讨论辨析、实践需求过程中寻找培训生成点，让学员在动态生成中得到体验、实践，达成能力目标。

三 "问题中心·自主生成"是农村中小学干部培训的核心价值

（一）有利于教育的均衡发展

通过对农村中小学干部培训方式的探索，构建适合本土实际的"问题中心·自主生成"农村中小学干部培训模式，提高农村中小学干部培训的有效性和针对性，提高中小学干部的素质，从而推动农村地区教育的均衡发展。

（二）有利于培训机构的转型升级

在一定程度上弥补"以问题为中心"的农村中小学干部培训研究的不足，为中小学干部培训机构和从事培训工作的教师提供一种借鉴，从而推动教师培训机构的转型升级。

（三）有利于辐射中小学校本研修

"问题中心·自主生成"干部培训是"理论+实践"的培训，更偏重于实践，将集中培训、校本研修与学员自我教育结合起来，将培训与岗位反思性实践结合起来，将专题讲座与微案例分享、主题沙龙结合起来，实现各形式间的相互联通、优势互补与同步生长，扩展学员研修的时空，延伸研修的效果，进而实现学习工作化，工作学习化。促进学用结合，具有生根性与生长性，进而产生带动与孵化效应，从而影响中小学校本研修的开展。

（四）有利于教师教学行为和学员学习方式的改变

"问题中心·自主生成"干部培训有别于传统的培训，以学员在管理中的困惑作为培训内容，学员用专家引领的理念，通过问题剖析、名校调研、校本研修等实践性活动，自主探索和采用小组研讨的形式解决问题；教师是活动的策划和引导者，参与中心问题、问题剖析、小组研讨、训后跟踪各个环节，与学员共生培训内容。这种培训方式对师生产生心灵的震撼，从而促进教学方式和学习方式的更新。

（五）有利于培养学员的问题意识和解决问题的能力

"问题中心·自主生成"干部培训要求学员在实践中寻找答案，使学员在主动中发展，在合作中成长，满足了学员自主发展的需要，使学员自始至终都处于"解决问题"的积极状态中，从而培养学员的问题意识和解决问题的能力。

四 "问题中心·自主生成"干部培训的三个基本原则

（一）价值性原则

以问题为中心，促进师生自主生成是培训的价值所在。培训的目的是要解决中小学所面临的现实问题，改变中小学干部管理行为，提高组织绩效，从而体现培训的价值。本文改变了传统的以课程为中心的培训方式，培训内容始终聚焦问题，聚焦的问题来源于学员，课程设计和培训方案始终围绕问题展开；在围绕问题组织教学时，充分发挥学员的主体作用，培训者由"一线"退居到"二线"，引导学员探究问题、剖析问题，最终解决问题，培训过程中师生共生培训内容。重视学员经验与智慧的相互借鉴与相互启发，充分调动学员的学习热情和培训积极性。

（二）主体性原则

体现学员的主体地位是提高培训质量的基点。本文主张体现以人为本的理念和学员的主体地位，坚持问题导向，提高干部解决实际问题的能力，做到"学与用、知与行、说与做"相统一。在培训前设置以"问题"为切入点的问卷,对参训学员进行需求调研,根据对问卷梳理的结果设置课程目标和培训内容,提高培训的针对性和实效性;培训过程中始终把学员作为培训的主体:问题小组的选择由学员确定,学术导师由学员选择,在剖析学校和名校学习时应充分发挥学员与剖析学校和名校领导的互动,小组学习研讨以参与式为主,充分发挥学员之间的互动,培训期间应鼓励学员之间相互交流感悟,结业论文围绕学员自己选择的问题谈收获、写回到工作岗位上的做法。

(三) 实践性原则

坚持理论与实践相结合,突出实践性,使培训"接地气"。注重实践性培训环节的设计与安排,注重对学校管理实际问题的分析探究,引导学员在教育管理实践中寻找答案、解决问题,注重对培训作业的设计和培训效果的考核评价,关注学员培训返岗后的效果,努力提高中小学干部解决实际问题的能力。

五 确立"适应需求"的中心问题形成策略

确立"需求调研→问题归类分级→形成问题清单→确定中心问题"的"适应需求"这一中心问题形成策略。

(一) 需求调研

以问题为切入点(而非以内容入手)设计调查问卷,对参训学员进行需求调研,了解当前中小学及参训干部所面临的问题,以提高培训的针对性和实效性。对中小学层面的需求调研,主要关注中小学的战略问题,包括中小学面临的最大挑战是什么?未来有哪些战略举措?为了实现这些战略举措,希望教职工做出哪些改变?等等。对参训学员的需求调研,主要关注其在管理中的主要困惑,在培训中最想解决的困惑以及最喜欢的培训形式。

（二）问题归类分级

将中小学及参训者个人两个层面所存在的问题进行归类整理和分级整理，筛选出需要通过培训解决的问题。所谓归类整理，就是将上述两个层面中性质相同的问题归集在一起，对问题的属性进行定义，如校园文化建设问题、课堂教学改革问题、校本研修问题等。通过对问题的归类整理，可以使培训的重点集中在几个关键问题上，避免培训内容多而散，培训主题不集中。所谓分级整理，就是将问题在归类整理的基础上，按照问题的级别进一步细分，比如校园文化建设问题，可细分为物质文化建设问题、精神文化建设问题、制度文化建设问题等；精神文化建设问题可再进一步细分为"一训三风"建设问题、和谐师生关系问题、社团文化建设问题等，按层级逐层细分，直到问题的最小单元。通过问题的分级整理，寻找培训内容的落脚点，使培训方案具有针对性。

（三）形成问题清单

通过问题的归类、分级整理，形成一系列问题清单。但并不是所有问题都可以通过培训得到解决的，也不是所有问题都与受训者相关。形成问题清单的过程，是对问题筛选的过程，剥离不能通过培训解决的问题和与受训者不相关的问题，剩下的就是培训问题清单。

（四）确定中心问题

每期确定三个意见集中的"问题"作为培训内容。将学术导师分配到问题小组，培训前围绕所研讨的问题购买教材、查找资料、制定培训方案；学员自由选择进入某个问题小组学习。

六 建构"以问题为中心"的培训内容序列

（一）确立培训目标

培训目标是培训结束时所要达到的结果，以问题为中心的培训目的是解决参训者面临的问题，提高管理绩效，从这个角度上讲，解决问题就是培训的目标。在设置课程目标时，应充分考虑三个维度：一是学员的需求。以学员本位为价值取向主张根据学员需要，为学员提供经验，通过问题意识强化学员的主动发展意识。二是培训者的要求。要求培训者在培训中发现问题、不断反思课程目标。三是中小学干部培训本身的多样性和层次性。

"问题中心·自主生成"干部培训的总目标是使学员具有问题意识，形成自主生成的能力。然后分校级干部、中层干部分别设置培训目标。

（二）确定培训内容

将培训目标转化为培训内容的过程，实质上就是探索解决问题的方法、寻找达成培训目标有效途径的过程。培训内容的选择不取决于受训者的偏好，更不取决于培训者所掌握的培训资源，而是应将培训目标作为选择培训内容的唯一依据。

七 创建"自主生成"的教学组织形式

教学组织形式是培训任务和培训内容得以实现的基本保证，直接影响着培训质量的高低。在培训活动过程中，在组织方式上，教师主要起引导、组织作用，在研讨中与学员共生"问题"，重点在前期活动设计和后期跟踪反馈上，学员是学习的主体，应由他们主动探究、寻找解决"问题"的办法；在培训时间和空间安排上，主要以小组活动、实践探索为主，除少部分时间用于集中课堂讲授外，其余大部分时间用于现场剖析、名校考察、研讨交流、校本研修。

在实践中我们根据解决问题的四个主要循环阶段和培训的基本程序，形成了"三问题一反馈""四阶段"的教学组织形式，即"带着问题 投入培训→驱动问题 自主生成→解决问题 结合实际→跟踪反馈 实践运用"。

表1　　　　　　　　　　教学组织形式

培训阶段	培训程序	组织形式			实施方式
^	^	学员	教师		^
问题采集	带着问题投入培训（提出中心问题）	完成需求调研问卷，选择学习小组	分析需求问卷。制定培训方案，确定培训内容、目标、课程		问卷、座谈
集中学习	驱动问题 自主生成（转化为任务；分解成问题和任务序列）	通过专家引领，参加县内学校问题剖析、名校跟岗、研讨交流等途径寻找解决自己在管理中困惑的办法。通过序列问题的解答不断解决问题和生成新问题	把"问题"转化为接近学员管理实际的完整任务下达给每位学员，把"问题"分解成问题序列，层层推进，引导学员解决"问题"，与学员一起和共生"问题"		以小组学习为主。主要方式是：专家引领、研讨问题、诊断问题、名校跟岗。通过问题意识强化学员的主动发展意识
在岗研修	解决问题 结合实际（完成序列任务、解决序列问题）	回到工作岗位，运用所学知识结合学校实际解决自己工作中的"问题"，撰写结业论文	指导校本研修		个别跟踪
总结反馈	跟踪反馈 实践运用（完成任务、解决问题）	到教师进修学校交流学习经验和心得，完成论文撰写	对参训学员返回工作岗位情况进行跟踪，了解培训效果，反馈培训情况		小组研讨交流、个别辅导、跟踪调研

八　主要解决的问题

（一）中小学干部自主发展内驱力不足

长期以来，中小学干部培训存在针对性不强、中小学干部参训积极性不高的问题。其主要原因是培训目标、内容、方式是在行政命令下自上而下形成的，不能满足参训干部成长个性化和多样化的需求；培训缺乏激励机制和跟进措施，制约了参训干部主动发展的动力和自我实现的价值欲望。

"问题中心·自主生成"的培训是由行政指令性到自我发展的价值取向性转型,是基于"问题解决"的内部活力和内在潜质的彻底激发和唤醒。培训目标、内容、方式的确定采取自下而上的方式,充分考虑了学员的需求,将培训的需求调研与诊断分析贯彻培训始终。培训是为了解决学员在管理中的困惑,重视师生在培训中的自主生成,将"问题中心"作为方法和途径,将"自主生成"作为目的和追求。充分发挥参训学员专业发展的主体作用,以促进参训学员专业自主发展,激发参训学员发展的内驱力。

(二)中小学干部培训内容、培训资源缺乏

教育部要求"精选培训内容,满足校长专业发展需求"。过去,我们的干部培训内容主要是根据上级安排和工作需要来设置的,基本不征求学员的意见,有时虽开展了需求调研,但没有以问题为切入点,大都直接以培训内容为切入点进行需求调研、设计培训方案,对学员本身的需求关注不够,未能全面掌握中小学干部"缺什么,需要什么"的问题,培训内容未能契合岗位需求,缺乏针对性;没有重视将师生在培训中共同生成的问题作为培训内容。学员普遍反映内容枯燥、单调,缺乏吸引力。

"问题中心·自主生成"的培训,树立了开放的、综合的课程观,不再预先设定学员必须学习的知识专题,转而关注学员身处的现实情境和面对的实际问题。一是培训内容的来源充分考虑了学员的需求。培训内容来源于以问卷调查和访谈形成的"中心问题",以管理实践为主,以及在培训中师生生成需要解决的"问题"。二是培训内容的设置充分考虑了学员问题的解决。根据培训内容设置课程目标和课程,既解决了培训内容的针对性,又丰富了培训资源。

(三)中小学干部培训组织形式单一

教育部要求"改进培训方式,发挥校长学习主体作用"。新课程倡导自主、合作、探究式学习方式,建构主义理论认为,情境是学生

意义建构中最重要的环节。过去,中小学干部的培训组织形式比较单一。一是以集中培训为主,偏重于理论培训,以培训者为中心,以课堂讲授为中心;二是没有引导学员在管理实践中寻找答案、解决问题,致使培训"不接地气";三是不能调动学员的积极性,部分参训学员理论和实践脱节,处于被动求知状态,自主发现和探索问题的能力没有得到提升;四是培训者的观念转变不够,没有由"一线"退居到"二线",实现教学方式的转变。

"问题中心·自主生成"的干部培训,变单一的课堂讲座形式为体现参与式培训要义的培训形式,主要以小组为单位开展活动,学习形式以合作学习、个人反思和实践研究为主。通过提出问题,到学校剖析问题,到名校针对性跟岗学习、小组合作探究、返岗反思反馈、总结汇报几个环节的展开,始终围绕问题开展学习。以调查发现问题,课程基于问题,教学聚焦问题,反馈生成问题体现"问题中心";以主动性、目的性、引领性自主与以共同性、动态性、达标性生成相结合的"自主生成"丰富和创新了参与式培训模式,系统构建了以问题为载体、以自主生成为两翼的培训体系。

参考文献:

袁振国、巨瑛梅、刘旭东:《当代国外教学理论》,教育科学出版社2004年版。

刘良华:《教育研究方法》,华东师范大学出版社2014年版。

王铁军:《现代校长培训:理念·操作·经验》,南京师范大学出版社1999年版。

冯大鸣:《美国以问题为中心的教师培训模式》,《中小学教师培训》2002年第1期。

刘期锡:《论中小学校长培训课程开发》,《教育理论研究》2008年第11期。

黄宁生:《论校长培训中生成性教学资源的培育与利用》,《继续教育研究》2013年第2期。

[美]亚伯拉罕·马斯洛:《动机与人格》,许金声译,中国人民大学出版社2010年版。

刘莉莉：《中小学校长胜任特征的元分析研究》，《华东师范大学学报》2015年第4期。

王倩：《中小学校长培训课程设计初探》，《高等继续教育学报》2014年第5期。

谈娟：《在职培训视角下农村初中校长专业发展的问题及对策》，《教育理论与实践》2016年第36期。

基于"外促+内生"校本研修课程的教师专业发展实践探索

阳波 吴云莹[*]

教师是学校发展的基石,是学校教育教学理念的贯彻落实者,是学校校园文化的创造与传承者,是学校课程教学的具体实施者,教师质量是制约学校发展的瓶颈。对新入职教师进行专业发展目标定位,并为教师专业发展提供科学适宜的课程,是学校促进教师专业成长的有效途径。在探索教师专业化发展的道路上,很多学校都进行了有益的尝试。先后由四所学校合并而成的成都市七中育才学校学道分校,在四校合一之时面临着几大问题:一是学校由四所学校合并而来,教师成长于不同的环境,师资队伍参差不齐,很多教师对自己没有清晰的目标定位;二是教师队伍梯队不合理、青年教师较多却缺少优秀教师的引领和指导,青年教师没有适宜的成长路径;三是教师自主发展意识不够,缺乏进一步发展的动力,成长缓慢。在这样的问题与状况下,七中育才学校学道分校开始进行尝试与探索,在教师自愿和学校需求的基础上进行"定岗分类",解决教师的目标定位不清问题。根据岗位需要开发出了个性化、系列化、专题式的岗位培训课程,为教师提供科学合理的成长路径。在此基础上,在师德、修养、生活、健康等方面对教师进行引导,激发教师主动发展的内驱力,逐渐构建起了

---

[*] 阳波:成都市七中育才学校学道分校高级教师,主要研究方向:基础教育。吴云莹:成都市七中育才学校学道分校高级教师,主要研究方向:基础教育。

"外促+内生"的校本研修课程体系。这一课程为教师提供了定岗分类、自主发展、分层提升的培训，切实促进了教师的专业成长。

一 "外促+内生"课程的框架结构：大平台+多模块+小专题

教师发展课程体系的目标是培养"行导、悟学、敬慎、养正"的教师，在这一目标的指引下，学道分校构建了以"大平台+多模块+小专题"为主要框架的教师发展课程体系，具体内容如下：大平台，即职业情感、专业知识、实践智慧是支撑教师职业素养的三大结构性因素；多模块，即教师职业情感分为师德、修养、生活、健康四个模块；专业知识分为学科知识与技能、学科前沿发展动态、教学方法、教学能力四个模块；实践智慧分为反思改进、实践研究、缄默知识、教学风格四个模块。小专题，即针对以上不同的模块，设计出不同的培训小专题。在此基础上，学道分校初步构建出教师发展课程的框架（见图1）。

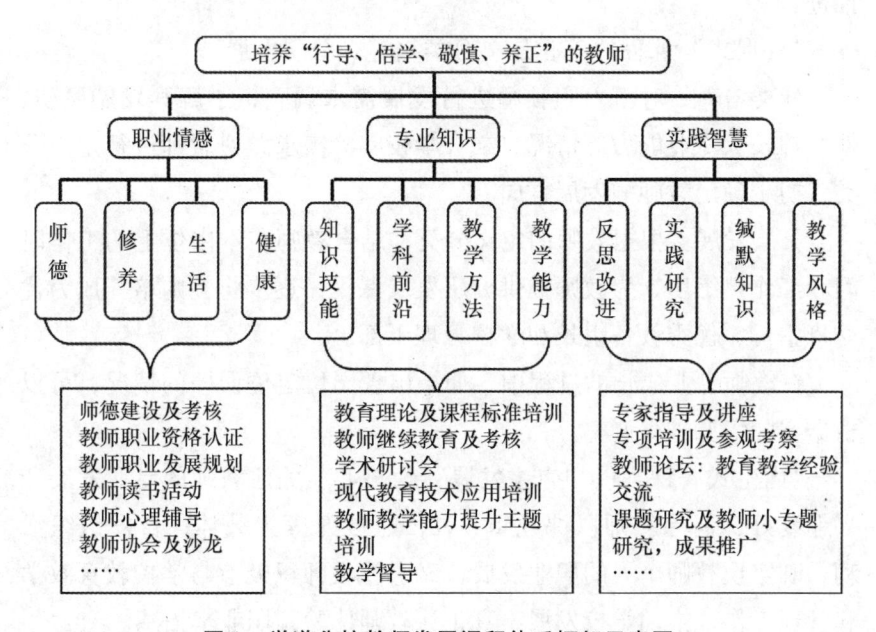

图1 学道分校教师发展课程体系框架示意图

由图1可见，在明确课程目标的基础上，通过教师职业素养这一平台，发散出多模块式培训小专题，每个模块都以"专题"或"主题"的形式提取"资源库"中相关领域的知识进行综合，"模块"有大有小，相对独立又相互关联。这种基于教师专业发展的共性需求，围绕一个中心的多模块、小专题更有利于促进教师的专业成长。

二 "外促+内生"课程的设计思路：分层发展与分类培养

外力施加式的整体培训难以实现教师自主性、个性化的发展，仅仅靠内生动机生发的教师发展课程又常常缺乏系统性和科学性。七中育才学道分校经过艰辛探索，成功开创了基于"外促+内生"两条实施路径的"分类培养、分层发展"教师发展课程实施体系（见图2）。

教师发展课程的实施路径，采取"外促式"和"内生式"双向推进。

"外促式"课程的核心是"分类培养、分层发展"。

分类培养：对新入职教师进行发展需求调查，了解其发展愿望、性格特长、专业能力等情况，结合学校实际需求，对教师进行定岗分类，初步确定教师的发展方向。

分层发展：根据教师的定岗分类，结合教师在本岗位上的工作时间和工作熟练度，为教师提供分层发展课程，逐步将教师培养成为优秀班主任、优秀教备组长和学校管理干部。

在教师专业成长的过程中，如果出现岗位定位误差的情况，可以根据实际情况进行调整。

"内生式"课程以"自主发展"为核心，关注教师的专业发展和兴趣爱好，倡导教师以课题组、社团、沙龙等为载体，自发组织活动，既实现教师个人的职业发展，又引导教师积极参与学校教育教学和管理工作，推动学校发展，真正让教师体验到职业幸福感。

基于"外促+内生"校本研修课程的教师专业发展实践探索

外促式课程（必修）	四级	班级管理特色	学术研究	服务管理
	三级	班级文化建设	教育专题研究 教学艺术与风格	服务创新
	二级	班级管理技巧	教育科研入门 课堂教学技能	技能提升
	一级	班级管理规范	学科课程标准 课堂教学规范	岗位职责
	全员	定岗分类 → 教师职业道德 教育政策法规 教育前沿 学道文化		
教师类别		班主任	学科教师、教备组长	教辅人员、干部
内生式课程（选修）	专业发展	能力竞赛（赛课、课件、教具制作等） 专题研究（小专题、课题、论文等）		
	兴趣爱好	教师社团（学道光影社、学道绘画社、学道骑游社、学道茶道社、学道书法社、学道篮球社、学道影社、学道读书社等）		

↑ 能力分层

图2 "外促+内生"教师发展课程的实施体系示意图

三 "外促+内生"课程的实施路径：外促式培训与内生式发展

（一）外促式培训的实施路径——"定岗分类+学习分层"

每个教师都是不同的个体，教师的个人职业生涯规划、个性与特长都不尽相同。学校应该根据教师发展需要提供适宜的条件与平台，促进教师专业成长。"外促+内生"教师发展课程对全体教师发展规划进行了整体设计，面向每一位老师，让每位老师都能得到发展。在自愿选择、组织考察的基础上，对教师进行定岗分类，确定了班主任、学科教师/教备组长、教辅人员/干部三类发展方向。为促进不同类别教师素质的整体提升，按照每类岗位差异化需求对教师进行不同层次的学习培训。

班主任课程：班主任是学校基层组织——班级的管理者，通过"班级管理规范、班级管理技巧、班级文化建设、班级管理特色"四级培训课程，进行班主任职业能力培训，让各级班主任在课程学习中获得提升。

学科教师课程/教备组长：学科教师课程不仅关注教师专业技能，还关注专业品质和专业思想等方面，对教师专业能力、专业认知、专业品质的全面发展进行了整体的课程规划。通过"课堂教学规范、课堂教学技能、教学艺术与风格"三级培训课程，提升学科教师的教学能力，通过"学科课程标准、教育科研入门、教育专题研究、学术研究"四级课程，培养教师的教育科研能力，以科研促教学，培养科研型教师。

教辅人员/干部课程：教辅人员最重要的是服务意识和服务能力，通过"岗位职责、技能提升、服务创新、服务管理"四级课程，培养合格的教辅人员，并在此基础上提升服务质量，发展后备干部。

（二）内生式发展的实施路径——"自组织学习"

教师对自我发展进行规划以及在职业中体会到职业幸福感，这种内生式的自我学习发展是教师发展的最大助力。"内生式"自组织学习模式，是指在闲暇交往中教师自发组织学习活动，相互影响，相互学习，共同进步，最终实现满足教师个人职业发展，参与学校管理，提高团队归属感，实现教师职业幸福感的目的。七中育才学道分校开创了课题组、特色课程组、备课组、教师社团"四位一体"的"内生式"自组织学习模式。

1. 课题组

教师立足校本特色，紧抓教育教学实际问题开展研究，教师的研究过程与解决教育教学实际问题的过程紧密结合。这种基于"问题""经验""实践"的研究，教师可以从已有的成功经验或迫切需要解决的实际问题中选择课题，研究成果又回归教育教学实践，促进了教师教学效益的提高，专业发展水平的提升。

由于面对共同的问题，有共同话题，也有共同的追求和发展愿望，教师们在此基础上组建的课题研究小组，具备良好的感情基础、畅通的沟通管道和内在行为准则，学校只需加以适度的引导，并提供时间和经费支持，可使其在价值取向、目标、行为规范上与学校保持一致，从而让教师在和谐民主的互助氛围中实现自主成长。

多数课题组是由同学科同年级教师组成的，主要是研究本学科、本年级的具体教学问题；不同学科的教师甚至是不同学校间的教师也会组成小专题研究组，对跨学科、跨年级甚至跨学段的教育问题进行研究。如学道分校语文组教师与龙王庙正街小学、三幼东升分院合作，共同构建书香学区，开展了"学区统筹，共育阅读素养"的课题研究。研究的出发点源于对学生素养提升的共同关注，出于对阅读研究共同的兴趣和实践基础。研究的重要举措是打破学段壁垒，纵向链接，规划不同学段的阅读目标、内容、资源整合与衔接的方式，从学生发展的角度共树"大阅读观"。研究的重要目标是携手建成书香学区，为学区孩子提供12年持续发展的系统阅读课程，共享学区资源，用浓郁的学区书香氛围滋养性灵，培育品性，提升素养；积极挖掘学区间隐形教育资源，放大教育效果。课题组的教师在课题研究的过程中，在共同关注的问题中不断衍生，不断改进教学行为，科研能力得到不断提升。

2. 特色课程组

学校是教师成长的主阵地，教师的专业成长应与学校发展紧密结合起来，根据学校的育人理念、教学特色，教师自发形成特色课程组，在互帮互助中提升。七中育才学道分校的特色是衔接教育，学校在完成国家课程和地方课程的基础上，构建了集"学科衔接课、特色衔接课、校本选修课"于一体的校本衔接课程体系，特色课程是学道分校"衔接课程"的重要组成部分，也是彰显学道分校办学特色的重要窗口。目前学道分校已开设的特色衔接课有《国学经典》《名著选读》《思维训练》《科学小实验》《晨练30分》《数学思维拓展》，课程最初是由部分教师摸索实践、自主开发的，后来一些兴趣爱好相同的教师自发组成了特色课程组，开始对一些教材进行梳理、完善，每隔4年再根据实践对教材进行修订。特色课程组的教师们在开发课程、编辑与修订教材的过程中，教材开发能力得到了提高，个人综合素质得到了显著增强。

3. 备课组

课堂是教师的主阵地。上好课是教师最深的内生性动机，在"集体备课"时，教师"平等、互助、交流、共享"，在和谐融洽的氛围中精研教育教学，不断优化集体备课流程，确保年级学科教学质量的底线。备课组每周进行1—2次集体备课，一般在假期分配备课任务，由主备人准备相关资料（包括教案、上课资料、图片、课件、训练资料等）。开学初，集体研修全学期的教学方向、重点研讨教学内容。每单元由主备教师在上课前1—2周将初备资料提交给备课组商议，形成共案，教师个人在共案的右边写出自己的个案，并记录课后反思。随后在二次研究中，提出修改意见，再次调整和进行教学实践。其中，对"个案"的要求体现出学生能力训练、作业要求的分层差异。集体备课的基本流程是：主备教师形成初案—集体研讨（形成共案）—研究学生，个性化设计（形成个案）—教学实践—课后反思—集体再研讨，二次调整—再教学实践。

4. 教师社团

俗话说："物以类聚，人以群分。"学校也是"社会"，学校教师在学历水平、文化素养、工作经历、教育教学活动等方面都有相似及不同之处，教师个人的情感以及兴趣、爱好也各有不同。教师会因这些因素而跨越学科组、年级组，以个人情感、兴趣、爱好为前提自发形成一种隐性的小群体，这样的群体具有隐性的内涵特点。如教师之间有着积极的关系，从追求工作成就、完成工作任务和目标上看，能与同事友好共事，协调一致；从追求交往的满足上看，相互选朋友和形成一定的交往。"协会"成为一种沟通手段，如统一思想、交流情感、传播知识和业务等，既有利于学校的工作，又有助于个体和学校集体的成熟和发展。七中育才学校学道分校就充分利用这种群体成员之间良好的感情基础、畅通的沟通管道和内在的行为约束等优势，积极引导，适度介入，成立兴趣爱好自愿组合的"教师协会"，如书画协会、摄影协会、读书小组、健美操、教师论坛等，这极大地丰富了教师个人修养，带给教师成就感，增强教师的职业幸福感，从而提升教师自身生活的品质。如"学道光影社"自述道：一群学道分校教师因为对光与影的共同痴迷、对摄影活动的共同兴趣与爱好走到了一起，"学道光影社"就此诞生。全体社员利用课余时间开展丰富多彩的社团活动，交流切磋摄影技巧。学道光影社的成立，不但使各位成员对光影世界的认识提高到了一个崭新的水平，也激发了其他老师对摄影的兴趣，提升了摄影的技术，不少曾经是外行的老师都能拍出较好的作品。同时，学道光影社丰富多彩的活动，也密切了同事之间的关系，增强了教师团队的凝聚力。

四 结语

"外促+内生"校本研修课程从教师需求出发，结合教师的职业规划、学校的人才需求，关注教师的生活情趣和人生乐趣，对教师进行"分类培养、分层发展"，可以有效促进教师阶梯性、层级性的专业成长。通过十余年"外促+内生"校本研修课程的实施，成都市七中育才学校学道分校共200余名教师参加课程培训，发展出省师德标兵1名、市特级校长1名、市特级教师1名、市优秀青年教师5名、市优秀班主任2名、市优秀德育工作者2名、市优秀教师1名、市师德标兵1名，大批业务精进、教有特色、敬业奉献的优质教师不断涌现。在这一群优秀教师的引领下,青年教师逐步成长为管理、教育、教学的骨干,肩负起学校发展的重任。"外促+内生"校本研修课程将进一步为学校教师专业成长服务,从而推动学校的持续、健康、稳定发展。

参考资料:

王越英:《打造学习共同体促教师专业发展》,《上海教育科研》2004年第3期。

尚茹:《学习共同体:教师成长的新途径》,《继续教育研究》2007年第1期。

于晓琳:《构建学习共同体 促进教师专业发展》,《吉林教育·现代校长》2006年第11期。

四川省教师教育研究中心简介

四川省教师教育研究中心原名"四川省教师教育研究所",是2004年省教育厅建于四川师范大学的哲学社会科学重点研究基地。2007年,被省社会科学界联合会和省教育厅定为省哲学社会科学重点研究基地,并更为现名。其主要职责是:组织开展全省教师教育的重大理论与实践问题研究,承担省级哲学社会科学年度专项课题,承担省教育厅人文社会科学研究专项课题,承担其他部门委托的专项研究课题,推广应用教师教育研究的成果。

中心建立以来,秉承"扎根四川、辐射西部、服务教育"的建设理念,不断凝炼研究方向,持续加强"高等师范院校人才培养研究"、"四川农村及民族地区教师队伍建设研究"、"教师心理与专业发展研究"三大特色方向的研究。中心围绕"特色方向"组织课题立项,开展科学研究,重点资助具有较大理论与现实意义的研究课题,取得了可喜的成绩。对地方教育改革和教师队伍建设产生了积极作用。中心现有专兼职研究人员40余人,现任主任为四川师范大学心理学院院长郭英教授,副主任分别为王芳副教授(专职副主任)、刘世民教授。学术委员会由13名专家构成,主任为裴娣娜教授,副主任为游永恒教授。中心办公室设在心理学院,与其合署办公。

按照省级重点基地的任务和要求,中心今后一个时期的基本工作思路是,以促进教育又好又快发展为目标,整合四川师大和省内外教

四川省教师教育研究中心简介

师教育的研究力量,紧紧围绕四川办好人民满意教育对教师队伍素质提出的新要求,对全省教师队伍建设和教师教育改革发展中急需解决的重大理论与实践问题进行集中研究,为广大基层教师素质能力提高提供专业支持,为各级各类教师教育机构和教育行政部门加强和改进教师教育提供决策参考。

在省社科联和省教育厅指导下,中心将以更加开放的胸怀和务实精神,与国内外省教师教育与研究机构、各类学校开展广泛合作和交流,共同开展教师教育研究,以高质量的成果为政府决策、学校改革和教师成长提供服务,努力把中心建成区域性教师教育研究、信息交流与咨询服务的重要基地。